U0941080

ཆུ་ཤུར་རྫོང་གི་ལོ་རྒྱུས་རྣམ་བཤད།

曲水年鉴

2017

（总第6卷）

曲 水 县 人 民 政 府　主办

曲水县人民政府办公室　编

方志出版社

Publishing House of Local Records

数字曲水 2016

辖区面积：1624平方千米

年末常住人口：36002人

地区生产总值：13.30亿元

第一产业：1.60亿元

第二产业：9.98亿元

第三产业：1.72亿元

全社会固定资产总额：37.56亿元

全社会消费品零售总额：2.78万元

地方公共财政预算收入：1.87亿元

工业增加值：4.82亿元

招商引资到位资金：13.1亿元

农牧民人均可支配收入：11110元

县委书记　彭飞跃

县委副书记、县长　格桑邓珠

县人大常委会主任　平　措

县政协党组书记、主席　邬玉明

2016年，国家农业部部长韩长赋到曲水县调研

2016年9月31日，国家卫计委副主任王国强到曲水县调研人口健康工作

2016年9月13日，国家发改委城市和小城镇中心副主任陈洪宛到曲水县调研

2016年3月12日，西藏自治区党委常委、拉萨市委书记齐扎拉到曲水县调研精准脱贫工作

2016年8月23日，拉萨市环保拉吉发电厂在曲水县举行点火仪式

2016年1月20日，西藏自治区人大代表到曲水县才纳乡调研

2016年12月15日，县委书记彭飞跃参加四季吉祥村搬迁仪式

2016年11月，县委副书记、县长格桑邓珠到牧区看望慰问农牧民群众

2016年4月19日，西藏自治区文明办到曲水调研精神文明建设工作

2016年5月9日，西藏优秀青年事迹分享活动曲水站

曲水县创建全国县级文明城市工作动员大会

曲水县委党校举办开班典礼暨第一期培训班《浅谈年轻干部的成长》

2016年4月29日，曲水县“五一”国际劳动节暨第一届劳动模范表彰大会

2016年，曲水县国家有机认证示范县创建启动大会

2016年8月19日，曲水县民族团结表彰大会

2016年9月22日，西藏自治区拉萨市曲水县不动产权证首发仪式

2016年4月21日，中共曲水县委党校挂牌仪式

2016年1月27日，曲水县贫困大学生奖励资金发放仪式

2016年3月29日，曲水县农民住房财产权抵押贷款发放仪式

2016年8月12日，曲水县志愿者服务总队成立启动仪式

2016年5月1日，曲水县AAA级景区开园仪式

2016年3月28日，曲水县庆祝"西藏百万农奴解放纪念日"活动

2016年6月3日，曲水县组织开展“我们的节日·端午节”包粽子活动

2016年9月14日，曲水县举办“我们的节日·中秋”暨十佳歌手比赛

2016年6月14日，曲水县第三届"格桑花"少儿才艺大赛

2016年1月29日，曲水县精准扶贫捐款活动

2016年3月9日，曲水县开展武装拉练活动

曲水县开展创建全国文明城市宣传暨“3·5”学雷锋志愿服务活动

2016年4月12日，曲水县农耕博物馆试营业

2016年3月12日，曲水县组织开展义务植树造林活动

2016年2月27日，曲水县春耕春播仪式

拉萨河曲水段流域

曲水县巾帼创业园

曲水县易地扶贫搬迁点达嘎新村幼儿园

曲水县玉曲吊桥

曲水县桃花村妇女手工编织点

编辑说明

一、《曲水年鉴》自2012开始编纂，每年出版1卷，2017年卷为第6卷。

二、《曲水年鉴》以马克思列宁主义、毛泽东思想、邓小平理论、“三个代表”重要思想、科学发展观为指导，深入贯彻落实习近平总书记系列重要讲话精神和治国理政新理念新思想新战略，坚持辩证唯物主义和历史唯物主义的主场、观点、方法，始终坚持“实事求是、质量第一、存史资政、服务大众”的办鉴宗旨，全面、系统、翔实地记述曲水县上一年度政治、经济、文化、社会等各项事业的基本情况，为社会各界与国内外人士了解和研究当今曲水县提供翔实资料。

三、《曲水年鉴》分为正文与彩页两部分。正文采取分类编辑法，以类目、分目、条目为主要框架结构，个别包含多方面资料的条目，则在段落间加插楷体标题提示，方便读者查阅全书。

四、《曲水年鉴（2017）》载录曲水县2016年经济社会发展的基本资料，设有特载、综述、政治、武装、法治、经济管理、社会事业、城市建设·环保、交通·通讯、金融、乡（镇）概况、附录等内容，通过这些内容，可以为人们了解曲水县、认识曲水县提供一个全新的窗口。

五、《曲水年鉴》的编辑宗旨，在于求真务实，力求真实生动地反映曲水县在改革开放和现代化建设中取得的崭新成就。

六、《曲水年鉴》所提供的内容和数据，分别来自于曲水县各有关部门和乡（镇）人民政府，经各级领导审核，但由于口径与统计方法不同，恐有不一致之处，但使用时应以县统计局提供的数据为准。

《曲水年鉴》编辑部

2017年7月1日

《曲水年鉴》编纂委员会

《曲水年鉴》编辑部

图书在版编目（CIP）数据

曲水年鉴. 2017 / 曲水县人民政府办公室编. -- 北京：方志出版社，2017.9
ISBN 978-7-5144-2554-3

Ⅰ. ①曲… Ⅱ. ①曲… Ⅲ. ①曲水县 – 2017 – 年鉴
Ⅳ. ①Z527.54

中国版本图书馆CIP数据核字(2017)第244777号

曲水年鉴（2017）

编　　者：曲水县人民政府办公室
责任编辑：王　俊

出 版 人：冀祥德
出 版 者：方志出版社
地址　北京市朝阳区潘家园东里9号（国家方志馆 4 层）
邮编　100021
网址　http://www.fzph.org
发　　行：方志出版社图书经销中心
电话（010）67110500
经　　销：各地新华书店
印　　刷：河南匠心印刷有限公司

开　　本：889 × 1194　　1/16
印　　张：18
字　　数：318千字
版　　次：2017年9月第1版　　2017年9月第1次印刷
印　　数：001 ~ 500册

ISBN 978-7-5144-2554-3　　定价：350.00元

目 录

特 载

综 述

曲水县概况

政 治

中共曲水县委员会

曲水县人民代表大会常务委员会

曲水县人民政府

中国人民政治协商会议曲水县委员会

中共曲水县纪律检查委员会（监察局）

中共曲水县委办公室

中共曲水县委组织部（编办）

中共曲水县委宣传部

中共曲水县委统战部

中共曲水县委政法委员会（综治办）

曲水县总工会

共青团曲水县委员会

曲水县妇女联合会

曲水县人民代表大会常务委员会办公室

曲水县人民政府办公室

中国人民政治协商会议曲水县委员会办公室

武 装

曲水县公安消防大队

法 治

曲水县公安局

曲水县人民检察院

曲水县人民法院

曲水县司法局

经济管理

曲水县发展和改革委员会

曲水县财政局

曲水县国土资源规划局

曲水县统计局

曲水县工业和信息化局

曲水县安全生产监督管理局

曲水县国家税务局

曲水县工商行政管理局

社会事业

曲水县民政局

曲水县人力资源和社会保障局

曲水县民族宗教事务局

曲水县卫生局

曲水县食品药品监督管理局

曲水县人民医院

曲水县文化广播电影电视局

邮政·通讯

曲水县电信局

曲水县邮政分公司

金 融

中国农业银行股份有限公司曲水县支行

乡（镇）概况

曲水镇

才纳乡

茶巴拉乡

达嘎乡

彩页目录

特 载

凝心聚力 团结奋进
为确保如期全面建成小康社会努力奋斗

——在中国共产党曲水县第九次代表大会上的报告

中共曲水县委书记 彭飞跃

（2016年8月29日）

中国共产党曲水县第九次代表大会已经开幕了，这次大会是在我县实现长足发展和长治久安进入关键阶段，“十三五”规划顺利起步，全县各族人民思致富、盼稳定，奋力推进全面建成小康社会的新形势下召开的一次十分重要的会议。

这次大会的主要任务是：高举马列主义、毛泽东思想、邓小平理论和“三个代表”重要思想伟大旗帜，以科学发展观统领经济社会发展全局，深入贯彻落实党的十八届五中全会精神、特别是习近平总书记系列重要讲话精 神，贯彻落实中央第六次西藏工作座谈会精神，回顾总结八次党代会以来的工作，研究确定新时期全县工作的指导思想和主要任务；选举产生中国共产党曲水县第九届委员会和纪律检查委员会，选举出席中共拉萨市第九次党代会的代表；动员和号召全县各级党组织、全体党员和全县各族人民，在新的历史起点上，凝心聚力、主动作为，扎实工作、奋发有为，为建设美丽家园、幸福曲水，为全面建成小康社会努力奋斗。

现在，我代表中国共产党曲水县第八届委员会向大会作报告，请予审议。

一、过去五年县委工作的简要回顾

县八次党代会以来的五年，是曲水发展突飞猛进、成就辉煌的五年。五年来，在党中央、国务院的亲切关怀下，在区市党委、政府的坚强领导下，在江苏省泰州市的无私支援下，八届县委团结带领全县各族干部群众，解放思想、抢抓机遇、锐意进取，深入贯彻落实党的十八大、十八届二中、三中、四中、五中全会精神，贯彻落实中央第六次西藏工作座谈会精神，贯彻落实习近平总书记系列重要讲话精神，特别是“治国必治边、治边先稳藏”的重要战略思想和“加强民族团结、建设美丽西藏”的重要指示。坚持“依法治藏、富民兴藏、长期建藏、凝聚人心、夯实基础”的重要原则，以“四个全面”战略布局为统领，牢固树立“创新、协调、开放、绿色、共享”五大发展理念，全面贯彻拉萨市“六大战略”，认真落实县第八次党代会确定的发展战略，超额完成了各项目标任务。过去的五年是曲水综合实力明显提升、农村改革不断深入、产业结构不断优化、城乡面貌焕然一新、社会事业长足进步、社会大局持续稳定、党的建设全面加强的五年。目前的曲水，经济长足发展，社会长期稳定，全县人民昂首阔步、意气风发地进入了一个新的更高的发展台阶。

——过去的五年，是全县综合实力变化最显著的五年。2015年，全县地区生产总值11.36亿元，是五年前的2.14倍，年均增长20.94%；地方财政一般预算收入达到1.48亿元，是五年前的4.55倍，年均增长46.07%；全社会固定资产投资完成28.55亿元，是五年前的3.44倍，年均增长36.23%；社会消费品零售总额达到2.49亿元，是五年前的2.25倍，年均增长22.53%；工业增加值5.3亿元，是五年前的2.9倍，年均增长30.45%；农村居民人均可支配收入达到10071元，是五年前的1.72倍，年均增长14.45%。

——过去的五年，是全县产业结构不断优化最突出的五年。解放思想、敢于创新、大胆尝试，深入探索农村体制机制改革，在全区率先推进农村宅基地确权、农村土地承包经营权确权、农牧民专业合作社规范发展、农牧业产业化龙头企业发展以及农村金融发展五个方面的深化农村改革，率先全面完成农村土地承包经营权、宅基地确权登记颁证和探索开展了农村“两权”抵押贷款工作。并以此为基础，用改革促发展，不断释放改革红利，净土健康产业蓬勃发展，国家现代农业示范区建设成效显著，全县产业结构从传统一、二、三产各自为战，到逐步实现三次产业融合健康持续发展，全县产业结构不断得到优化升级，曲水不仅实现了产业结构的历史性转型，而且初步建立了现代化产业体系。净土健康产业，从提出“一二三四一”的净土健康产业总体发展思路，到明确“一区、四园、六基地”产业发展布局，产业结构不断优化升级，实现了由无到有，由弱转强，由大转优，由优转特的发展。茅台拉萨玛咖酒、玛咖精片、玛咖胶囊、辅酶Q10（牙膏）等30余种系列净土产品，成为曲水新名片。净土健康产业带动农牧民群众年均增收近1亿元，惠及2056户8343人；流转土地34174亩，人均增收1000元以上，实现农牧民务工收入1300多万元，直接就业1800余人，间接就业6300余人。

——过去的五年，是全县城乡面貌焕然一新最直观的五年。五年累计实施项目1056个，完成投资86.75亿元，投资额是前五年的1.9倍。特别是拉日铁路的建成通车和318国道升级改造完成，极大地强化了曲水的区位优势，对于加强对外交流与合作和加快经济社会发展都具有十分重大的意义。县城空间布局和道路网架不断扩展和延伸，县城面积从8.7平方公里增加到了21.5平方公里，实现了县城水、电供应的全方位、全时段覆盖。聂当、才纳、达嘎等小城镇建设不断深入，全县17个行政村、133个组基本实现了道路通达，农牧区电网覆盖率达到了98%。五年共完成植树造林81562亩，是前五年的近1.8倍，全县森林覆盖率达28.3%。城镇化建设不断加快，基础设施不断健全，生态环境质量明显提升，曲水县被列为国家级生态保护与建设示范区，南木乡、才纳村被农业部评为“美丽乡村”，茶巴朗村入选“中国特色村”，这些改善的不仅是生态环境、居住环境，更是群众生活理念、生活方式的改善。

——过去的五年，是全县社会事业长足进步最可喜的五年。全县上下认真实施民生工程，着力提高公共服务水平，大力加强社会事业发展，人民幸福指数不断提高。加快推进精准脱贫工作，千方百计帮助贫困群众实现脱贫，达嘎易地扶贫搬迁点建设搬迁圆满完成，得到国家、区、市领导充分肯定，绝不让一户贫困群众掉队，确保如期全面建成小康社会；推进教改项目，强化师资培训力度，提高教育教学质量，建设村级学前幼儿教育，促进教育均衡化发展，制定实施《曲水县大学生、中职生资助实施意见》，适龄儿童入学率达100%，巩固率达99%以上；全面实施安居工程，加大公租房、廉租房、棚户区改造和安居房等项目的建设力度，完善公租房、廉租房建设机制；加快有线电视整体数字化改造，广播电视综合覆盖率达99%以上；公立医院改革加快实施，免费体检、药品零差价销售和“先诊疗后付费”等惠民措施得到群众欢迎，政府出资建立“曲水县农牧民大病医疗救助基金”，农牧民群众大病报销额度达到100%，城乡居民健康状况显著改善；逐步建立起城镇居民医疗保险、基本养老保险、工伤保险、失业保险、生育保险等全方位的社会保障体系，城乡低保和居民社会养老保险补贴标准不断提高，“五保户”意愿集中供养率和孤儿意愿集中收养率达100%，建立了“寿星老人津贴制度”，全县80岁以上寿星老人按月享受500元津贴；加大对农牧民群众培训力度，增收渠道不断拓宽，累计培训农牧民群众23335人次，实现农牧区劳动力转移就业6082人次，完成劳务输出14038人次。精神文明建设与物质文明建设同步推进，加快推进国家县级文明城市和文明示范村创建工作，成为国家县级文明城市提名县。

——过去的五年，是全县稳定的基础更加牢固最重要的五年。坚决贯彻中央确定的反分裂斗争方针，正确分析判断形势，牢牢掌握斗争主动权，揭批达赖集团“三性”步步深入，群众思想教育常抓不懈，基层政权和基层政法队伍建设全面加强，应对突发事件的工作机制进一步健全。进一步加强和创新寺庙管理，寺庙“六个一”“9+5”和“三险一保”工作全面落实；各项维稳长效机制建设得到全面加强，全县宗教领域管理工作实现了科学化、制度化、规范化和常态化。平安曲水建设全面实施，社会治安综合治理取得新成效，涉及人民群众切身利益的实际问题得到妥善解决，先后荣获区市两级平安县称号。牢牢把握共同团结奋斗、共同繁荣发展的民族工作主题，深入开展“一宣传”“两结对”“三连心”“四恳谈”“五解难”的民族团结先锋活动，在各族群众中不断强化“三个离不开”的思想观念，民族团结进步主题实践活动卓有成效。军政军民团结进一步巩固，民兵预备役建设进一步加强，驻曲人民解放军、武警部队和政法队伍在维护稳定、参与建设等方面发挥了坚强柱石作用。

——过去的五年，是全县党的建设全面加强最深刻的五年。以深入开展创先争优活动、党的群众路线教育实践活动、“三严三实”和“忠诚干净担当”专题教育、“说办就办、马上就办、办就办好”“两学一做”等活动为抓手，党的思想、组织、作风和制度建设全面加强，广大党员对习近平总书记系列重要讲话精神的学习贯彻不断深入，专心干事、齐心创业、共谋发展的氛围日益浓厚，中央组织部授予曲水县委“全国创先争优活动先进县委”荣誉称号。不断加强党员队伍建设，第八次党代会以来新发展党员827人，到2015年底，全县党员总数达到3366人，农牧民党员占农牧民总人数的7.3%。强化驻村、驻寺工作，深入开展“强党、固基、扶村”，进一步理顺驻村干部、下沉干部和“第一书记”工作关系，健全组织体系，明确工作职责，农村基层组织的活力进一步激发，基层党组织的领导核心、政治核心作用不断增强，党的执政根基更加牢固。党对工会、共青团、妇联等人民团体和群众团体的领导进一步加强和改善。“两个责任”全面落实，领导干部廉洁自律各项规定得到严格执行，教育、监督并重的惩治和预防腐败体系逐步建立健全，党风廉政建设和反腐败斗争取得了明显成效。广大干部群众在亲身感受全县的发展变化中，对曲水的未来更加充满信心。

这些成绩的取得，是在市委坚强、正确领导下，解放思想、锐意进取、顽强拼搏、团结奋斗的结果，它饱含了全县人民的智慧和力量，承接了历届班子的努力和基础，凝聚了对口援助地区的扶持和关心。在此，我谨代表中共曲水县委，向所有关心、支持、参与曲水建设的同志们和朋友们，表示衷心的感谢和崇高的敬意！

五年的实践极为丰富，积累的经验弥足珍贵。五年来取得的成绩，是曲水未来发展的物质基础；五年来积累的经验，是我们今后工作的精神财富。回顾五年来的实践，我们深深体会到：

一是必须坚持科学发展，用发展的办法破难

攻坚。发展是硬道理，是解决我们所有困难和问题的关键。五年来，我们坚持科学发展，坚持发展为先、发展为重，积极创造条件，扩大招商引资、发展净土健康产业和加强基础设施建设，不断增强经济实力，实现了经济社会均衡发展。

二是必须坚持开拓创新，用创新的精神推动工作。实践没有止境，创新也没有止境。五年来，我们坚持把解放思想、开拓创新贯穿于经济社会发展的全过程，把上级的要求与曲水实际结合起来，积极探索，勇于创新，全面推动各项工作开展。

三是必须坚持执政为民，用惠民的举措凝聚力量。执政为民是我们党的根本要求。五年来，我们坚持党的群众路线，尽心尽力办民事解民困，千方百计促民富安民心，充分调动了广大群众参与经济社会建设的积极性和创造性。

四是必须坚持维护稳定，用稳定的环境构建和谐。稳定是和谐的基础。五年来，我们始终高举爱国主义和民族团结的旗帜，牢固树立“三个离不开”的思想，不断巩固和加强各民族的大团结，始终做到同呼吸、共命运、心连心，努力把各方面力量凝聚到加快发展步伐、维护长期稳定上来，旗帜鲜明地反对分裂，不断巩固和发展曲水安定团结的大好局面，坚决维护祖国统一和民族团结。

五是必须坚持团结协作，用务实的作风求得实效。团结就是力量。五年来，我们充分发挥党委统揽全局、协调各方、凝聚合力的领导核心作用，注重转变领导方式和工作方法，充分调动和发挥广大干部群众的积极性，围绕工作部署，加强督促检查，一级抓一级，层层抓落实，全县上下形成了“风正、气顺、心齐、劲足”的良好局面。

六是必须坚持从严治党，用先进的理念锤炼队伍。加强党的先进性建设，从严治党，是加快曲水发展的根本保证。五年来，我们积极探索党建工作的新路子，切实加强党的思想、作风和组织建设，努力构建保持先进性的长效机制，强化信念坚定、服从大局、尽心履职、廉洁奉公的良好党风，使党组织的战斗堡垒作用和广大党员的先锋模范作用得到较好发挥。这些被实践证明行之有效的做法和经验，是党要管党、从严治党在曲水的生动实践，是宝贵的精神财富，我们要倍加珍惜，一以贯之地坚持，并在实践中不断完善。

以上几条归结到一点，就是要坚持中央关于新时期西藏工作的治藏方略、战略定位和重要原则不动摇，这是曲水实现长足发展和长治久安必须遵循的根本原则。

二、今后五年县委工作的指导思想和奋斗目标

今后五年，是曲水进一步发挥各项优势，实现经济社会快速发展的攻坚期；是进一步深化改革，推进农业现代化、城镇化的加速期；也是进一步加快经济社会发展，加强民族大团结，建设美丽家园、幸福曲水，确保如期全面建成小康社会的关键期。应该看到，我们面临着难得的发展机遇。一是过去五年的发展，为我们更好的发展，打下了良好的基础；二是中央第六次西藏工作座谈会，进一步丰富完善了西藏工作的指导思想、发展战略、奋斗目标和政策措施，为我们不断前进取得一个又一个胜利指明了方向；三是区、市的关心和兄弟省市无私支援的力度不断加大，318国道、拉日铁路、机场高速、即将开工建设的拉日高等级公路贯穿全境，是拉萨1小时经济圈的重要组成部分，是首府拉萨联通山南、日喀则、尼泊尔、印度等地区和国家的重要通道，为曲水的长足发展提供了机遇、增添了信心、注入了力量；四是全县干部群众形成了敢于接受新事物、新思想、新观念的好习惯，在改革中干部能力不断增强，群众思想进一步解放，激发了曲水发展的动力；各族群众盼发展思稳定、建设美丽曲水、追求幸福美好生活的愿望更加强烈，实现长足发展具有广泛的群众基础和强大动力，社会局势正在从基本稳定走向长治久安，使长足发展具备了良好的社会环境。面对前所未有的有利条件和光荣艰巨的历史任务，我们一定要紧紧抓住宝贵机遇，奋力开拓前进，切实做到改革开放有新突破，发展稳定有新局面，人民生活有新提高，城乡面貌有新气象，把建设美丽家园、幸福曲水的伟大事业不断推向前进。

今后五年县委工作的指导思想是：深入贯彻落实党的十八届三中、四中、五中全会精神、特别是习近平总书记系列重要讲话精神，贯彻落实中央第六次西藏工作座谈会精神，全面加强县委自身建设，团结带领全县广大党员干部群众，坚持全面建成小康社会、全面深化改革、全面依法治国、全面从严治党的战略布局，牢固树立创新、协调、绿色、开放、共享的发展理念，坚守稳定和发展两条底线，以加强民族大团结和净土健康产业为抓手，着力维护社会和谐稳定，着力推进经济社会快速发展，着力保障和改善民生，着力加强精神文明建设，着力抓好党的建设和反腐倡廉工作，建设美丽家园、幸福曲水，确保如期全面建成小康社会。

未来五年，我们的总体目标是，如期全面建成小康社会。具体为：一是安居乐业。就是城乡居民住房条件显著改善，居民家庭人均住房面积40平米以上，户籍人口城镇化率达到30%以上，成为新型城镇化建设标杆县。特色优势产业实力显著壮大，成功创建全国有机农业示范县，成功打造全市净土健康产业升级样板县，各族群众充分就业，城镇登记失业率控制在2.2%以内。农村居民人均可支配收入年均增长16%以上，城镇居民人均可支配收入年均增长10%以上。二是保障有力。就是地区生产总值保持两位数增长。基础设施条件全面改善，交通运输网络更加健全，农牧民出行更加便捷；能源保障水平大幅提高；信息网络基础设施明显改善；教育、文化、社保、医疗、住房、体育等公共服务体系更加健全，基本公共服务能力和均等化水平全面提升。教育质量显著提高，新增劳动力平均受教育年限13年以上；人才引进培养工作上新水平，人才队伍建设取得明显成效；区域医疗服务体系不断健全，每千人拥有职业医师不少于2人，孕产妇住院分娩率98%以上，居民健康素质明显提高，人均预期寿命70岁以上；公共文化服务体系更加完善，居民文化娱乐服务支持占比不断提高，广播电视人口综合覆盖率达到100%；基本社会保险覆盖率达到95%以上。三是家园秀美。就是草场、湖泊、湿地、天然林等生态系统及生物多样性得到有效保护，县域森林覆盖率保持32%以上，县城绿化覆盖率保持38%以上。耕地保有量保持稳定，主要污染物和碳排放总量、单位生产总值能源和水资源消耗量控制在国家核定范围内，集中式饮用水水质全面达标，城镇环境空气质量优良率保持在95%以上，建成特色鲜明、风貌各异、多姿多彩、环境优美、人与自然和谐相处的宜居城镇和美丽乡村。四是民族团结。就是中华民族共同体意识深入人心，各族群众共居、共学、共事、共乐的社会条件和环境持续完善，相互了解、相互帮助、相互欣赏、相互学习的社会气氛更加良好，各民族和睦相处、和衷共济、和谐发展，把曲水建成民族团结模范县，成为各民族团结友爱、其乐融融的大家庭。五是文明和谐。就是中国梦和社会主义核心价值观更加深入人心，爱国主义、集体主义、社会主义思想广泛弘扬，向上向善、诚信互助的社会风尚更加浓厚，人民思想道德素质、科学文化素质、现代文明素质明显提高。优秀文化遗产得到全面保护和传承。成功创建国家县级文明城市。社会治理体系不断完善，治理能力全面提高。社会大局持续长期全面稳定，社会更加安定祥和。

三、今后五年县委的重点工作

围绕上述目标的确立，未来五年，我们要深入贯彻落实中央和区、市党委各项决策部署，突出重点，狠抓关键，深入做好改革发展稳定各项工作，全面实施我县“十三五”经济社会发展规划，突出抓好精准脱贫、净土健康产业、民族团结进步和精神文明建设工作，确保如期实现全面建成小康社会的目标任务。

（一）把精准脱贫作为全县工作重中之重，抓准抓实。

要深刻认识精准脱贫是党和政府的一项重要工作，是全面建成小康社会的重大举措，是必须完成的一项重大政治任务。各级党委“一把手”要切实担负起政治责任、主体责任，县直有关部门要切实担负起部门责任，形成加快发展和精准脱贫的强大合力，确保到今年年底在全市率先完成脱贫工作。扶贫先扶志，要把扶志作为扶贫工作的首要任务来抓；要健全保障机制，结合“十三五”规划细化的精准脱贫任务，按照任务书、时间表、路线图挂图作战。要按照“六个精准、五个一批”的思路，全面铺开、推进精准脱贫工作；要与“四业工程”结合，增强自我“造血”能力；要与净土健康产业挂钩，宜农则农、宜工则工；要与低保政策有机衔接，根据有关政策切实做到“应保尽保”，进行兜底。要加强收集、提炼、总结自选亮点工作，形成经验总结，进行示范推广。习近平总书记指出，一定要把易地移民搬迁工程建设好，保质保量让村民们搬入新居。大家生活安顿下来后，各项脱贫措施要跟上，把生产搞上去。当前，特别是要精心谋划，周密部署，加快推进才纳搬迁点建设，务必要按照要求按时保质保量完成；要按照“五个目标”的工作定位，加强达嘎增木新村提升工作，有高定位才有强提升，有强提升才能保持续；要加紧制定研究出台针对农牧民建档立卡贫困户的大中专学生资助办法和大病医疗救助办法，对需以教脱贫和以助脱贫的实现政策兜底，确保11月中旬前完成全县整体脱贫；要扎实有序做好小康安居工程；要加强扶志和扶智工作，教育引导贫困户树立勤劳致富导向，摒弃“等、靠、要”思想，依靠政府但不依赖政府；要加强对脱贫户的监测反馈，自愿申请脱帽的要鼓励支持，同时要做好跟踪，确保真脱贫、不返贫；精准脱贫工作领导小组、精准脱贫指挥部、精准脱贫办公室、各乡镇相关单位，要开始着手准备制定年底完成整体脱贫后，巩固脱贫的后续计划、措施、保障。总之，脱贫攻坚任务艰巨、使命光荣。精准脱贫各项工作要以更高的要求，更实的措施，全面考虑各个细节，要以对历史、对人民高度负责的态度，切实把工作做扎实、做细致。

（二）把净土健康产业作为全县经济社会发展支柱，抓好抓实。

近年来，经济发展逐步实现了量的积累，发展质效的提升，产业结构的不断调整完善，逐步形成了以我为主的特色可持续发展产业格局。实践证明，净土健康产业是顺应全世界，全国经济转型发展的朝阳产业，是进一步彰显西藏特色特点，深化农村系列改革的历史必然，具有很强的政治意义、历史意义和经济社会发展意义。未来五年，我们要一如既往地坚定深入推进净土健康产业的信心和决心，着力在丰富完善发展思路，塑造知名品牌，拓展产品市场，深化三次产业融合发展上下功夫，顺利打造全市净土健康产业升级样板。一是进一步丰富完善发展思路。在“一二三四一”“一区四园六基地”的发展总体思路基础上，结合国家经济发展政策，区、市经济发展方向以及曲水经济社会发展实际，不断调整和完善产业发展思路。坚持好以纯天然环境和无污染草原、耕地、水土为条件，聚合多种独特资源，实现产业升级和效益倍增为目标的地域型、复合型产业，生态、绿色、低碳的朝阳产业这个基础。整合发展全县现有的、将要有的各大产业，切实将净土健康产业作为支点和杠杆，支撑和撬动全县综合经济实力大提升，推动全县精准脱贫工作，民生保障工作，维护社会稳定工作以及干部队伍建设工作。二是抓住重点有效示范。深刻认识全力打造好才纳净土健康旅游示范园区，是放眼全县、全市打造净土健康产业升级样板现实必要的工作。要明确园区发展，核心是要把净土健康产业与旅游文化产业有机融合，关键是要走“政府主导、市场化运行、企业化操作、群众参与（贫困人口）、分期打造”的路子。坚持统筹兼顾、高起点谋划、高标准建设，规划投资10亿元以上，掌握运用好旅游市场规律，促进秀色才纳3A级景区能持续升级。要抓住重点打造万亩中藏药材基地、100亩连栋温室以及加大招商引资力度，做好高标准奶牛养殖场前期建设工作，引进企业经营打造一个高标准奶牛养殖场；要抓好苗木繁育生态观光、有机肥生产建设工作，努力实现生产、生活、生态“三生”融合，逐步建成田园风光、现代生态农业、藏地风情、户外拓展、健康养生观光带，力争打造产、加、销、购、娱为一体的综合性旅游大本营。形成“大美西藏游，出发在才纳”的大产业格局。

同时，要以园区工作实际需求为导向，大力开展人才引进与培养工作，建立健全体制机制，引得进、留得下，充分调动各类人才参与经济社会发展的积极性。三是塑品牌、拓市场。商品要实现价值，必须要实现交换，交换价值的体现，是商品本质属性和市场价值的统一。随着净土产品种类不断丰富，我们更需要做的是在产品品牌创建，市场拓展上下功夫，不断提高净土产品价值。要制定完善曲水县净土产业品牌培育发展计划，把曲水净土健康打造成驰、著、知名商标；要加强农副产品商标、地理标志、证明商标的培育发展，完成全国有机农业示范县创建工作；要加大品牌创建的宣传力度，做好品牌创建宣传延伸、开发推介工作，促进品牌优势快速转化为市场优势，形成一批国内知名品牌；要把握市场脉搏，善于借助茅台、同仁堂等知名品牌产品销售网络，不断提高曲水净土产品知名度，不断拓宽产品销售市场。力争到2020年全县净土健康产品销售产值突破20亿元。四是发挥优势、汇聚力量。要加强与江苏泰州的沟通协调，不断深化务实合作，在人才、市场、政策、资源、空间上有突破，在市场准入方面优先考虑净土健康产品，在产品落地上为曲水开方便之门，帮助我们把产品推向全国。要借助企业带动，积极与在产业、技术和市场等方面具有竞争优势的企业，实施多种方式的战略合作，引进技术、产品、人才、市场和先进管理经验，实现借梯上楼。要加强和内地间的交流交往交融，探索开放性、平台性、机制性的产业交流和经济合作模式。

（三）把民族团结工作作为实现社会持续稳定的有力支撑，抓牢抓实。

习近平总书记指出，我们国家是多民族国家，各民族是一家人，大家要相亲相爱、共同团结进步。民族团结是各族人民的生命线。从全局和战略的高度，充分认识做好民族团结进步工作的极端重要性和现实紧迫性，进一步把思想和行动统一到习近平总书记系列重要讲话精神上来，统一到习近平总书记“加强民族团结，建设美丽西藏”的工作指示上来，不断适应新形势下民族团结工作的新特点、新要求。做好民族团结工作，我们必须紧紧围绕做好反分裂斗争、维护国家安全这个核心，必须牢牢抓住培养壮大民族干部人才队伍这个关键，必须坚持突出民族团结宣传教育这个重点，必须切实用好民族团结进步创建活动这个载体，必须夯实爱国主义统一战线这个基础，必须着力强化党的领导这个保障，为曲水社会长期和谐稳定奠定坚实的民意基础。深入贯彻落实党的民族宗教政策，特别是党员干部带头讲团结、创团结、促团结，多说有利于民族团结的话，多做有利于民族团结的事，多交各民族朋友，自觉作民族团结的表率，要像爱护眼睛一样爱护民族团结；要广泛深入宣讲《拉萨市民族团结进步条例》，进一步巩固扩大“民族团结进步月”“民族团结进步节”活动成果；要以民族团结进步创建活动“七进”试点工作为契机，突出重点，创新方式，不断开创全县民族团结进步事业新局面；要定期开展民族团结进步表彰活动，及时对涌现出的模范单位和个人进行表彰奖励，推动民族团结进步表彰活动制度化、规范化；要进一步创新形式、创新载体、创新手段，广泛开展各民族交朋友、结对子活动，使创建活动更加富有民族特色、地方特色、时代特色，使维护民族团结成为每个公民的自觉行动和社会风尚。统战部（民宗局）、宣传部要统筹筹备开展好“民族团结进步之花在曲水盛开”主题活动，活动围绕各民族共同团结奋斗、共同繁荣发展的主题，编排文艺节目，深入基层巡演，广泛宣传创建民族团结进步模范县的重大意义，宣传涌现出的先进事迹、先进典型，使社会主义核心价值体系和“三个离不开”“四个认同”思想深入人心，使民族团结进步之花在曲水遍地盛开。

（四）把精神文明建设工作作为推进经济社会和谐发展的有力举措，抓紧抓实。

精神文明与物质文明同等重要，必须同步推进。各级各部门要坚持以“两手抓、两手都要硬”的工作自觉，以大力推进县域经济社会快速发展为基础，以实现县城精神文明创建升级发挥示范引领为目标，以深入开展国家县级文明城市创建和文明乡村创建工作为抓手，努力实现物质文明与精神文明相互促进，共同发展。各包村、包乡、包寺县级干部，要将乡村精神文明创建工作纳入承包范围，承担责任，切实加强组织领导。要积极响应县委号召，认真按照《曲水县文明示范村创建测评体系》，加快推进文明乡村创建工作，实行月汇报，季度汇报，强力推进。要通过开展公共文化服务，以“道德讲堂”进乡村活动，建立“文化墙”，表彰文明组、文明户先进等为载体，推进加强乡村道德建设、丰富基层文化活动、提高乡风文明程度，从加强爱国主义、社会主义、集体主义教育入手，以文化人、以美育人，注重提高农牧民整体素质，不断增强农村精神文明建设的凝聚力和创造力。要加大文化建设及相关产业投入，不断完善文化娱乐基础设施，拓展文化娱乐功能，提升文化娱乐服务质量，尤其是要把身边的好人好事创作成农牧民群众喜闻乐见的节目，传播正能量，激扬农村精神文明建设主旋律。村容村貌建设是乡村文明创建的基本点，全县各级各部门要按照县委六次、七次全委会议工作要求，加强文明县城和文明乡村创建工作，突出抓好农村环境综合整治，推进“三清”“五改”“五有”“五化”等工程，促进村容村貌整洁、卫生、美观。通过文明乡村创建支撑我县国家县级文明城市创建工作，文明县城创建办公室要统筹谋划，主动作为，经过不懈努力，把曲水建设成为国家县级文明城市，切实提高全县精神文明建设工作水平。

四、全面加强党的建设，为推动创新发展提供坚强保证

要完成好各项目标任务，关键在党、根本在人、重在实干。要以强化党员干部思想政治建设为主线，以加强执政能力建设为重点，以加强干部作风建设为抓手，全面提高党的建设科学化水平。

（一）强化思想政治建设，解放思想引领发展。

结合目前“两学一做”学习教育，广大党员干部要按照推动经济社会发展的要求，养成自觉学习、终身学习的习惯，深入学习习近平总书记系列重要讲话精神，学习党在思想领域的先进理念、主导产业相关常识及市场经济、法律、行政管理等基本知识，不断提高领导经济工作、管理社会事务、开展群众工作、维护社会稳定的能力，提高立党为公、执政为民的自觉性。要不断改进领导方法和工作方法，深入实际，调查研究，深化县情和形势认识，增强工作的针对性、前瞻性和系统性，与时俱进地推进各项工作，把全县广大党员和干部群众的思想、精力、工作及各方面的力量凝聚到加快发展上来，汇集到团结稳定上来。

（二）强化干部队伍建设，提升能力推动发展。

要坚持把干部的德放在首要位置，选拔任用那些政治坚定、有真才实学、实绩突出、群众公认的干部，形成以德修身、以德服众、以德领才、以德润才、德才兼备的用人导向。要坚持凭实绩使用干部，让能干事者有机会、干成事者有舞台，不让老实人吃亏，不让投机钻营者得利，让所有优秀干部都能为曲水的发展稳定贡献力量。这里要特别强调，在维护祖国统一、反对民族分裂这个大是大非问题面前，各级干部必须始终做到认识不含混、态度不暧昧、行动不动摇，始终做到立场十分坚定，旗帜十分鲜明，这是干部任用的首要条件。要加强优秀年轻干部、后备干部、妇女干部、少数民族干部的选拔和培养力度，努力建设一支经得起各种风浪考验的高素质干部队伍。认真做好离退休干部工作，充分发挥他们在改革发展稳定中的重要作用。坚持批评与自我批评，倍加顾全大局，倍加珍视团结，凝聚和发挥各级领导班子的整体效力。

（三）强化基层组织建设，夯实基础促进发展。

创新基层党组织的设置形式、工作方式、活动载体和活动内容，进一步扩大党的工作覆盖面。要把服务群众、做群众工作作为基层党组织的核心任务和基层干部的基本职责，使基层党组织成为推动发展、服务群众、凝聚人心、促进和谐的坚强战斗堡垒。进一步加强党员队伍建设，积极探索建立使党员长期受教育、永葆先进性的长效机制，促使广大党员在发展稳定中充分发挥先锋模范作用，真正成为平常时期看得出来、关键时刻站得出来、危难之际豁得出去的时代先锋。坚持把农牧民党员培养成致富能手，把致富能手中的优秀分子培养成党员和村干部，充分发挥党员带头致富、带领群众共同致富的先锋模范作用。加强党建带团建、党建带工建、党建带妇建工作，推动党建工作协调发展，增强基层组织的活力。

（四）强化反腐倡廉建设，廉洁从政保障发展。

严格落实党风廉政建设“两个责任”，不断完善教育、制度、监督并重的惩防体系。加强对党员干部的反腐倡廉教育，筑牢拒腐防变的思想道德防线。要抓住难落实的事，盯住不落实的人，加大对关键部门、重要岗位的监管力度，促进机关治庸提效。加大对重大基础设施投资、政府性投资、支农惠农投资等项目的监督检查力度，坚决纠正损害群众利益的不正之风。切实加大违纪违法案件的查处力度，做到有案必查、有贪必究、有腐必惩、有乱必治，进一步营造清正廉明的政治环境。

（五）强化干部作风建设，践行宗旨服务发展。

全县各级党组织和全体党员要树立正确的政绩观，正确处理长远利益与眼前利益的关系，对上负责与对下负责的关系，多做打基础、谋长远的工作。要按照“说办就办、马上就办、办就办好”的要求，强化实干、强化落实，让抓落实成为作风转变的温度计。要自觉践行党的群众路线，视群众的利益高于一切、群众的困苦急于一切、群众的呼声先于一切，在基层“最盼”上赢民心，在基层“最急”上见真情，在基层“最怨”上改作风，力戒心浮气躁，防止急于求成，克服形式主义，严禁表面文章。对上级党组织决定的事，要不讲条件、不找借口，不折不扣保证落实；对事关人民群众切身利益的实事好事，要不讲客观、不找理由，全心全意办成办好。要鼓励我们的干部乐于办实事，勇于办难事，善于办成事，在全县营造干事创业的浓厚氛围。

同志们，美好的蓝图令人鼓舞，宏伟的目标催人奋进。未来五年，我们的事业任重而道远，我们的任务光荣而艰巨。我们坚信，有各级党组织作坚强后盾，有全体党员的全力支持，有全县人民的信任和努力，只要我们紧密团结在以习近平同志为总书记的党中央周围，在区、市党委和县委的坚强领导下，始终保持一种“百舸争流，勇者当先；只争朝夕，舍我其谁”的精神和斗志，就一定能在新的历史起点上大步前进，就一定能不断开创各项事业的新局面，就一定能如期全面建成小康社会。

曲水县人大常委会工作报告

——在曲水县第十三届人民代表大会第一次会议上

曲水县人大常委会党组书记 平 措

（2016年9月19日）

五年工作回顾

过去五年，县十二届人大常委会在县委的坚强领导、区、市人大常委会的监督指导、县人民政府的大力支持、各乡（镇）人大主席团和人民代表以及全体委员的共同努力下，高举中国特色社会主义伟大旗帜，以邓小平理论和“三个代表”重要思想为指导，深入贯彻落实科学发展观，坚持全面贯彻党的十八大、十八届三中、四中、五中全会和中央第六次西藏工作座谈会精神，贯彻落实习近平总书记系列重要讲话精神，特别是“治国必治边、治边先稳藏”的重要战略思想和“加强民族团结、建设美丽西藏”的重要指示，按照“四个全面”战略布局要求，紧紧围绕贯彻落实党的治藏方略以及区、市、县委的一系列重要决策部署，始终把坚持党的领导作为根本方向，顺利完成了曲水县第十二届人民代表大会确定的各项任务。

一、坚持党的领导，服从和服务于县委的工作部署

五年来，在县委的正确领导下，人大党组始终把习近平总书记关于人大制度、人大工作和法制建设方面的系列重要讲话精神作为做好新形势下人大工作的基本遵循和科学指南，牢牢把握正确的政治方向，扎实推动人大工作与时俱进、完善发展。一是认真贯彻落实中央和区、市、县委的一系列重要指示精神，在思想上、政治上、行动上始终同党中央保持高度一致，坚决服从县委作出的决策部署，精心组织，狠抓落实；二是按照县委的统一部署，紧紧围绕县委中心工作，积极参与经济建设和各项社会事业，致力于推进全县经济发展和社会进步；三是建立健全请示报告制度，对人大工作中的重大事项、重点议题、重要活动，人大党组都及时向县委请示报告，依法按程序做好工作，主动争取县委的支持和重视；四是充分发挥人大常委会党组作用，把保证县委重大决策部署的贯彻落实作为党组的重要职责，把对党负责和对人民负责相统一，确保重大决策部署在人大工作中得到全面落实。

二、围绕全县工作大局，认真开展监督检查

做好监督工作，增强监督实效，是人大代表和人民群众对常委会提出的要求和希望。对此，常委会把听取和审议专项工作报告、工作评议、视察及执法检查、调研等工作作为监督工作的重要形式。一是围绕法律法规执行和规范性文件的备案审查，强化法律监督实效。在法律监督工作中，采取多种形式，突出重点，详实了解法律法规实施的真实情况，不断完善执法检查、调研和审议意见反馈制度，及时提出意见和建议，跟踪检查，督促整改，增强法律监督工作的实效，切实推进了法律法规的有力实施；二是认真开展执法检查和听取审议“一府两院”专项工作报告。五年来，重点对《大气污染防治法》《流动人口管理》《预算法》《道路交通安全法》《西藏自治区道路交通安全条例》等多项法律法规在我县的贯彻执行情况进行了执法检查；从2012年开始先后对县政府的6个职能部门进行了专项工作评议，并形成审议意见，依法有效地促进了“一府两院”工作人员依法行政；三是重点开展了对新农村建设、非物质文化遗产保护、六五普法、十二五规划重点项目建设等落实情况的工作调研共18次，并针对调研中发现的问题，提出了改进的意见和建议，促成了相关问题的解决，受到了区、市人大的充分肯定；四是认真把关好财政预算、计划的执行，严把预算调整和收支安排情况的审查监督关，保障了县人代会审查批准的计划和预算的执行；五是认真开展代表视察活动，五年来，组织人大代表对我县经济和社会发展情况进行了9次集中视察。组织召开了28次常委会会议和38次主任会议，听取和审议“一府两院”工作报告17项，执法检查30次，专题调研18次，开展对重点项目和惠民政策落实情况的集中视察8次，受到了上级肯定和群众好评。

三、依法履职，组织召开县乡人民代表大会例会，认真做好人事任免工作

根据县委的指示精神和人大常委会的工作安排，依法组织召开县、乡第十二届人民代表大会各次例会，为指导好会议，召开主任会议及常委会会议，研究部署会议各项工作，并向县委常委会汇报会议筹备情况，确保每次会议圆满成功。

五年来，依法组织召开了县十二届人民代表大会五次；指导各乡（镇）依法召开乡（镇）十二届人民代表大会五次。会议期间，代表们行使法律赋予的权利和职责，以对人民高度负责的态度向县政府及其职能部门提出建议、批评和意见192件，答复率为100%，有效地促进了曲水经济社会发展。

人大常委会始终坚持把党管干部的原则与人大依法任免和监督干部结合起来，促进国家机关工作人员依法行政、公正司法。五年来，常委会共任免干部263人（其中任职208人，免职43人、接受辞职12人）。并不断完善了各项干部任免制度，实现了对干部任前、任中、任后的全程监督管理。

四、坚持正面引导，积极发挥代表作用

县人大常委会始终坚持把做好代表工作作为开展人大工作的一项基础性工程，积极组织常委会组成人员，拓宽代表活动方式，增强代表议政督政积极性，全方位、多渠道地为代表履职搭建平台。一是加强与代表的联系，发挥代表的参政议政作用。坚持常委会负责人联系、走访人大代表制度，组织代表参加常委会视察、检查、调查活动，并坚持在每次常委会会议上邀请代表列席会议；召开常委会会议时，根据会议审议的议题，邀请相关行业人大代表列席。二是不断建立健全区、市、县人大代表列席常委会和代表联系选民及闭会期间代表活动制度，代表列席常委会会议逐步规范化、制度化。三是坚持每年以“走出去，请进来”等形式组织区、市、县、乡四级人大代表开展相关法律法规和人大业务知识的培训。五年来，共组织开展代表学习培训8期，组织代表到县内、县外考察学习了6次，通过学习培训，进一步提高了代表的履职能力和理论素养，开拓了代表的视野。四是通过创建乡（镇）“人大代表之家”，进一步巩固、拓展了代表活动阵地。完善了代表小组活动、代表联系选民、代表小组学习、代表视察等制度，为代表活动的有序、顺利开展提供了制度保证。以“人大代表之家”为平台，广泛征求群众的意见建议，经过认真梳理，归纳出人民群众普遍关心的热点、难点问题，并组织人大代表与政府职能部门的负责人面对面，现场解决问题，收到了良好的效果。

五、按照法定程序，认真开展县乡人大换届选举工作

县、乡人大换届选举是全县政治生活中的一件大事，为确保换届选举工作有序、合法、顺利开展，人大常委会根据新修改的《地方组织法》《选举法》和中办发〔2016〕65号、藏党发〔2016〕5号文件的要求，及时制定了《中共曲水县人大党组关于做好全县县、乡（镇）人民代表大会换届选举工作实施意见》，对换届选举的时间、方法、步骤、选民登记、选区划分与代表名额分配、候选人的提名、投票选举等工作进行了周密部署。成立了县、乡人大换届选举领导小组7个，换届选举委员会7个，换届选举工作指导小组10个，负责指导各乡（镇）和机关各选区的选举工作。县人大常委会高度重视换届选举工作的宣传引导工作，统筹安排，精心组织，为换届选举创造了良好的舆论氛围。同时，购买新修改的《选举法》《组织法》《代表法》，并编印了“九严禁”“十不准”等换届纪律宣传资料，发放给广大选民，切实增强了群众的主人翁意识，严肃了换届纪律。根据《选举法》和藏人大办发〔2016〕30号文件的规定，分配给曲水县第十三届人民代表大会的代表名额为96名，实选代表92名，留4名机动名额。

在完成代表选举工作后，2016年6月8日—2016年6月9日，县人大常委会认真指导各乡（镇）依法召开了乡（镇）第十三届人民代表大会第一次会议，圆满完成了各项会议议程，依法选举产生了各乡（镇）人大主席6名，乡（镇）长 6 名、副乡（镇）长24名。

六、加强人大自身建设，不断提高履职能力和水平

县人大常委会始终把加强自身建设摆在突出位置，着力提高履职能力，为做好人大工作提供了坚强的政治保证、组织保证和思想保证。一是制定好学习制度、计划和内容，结合党的群众路线教育实践活动、“三严三实”专题教育活动和“两学一做”学习教育活动，认真组织干部职工和代表学习中央、区、市的各项重要会议和文件精神，学习法律法规和人大相关业务知识，切实转变不适应、不符合科学发展观要求的思想观念，牢固树立政治意识、大局意识、核心意识、看齐意识和社会主义法治理念，正确处理工学矛盾，在学中干、干中学，有效提高了参学人员的政治思想素质。二是切实加强制度建设，先后修改完善了《曲水县人大常委会议事规则》《曲水县人大常委会联系代表制度》及《曲水县代表视察制度》等相关制度，使人大各项工作更加制度化、法制化、规范化，切实做到了按制度办事，以制度管人。三是强化为民服务意识，对于审议议题和监督工作中的重大问题，认真调查研究，虚心听取人民群众和各方面的意见，努力使人大工作更加符合实际，更好地为广大人民群众服务。四是通过多种方式和途径，密切与乡（镇）人大主席团的联系，加强了五乡一镇人大工作情况通报和工作交流。同时，加强了与区、市人大常委会及其办事机构的联系，主动接受监督和指导，依法开展各项工作。五是坚持从全县工作大局出发，把推动中央、区、市党委和县委维稳决策部署的贯彻落实作为履行监督、决定等职能的重要内容，支持、监督和参与开展维护社会稳定工作。六是完善工作机制，加强作风建设和理论学习，不断提高代表建议办理质量。五年来，结合作风效能建设、党的群众路线教育实践活动、“三严三实”专题教育活动和“两学一做”学习教育活动等，先后建立健全了《理论学习制度》《人大监督工作机制》《代表学习制度》《代表培训制度》等17项制度。七是进一步加大建议意见的督办力度。人大常委会加强与承办单位和代表的沟通，实行年初、年中、年末定期督查；并要求人大党组成员每人领衔督办一件重点建议。通过这些措施，县十二届人大召开的五次人民代表大会上代表所提的192件建议意见均得到了落实，答复率为100%。

回顾和总结五年来的工作，人大常委会始终坚持党的领导、人民当家做主与依法治国有机统一，认真履行法定职责，积极做好选举、监督、决定、任免、代表等工作，为推动曲水经济社会发展和长治久安做出了积极贡献。同时，我们也清醒地认识到，在县乡人大工作和人大建设中还存在一些不足。主要表现为：人大会议制度和议事程序不够健全，法定职责履行不够到位，乡镇人大闭会期间工作开展不常态化等。针对存在的问题和不足，在下一步工作中人大常委会将克服困难，真抓实干，采取切实有效的措施妥善加以解决，推动县乡人大工作与时俱进、完善发展。

未来五年的工作建议

未来五年，我们将继续高举中国特色社会主义伟大旗帜，全面贯彻党的十八大、十八届三中、四中、五中全会和中央第六次西藏工作座谈会精神，以邓小平理论、“三个代表”重要思想、科学发展观为指导，进一步深入学习贯彻习近平总书记系列重要讲话精神、特别是“治国必治边、治边先稳藏”的重要战略思想和“加强民族团结，建设美丽西藏”的重要指示精神，坚持党的领导、人民当家做主、依法治国有机统一，紧紧围绕协调推进“四个全面”战略布局，树立和贯彻“五大发展理念”和市委“六大战略”，坚持党的治藏方略，坚持依法治藏、富民兴藏、长期建藏、凝聚人心、夯实基础的重要原则，牢固树立“四个意识”，着力贯彻落实各级党委关于人大工作的一系列重大决策部署，依法行使职权、积极开展工作，进一步加强县乡人大工作和建设，切实发挥基层国家权力机关和人大代表作用，积极参与“精准扶贫”工作等全县中心工作，为如期与全国一道全面建成小康社会，建设美丽家园幸福曲水作出积极贡献。

一、贯彻落实中央和区市县委的决策部署，全面加强和改进人大工作

始终把坚持党的领导作为根本方向，牢固树立政治意识、大局意识、核心意识和看齐意识，把贯彻落实中央和区市党委关于人大工作的一系列重大决策部署作为未来五年工作的主线抓实、抓好；坚持党总揽全局、协调各方的领导作用，自觉把党的领导贯穿于县乡人大工作的全过程、落实到依法履职的各方面；坚持人民主体地位，把实现好、维护好、发展好最广大人民的根本利益作为县乡人大工作的出发点和落脚点，努力做到民有所呼、我有所应。坚持依法治国，保证宪法、法律、法规和上级人大及其常委会决议在我县区域内得到遵守和执行，促进依法行政、公正司法和全民守法。始终把依法履职和与时俱进作为根本要求，进一步深入学习贯彻习近平总书记系列重要讲话精神以及区、市、县委的一系列重要会议精神，结合“两学一做”学习教育活动和未来五年将开展的各类学教活动，认真学习、深刻领会、广泛宣传、主动贯彻、全面落实，不断加强和改进人大工作，充分发挥地方国家权力机关的作用。

二、明确工作重点，着力增强监督实效

认真贯彻落实《监督法》，突出监督重点，改进监督方式，拓宽监督渠道，紧紧抓住改革、发展、稳定三件大事，做到谋划工作围绕大局、部署工作突出大局、落实工作紧扣大局。一是要在每年6—9月份听取和审议计划、预算和“两院”专项工作报告，监督“一府两院”依法行政，实行正确监督、有效监督，把监督与支持“一府两院”工作有机结合起来，既敢于监督又善于监督，既不失职又不越权，确保法律法规得到有效实施，确保行政权、审判权、检察权得到正确行使。二是要紧紧围绕全县工作大局和县委的中心工作，继续加强和改进视察和执法检查工作，选择关系改革发展稳定大局和涉及群众切身利益、社会普遍关注的重大问题，作为加强监督的切入点和突破口，对有关法律法规实施情况进行视察和执法检查，积极回应人民群众和社会关切。三是积极配合区、市人大常委会做好有关法律法规的执法检查、立法调研和视察等工作。四是要加大对全县重点项目的视察和调研工作，特别是对重点工程项目的审批、招标和施工等方面进行监督和视察。五是每年选择1至2个政府职能部门进行工作评议，认真了解被评议单位的工作开展情况。六是不断健全执法检查、听取审议工作报告、预算审查、专题询问、述职评议和工作评议、规范性文件备案审查等方面的工作机制，加大督促落实和跟踪问效力度。

三、依法讨论决定重大事项，认真做好人事任免工作

未来五年，县人大常委会要把听取审议“一府两院”工作报告、审查批准计划和预算作为行使重大事项决定权的重点，依法认真负责地为我县民主法治建设重大措施、区域发展总体规划、城镇建设、重大民生工程等作出决议、决定。同时，加强决议、决定和审议意见落实情况的监督检查。

认真做好人事选举任免工作。在干部任免工作中，人大常委会要始终坚持把党管干部与人大依法行使选举权、任免权相统一。加强对人大选举和任命人员的监督，推行任前法律知识考试、任职发言、颁发任命书、宪法宣誓等制度，增强被选举和被任命人员的政治意识、法制意识、责任意识和公仆意识。

四、密切人大代表与人民群众的联系，着力发挥代表积极作用

进一步拓宽代表联系群众的渠道，充实代表联系群众的内容，推动代表联系群众工作制度化、规范化。未来五年，县人大常委会要坚持代表主体地位，扩大代表对常委会工作的参与度，邀请代表列席会议、参与相关视察调研、执法检查、专题审议和工作评议等活动，建立和完善常委会组成人员直接联系本级人大代表的工作机制，及时准确了解代表们的所思所想和意见建议。一是县、乡两级人大要围绕全县中心工作和人民群众关心的热点焦点问题，开展代表活动，组织县、乡人大代表就工业园区建设、新农村建设、净土健康产业、精准扶贫和民生工作等方面进行视察；二是充分利用各类学习渠道和资源，组织代表开展内容丰富、形式多样的学习考察活动；三是邀请代表参加县人大常委会开展的视察、调研、执法检查活动，列席县人大常委会会议参与相关议题审议，依法保障代表的知情权、议政权和监督权；四是重视议案和建议办理，完善办理人大代表议案和建议的办法，建立健全代表议案和建议落实反馈制度、办理情况跟踪督办制度；五是依托“人大代表之家”等平台，公开代表基本信息、联系方式，畅通社情民意表达和反映渠道，密切代表与人民群众的联系；六是围绕县委中心工作，充分发挥代表在群众工作中的积极作用和党同人民群众之间的桥梁纽带作用；七是要加强“一府两院”同本级人大代表的联系，通过多种形式和渠道经常听取代表的意见建议；八是通过组织代表参加代表履职培训班学习、以会代训、分片集中培训等多种方式，认真组织人大代表学习和领会新修改的《组织法》《监督法》《代表法》等法律法规，不断增强代表们的法律素养、政治素质，切实提高代表履职能力和服务人民群众的水平。

五、加强自身建设，全面提升县乡人大工作质量和水平

为切实履行好宪法和法律赋予的职责，县人大常委会要以适应新形势的需要为出发点，把自身建设摆上重要工作议程。一要加强思想政治建设。坚持正确的政治方向，坚持党对人大工作的领导，深入学习贯彻党的路线方针政策，坚定中国特色社会主义道路自信、理论自信、制度自信，切实增强政治意识、大局意识、核心意识、看齐意识，在思想上政治上行动上与以习近平同志为总书记的党中央保持高度一致，始终做到旗帜鲜明、立场坚定、认识统一、表里如一、态度坚决、步调一致；牢固树立党的观念、政治观念、大局观念、群众观念和法制观念，忠实代表人民的利益和意志；认真开展“两学一做”学习教育活动和今后各类学教活动，严守政治纪律和政治规矩，严格执行中央和区、市、县委关于加强作风建设的各项规定，巩固党的群众路线教育实践活动等各类教育活动成果，切实改进工作作风。二要加强人大组织建设。根据修改后的地方组织法，我县第十三届一次会议后，各乡（镇）人大主席将列入人大常委会组成人员中，常委会组成人员名额将从原先的15人调整为25人。并将于2017年内设立“一室三委”即办公室、法制司法民族宗教委员会、财经农牧城建环保委员会和教育科学文化卫生委员会。三要不断加强县乡人大干部队伍建设。充实人大机关干部，确保县乡人大工作正常开展。建议县、乡党委把人大干部的配备、培养、交流、选拔和任用纳入干部队伍建设总体规划，选派政治坚定、经验丰富、具备专业知识的干部到人大任职，有计划地安排人大干部与党委、“一府两院”干部进行双向交流。同时，加强人大机关工作人员能力建设，强化学习培训和教育管理，不断提高政治素养和业务水平。

加强县乡人大工作和人大建设，充分发挥县乡基层国家权力机关和人大代表作用，是巩固党的执政基础和强化基层国家政权建设的重要举措，是推进国家治理体系和治理能力现代化的重要基础，是推动人民代表大会制度与时俱进的重要任务。未来五年，让我们更加紧密地团结在以习近平同志为总书记的党中央周围，在县委的坚强领导下，凝聚起智慧和力量，以更加高昂的斗志、更加务实的作风、更加坚定的步伐，同心同德，同行同向，开拓进取，扎实工作。努力做到：强化政治意识，自觉坚持党的领导；强化学习意识，努力提高整体素质；强化责任意识，认真履行法定职权；强化创新意识，不断开创人大工作新局面；强化全局意识，坚持贯彻民主集中制原则；强化宗旨意识，密切联系人大代表和人民群众；强化自律意识，不断改进工作作风。为圆满完成“十三五”各项目标任务努力奋斗，为创造曲水人民更加幸福美好的明天努力奋斗！

政府工作报告

县委副书记、县长 格桑邓珠

（2017年3月）

一、2016年工作回顾

2016年是“十三五”的开局之年，更是迈入全面建成小康社会决胜阶段的第一年。我县在拉萨市委、市政府和县委的坚强领导下，全面贯彻党的十八大和十八届三中、四中、五中、六中全会、的精神，落实区市党委第九届代表大会精神和区市经济工作会议部署，正确处理改革发展稳定的关系，坚持稳中求进的工作总基调，科学把握我县发展的阶段性特征，继续打牢农牧业基础，突出特色产业和对口支援，保持了经济健康发展、民生持续改善、社会和谐稳定、生态环境良好，全面完成了县人大十三届一次会议确定的年度目标任务，全面贯彻落实区、市党委、政府会议的决策部署，围绕年初制定的目标任务，坚持稳中求进，实现了“十三五”发展开门红，走好了全面建成小康社会决胜阶段的第一步。

2016年我县预计实现地区生产总值13.30亿元，同比增长12.32%，完成年度目标任务的100.03%。全社会固定资产投资完成37.56亿元，同比增长25.11%，完成年度目标任务的108.00%；地方财政本级一般预算收入1.89亿元，同比增长15.00%，完成年度目标任务的100.00%；社会消费品零售总额2.78亿元，同比增长11.24%，完成年度目标任务的100.18%；农牧民人均纯收入11110元，同比增长16.02%，完成年度目标的100.00%。特别是就业形式保持稳定，实现新增就业全年目标为1135人，已实现就业1914人，完成全年目标的168.63%；城镇登记失业率控制在2.2%以内，超过了全年的额预期目标。

——坚持深化改革，继续调整结构，保持经济运行健康稳定。按照全区“一产上水平、二产抓重点、三产大发展”的部署要求，我县持续加大转型调整力度，着力培育战略新兴产业。以净土健康产业为抓手，全力推进农业现代化建设，发展高附加值的特色农业产品。工业发展继续提质增效，巩固“十二五”期间所取得的成果。深化净土健康产业与文化旅游业的有机融合，打造曲水特色农业旅游发展，提升第三产业经济增量比重。加快农牧业转型升级。今年，我县全面建成全国有机农业示范县，才纳乡被评为国家现代农业产业示范基地。2016年农机购置补贴项目国家投入专项资金500万元，农牧民申请购置各类农机588台（套）。全县机耕、机播、机收面积分别达到6.5万亩、6万亩和6万亩；共落实发放各项农业补贴1007.82万元；全县农牧业续建项目7个，总投资5051万元；粮食产量2.55万吨（单产905.04.斤），比指标超出了0.02万吨，完成率达到100.79%，同比增加0.79%；油菜作物的种植面积为13675亩，总产量为0.20万吨；蔬菜总完成6.254万吨，比指标超出了0.154万吨，完成率达到102.52%，同比增加3.17%。牲畜总出栏35222头（匹、只），出栏率为41.6%。做大做强净土健康产业。牢固树立抓净土健康产业就是抓民生、抓稳定、抓生态、抓长期建藏的发展理念，制定产业政策，优化产业布局，整合资源。全年共融资7.2亿元，用于奶牛养殖、玫瑰种植、葡萄种植、中藏药材种植、有机肥加工、百亩连栋温室建设项目，投资11.5亿元用于建设万亩乡土苗木良种繁育基地。完成了万亩黑青稞、万亩高原有机土豆、万亩青饲、万亩中藏药材的种植工作。2016年成功打造出贵州茅台玛咖酒、玛咖饮品、玛咖粉、玫瑰系列化妆品、鲜花饼、葡萄酒、藏边大黄酒、辅酶Q10牙膏等40余种享誉区内外的产品，同比2015年增长了一倍多。特别是3月我县玛咖、黑青稞、玫瑰、土豆、牦牛肉、野生鱼、雪菊等7个净土产品已经获取国家级有机农产品认证证书。在今年5月我们又申报了黄芪、党参、当归、木香等4个藏中药材的有机认证。并且在2016年10月在县委县政府的指导下，在我园区内成立了“曲水县有机办”，同时我县今年正在全力申报、建设有机示范县，力争到2017年全面建成全国有机农业示范县。截至目前，我县净土健康产业年产值将超过10亿元。通过净土健康产业园区的带动辐射作用，2016年我园区流转土地1.5万余亩，现带动当地390户（1800多人）贫困群众就业并实现精准脱贫，去年带动群众务工12.75万人次，人均增收6000到7000元，2016年在园区的带动下实现55名贫困户的精准脱贫，年均可增收15000元。一期B园区内，扶贫项目投资1300余万，项目内容为30栋高效智能温室、中藏药材种植。投资中的1100万作为扶贫建档立卡户322户1189人的股份，并与园区内的企业签分红协议，将公司纯收入的60%作为分红资金分给322户贫困户，每户年分红为4000元，人均分红1000元以上。推动曲水净土健康产业产加销一体化发展，形成一产抓特色、二产抓加工、三产抓体验经济的发展新格局。推动工业经济稳定发展。坚持“工业强县”战略，我县因地制宜的推进工业向前发展，预计到年底完成固定资产投资16.10亿元，同比增长11%，完成年目标的101%；招商引资到位资金达13.1亿元，同比增长10.08%，完成年目标任务的100.77%；销售产值15.25亿元；上缴税收0.985亿元。今年以来，我县已引进3家天然饮用水产业企业（西藏神泉颐康投资股份有限公司、雪顶矿泉水有限公司、白玛甘泉水业股份有限公司）。其中，正式投产企业2家，2016年生产天然应用水7000吨，实现了我县天然饮用水产业从无到规模化的跨越式发展。我县加大对品牌建设和科技创新的扶持力度，西藏帮锦镁朵工贸有限公司荣获著名商标和拉萨市名牌产品名录。拉萨净土睿健生物产业发展有限公司产品通过美国、日本、欧盟有机认证。西藏高争民爆股份有限公司首次公开发行并在深圳证券交易所A股中小板上市。旅游服务业水平稳步提升。才纳园区继续扩大花卉种植面积，提升了“秀色才纳”的景色品质，成功使“秀色才纳”被评为国家AAA级景区。预计今年年底可接待游客15万以上，实现产值1.3亿元；加快拉萨净土健康野生动物保护园、俊巴渔村民族特色旅游，茶巴拉乡桃花村旅游景点建设，取得初步成效。其中桃花村景区全年接待游客2896人，带动当地收入达121.6万元积极参加拉萨市了拉萨“乡村旅游”推荐会，全面宣传了曲水县旅游资源。开展了旅游市场的秩序综合治理。提高旅游服务质量和游客满意度，树立良好的旅游形象，推动全县旅游服务标准化建设。

——坚持激发市场活力，继续创新发展，确保经济增长亮点突出。今年，我县为了激发市场活力，立足实际，不断寻找新的创新点。积极响应国家“大众创业，万众创新”的号召，全县进行了创业培训，培训合格率90%以上，创业成功率15%，已创业培训创业者，合格率100%，创业成功率65.38%。全年新增加个体工商户135户，注册资金1320万元。新增企业114家，注册资本9.1亿元。

为了激发市场主体活力，贯彻落实好相关会议精神做好家具家电补贴工作。我县制定了《曲水县家电家具补贴方案》，完成家电家具补贴313.48万元。创新发展模式，加速融入互联网市场。全力打造了互联网电子商务平台等新型产业模式，成功申报了电子商务农村综合示范县，并派人到内地参加电子商务培训，通过开展全县电子商务进农村综合示范工作，促进全县电子商务网购网销快速发展。在净土健康产业的带动下，不断提升产品的科技含量，开创了产业发展的新局面。新动能的不断发展，对稳定就业，加快产业升级发挥了突出作用。

*人民生活持续改善，全面脱贫。*始终不渝坚持改善民生，坚持发展成果人民共享，增强人民群众的获得感是我们工作的落脚点。2016年全县农牧民人均可支配收入11110元，同比增长16%，快于经济增速，完成年度目标任务的100.02%。为了确保我县农牧民碘盐配送率达到100%，全县计划配送碘盐179.41吨。全县以“一年脱贫、四年巩固”为奋斗目标，以“六个精准”为导向，落实好“六脱”方略。脱贫攻坚力度不断加大实现了“以业脱贫”1305人、“以迁脱贫”712人、“以育脱贫”970人、“以保脱贫”857人、“以助脱贫”256人、“以补脱贫”2296人。1371户3721人建档立卡贫困人口已经于10月底全面脱贫。曲水达嘎搬迁点的184户712人的贫困户搬迁安置工作已全面完成建设、搬迁工作，通过完善三个合作社的配套产业，有效带动712人搬迁户就业；才纳集中搬迁安置项目于8月3日已开工建设，可搬迁贫困户365户，11月中旬前可全面完工、入住。

*民政保障进一步提高。*为了打赢我县脱贫攻坚战，县民政局制定了《曲水县政策兜底脱贫工作实施意见》，成立了以保脱贫工作领导小组，并有序推进各项措施落实。注重充分发挥医疗救助、临时救助、优抚、救灾救济等职能作用，为因病、因学、地少、缺技能等贫困家庭构建起多层安全保障网络。举行了主题为“凝聚社会力量、助力精准扶贫”的捐款活动，筹得善款701267元，全县有988名干部职工、135名教职工10所驻军部队及135个农牧民双联户献出了他们的爱心，为曲水县打赢脱贫攻坚战凝聚了人心、汇集了力量。

*巩固深化“四业工程”，创新培训方法。*组织协调了城乡劳动力培训和转移就业、劳务输出等工作。全年实现农牧民转移就业550人，就业率达到55%以上。不断加大对教育领域的支持力度，提高了学校办学的硬件条件。注重青少年体育健康发展工作，提高了群众体育发展水平。加快推进县医院标准化建设，已经完成县医院升级为“二级乙等”的申报、初审、终审工作。为了对重大传染病、地方病进行防治，开展了“人口健康综合管理项目暨健康曲水”医疗义诊等活动，并出台了《县乡一体化意见》，创先实行人口健康综合管理村例会制度。完善农牧民基本医疗保障体系，全年参保已达851人，完成全年目标的1033.65%；全年征缴基本金36.97万元。全县干部职工、城乡居民养老保险、医疗保险、生育保险、工商保险等各类保险参保率达到了100%，提高了群众生活保障水平。

*基础设施逐渐加强，交通条件不断优化。*配合拉萨至曲水大桥318国道改建项目施工，结合我县实际协调增设了县城段桥梁人行道三处，两桥一隧检查站水泥引道1200平方米，沿线平交道口200余处，大大方便了农牧民出行。完成了总投资7544万元，总里程50多公里的乡村道路建设工程。作风建设深入开展。深入开展“两学一做”专题教育活动，大力弘扬“马上就办”精神，工作作风明显转变。

*生态保护日益加强，成效显著。*2016年全县健全完善生态文明制度，统筹推进了国家生态安全屏障保护工程，加强环境能力建设。全县继续抓好植树造林工作，植树节开展了相关活动，继续实施好重点区域安全屏障造林工程、“四江两河”造林工程、防沙治沙生态安全屏障工程、周边地区造林绿化工程、退耕还林配套荒山荒坡造林工程。

*全县积极开展绿色生活活动，大力整治市容市貌，加大县区绿化力度。*开展农牧区生活垃圾专项治理，强化了环保考核标准，提升了农牧区生态文明水平。各乡镇努力提升辖区内绿化水平，才纳乡造林绿化项目已经完成99%，共植树18万株，其中经济林140亩，5000余株；达嘎乡总造林面积887.7亩，其中重点区域造林200亩，周边造林100亩，全民义务造林547亩，退耕还林工程荒山造林547亩；茶巴拉乡共种植树木11100株树苗存活率达到90%以上。

*社会发展长治久安，稳定和谐。*2016年全县为了加强社会管理，严格落实各项维稳措施。进一步完善了“双联户”机制，不断健全和完善寺

庙管理的长效机制，提高寺庙管理规范化、法制化水平。

我县组织僧尼和驻寺干部召开了全县寺院僧尼“惠寺利僧”政策宣讲大会并顺利召开了全县“和谐模范寺院”表彰大会。深化民族团结“七进”活动，使“三个不离开”“五个认同”思想更加深入人心。全县开展了以“民族团结进步之花在曲水盛开”为主题的民族进步宣传月活动。宣传月期间全县共悬挂宣传标语79条，各类LED显示频滚动播出宣传材料近1.2万次，发放各类宣传册15000余张，参加人数达1400人。强化了各族群众民族团结的进步意识。

今年我县通过日常纠纷调解与集中排查调处工作相结合，定期或不定期排查调处各类矛盾纠纷和不稳定因素；最大限度地防止和减少影响社会稳定的不和谐因素。截止9月30日，全县各级调委会共调解矛盾纠纷26起，其中婚姻家庭纠纷19起、劳资纠纷4起、土地纠纷1起、草场纠纷1起、邻里纠纷1起，目前均已调解，调解率达100%。落实了安全生产责任制，完善了应急救援体系建设，提升应急处置能力。

*农改工作扎实推进，成绩突出。*2015年，我县被荣列为全国15个农村宅基地制度改革试点县，在国家土地督查成都局的正确领导及区、市两级政府的具体指导下，为认真落实中央关于推进农村土地制度改革三项试点工作的决策和部署，统筹安排，周密谋划。目前，全县有3.96万亩耕地实现适度规模流转；净鑫公司将70亩林业地以出资入股与合作方共同成立公司方式实现流转。在农村宅基地制度改革试点工作方面，经过2016年一年的努力农村宅基地制度改革取得了初步的效果，形成了一套在全区可复制、可推广的改革试点经验。

2016年我县在财政资金有限的情况下，列支256万规划专项经费，推进基础规划编制工作，科学制定规划编制方案。通过邀标方式委托江苏苏地仁和有限公司、江西规划院、泰州规划院开展《曲水县乡（镇）村控制性详细规划》《曲水县乡（镇）村土地利用总体规划》和《曲水县土地利用总体规划修编》工作。开展了全西藏首次农民住房财产权（含宅基地使用权）抵押贷款发放仪式为江首批19户农户发放263万元农民住房财产权（含宅基地使用权）抵押贷款。研究制定了《曲水县农村宅基地有偿使用、流转和退出审批管理暂行办法（试行）》。下一步，我县计划将《暂行管理办法》提交县人大审议并出台运行，强化全县农村宅基地用地管理。

在开展工作的同时，全县进行了经验总结首先必须因地制宜规范审批制度，其次科学确定宅基地用地面积标准与此同时必须经一步探索宅基地有偿使用管理办法，最后要坚持规划先行，合理确定宅基地布局，引导藏式建筑风格传承创城工作稳步开展，初见成效。2015年12月我县启动了文明城市创建工作，2016年7月获得全国文明城市提名资格城市。今年以来，县委、县政府提出了到2017年把我县创建成全国县级文明城市的奋斗目标，召开了“全县创建全国文明城市工作推进大会”，落实了创建责任，强化了督查考核，各行业单位迅速行动，广大干部群众积极参与，形成了全城动员、全民参与、人人动手、共建共享的良好氛围。

一年以来，全县集中力量稳步推进全国县级文明城市创建工作。我县开展创建全国县级文明城市文明程度指数测评民众知悉度达到90%，达到了《全国县级文明城市测评标准》要求。全县65个承担创城工作任务的行业单位一把手签订了承诺书，制定了相关实施意见。相关设施进一步改善其中318国道改扩建项目已全线通车。电网改造工程，以及农村基础水利工程建设已交付道德领域突出问题治理效果显著。按照中央和自治区文明办关于道德领域突出问题专项整治与教育的总体部署，在市文明办的指导帮助下我县重点针对食品安全、公共场所秩序、窗口行业诚信缺失等问题进行了专项整治活动，积极推进诚信体制建设。市文明办对我县创城工作进行了多次督导检查，检查过程中我县积极配合，针对检查出的问题及时整改并反馈上级单位，得到了区市文明办的一致好评。突出重点积极打造创城工作示范点。以三有村为基础，加强三有村精神文明建设工作。加强文明城市创建工作宣传力度，努力将三有村打造成为我县乃至拉萨市精神文明建设示范村。

回顾一年，全县各项工作成绩突出，实现了年初制定的预期目标，全面提升了曲水县的综合实力。在看到成绩的时候，我们也清醒的认识到全县发展中还存在不少问题和困难。首先，在全国经济下行压力大的大背景之下，我县发展投资同样面临严峻的形势。全县底子薄、基础弱、发展不平衡的情况没有改变。

其次，产业基础依然薄弱，产业升级问题依然严峻农业现代化水平不高；服务业发展水平低，体系不够健全。各行业市场意识薄弱、市场竞争力较差。超过亿元大项目推进较慢，影响我县经济发展。工业增加值及规上企业税收完成不理想。主要是由于高争民爆搬迁、信通水泥厂关闭、航鑫金属制品加工厂停产整顿。

另外，全县虽然已经全面脱贫，但不可忽视的是返贫情况仍可能会发生，巩固工作任务重，不容松懈。

尤其，反分裂斗争形势依然严峻复杂。西藏是分裂与反分裂斗争的前沿阵地，随着世情国情的深刻变化，反分裂斗争的同样发生着变化，我们必须与时俱进创新方法，加强民族团结，确保国家安全长治久安。

最后，少数部门存在能力不足，不作为、不担责、奢侈浪费等现象。这些问题都会影响我县的经济社会发展，不彻底解决将影响我们的工作成效。故下一年工作的重点必坚持问题导向，强化工作措施。

二、2017年工作计划

2017年是我县巩固脱贫成果的第一年，这一年全县将继续深入贯彻党的贯彻党的十八大和十八届三中、四中、五中全会、六中、中央第六次西藏工作座谈会的精神，贯彻落实总书记系列重要讲话精神。紧紧围绕“四个全面”“五位一体”的战略布局结合我县的实际情况，在区、市、县各级党委的坚强领导下继续落实好我县制定的《十三五规划纲要》，将我县各项工作推上一个新的高度。我县将着力做好一下 6个方面的工作。

继续保持经济稳定增长，大力推进产业结构调整。保持经济稳定增长就必须要主动适应经济新常态，全面深化改革创新发展动力。要求全县牢牢把握市场规律，继续大力发展高原河谷种植业和高原特色养殖业，推进标准化生产，产业化经营。提升农业生产集约化、规模化、标准化水平，凝聚力量打造专属品牌。大力支持净土健康产业的发展，提高科技含量的水平，继续推进“一区四园六基地”建设。同时，利用好援藏资源，将江苏省的市场、技术优势和本地区资源优势相结合，努力开拓市场，发挥互联网的优势，形成独具特色的发展模式。加大招商引资的力度，继续改善投资环境，抓住内地产业升级的机遇引导更多资本注入我县的经济发展。按照本地实际，全面提高工业的发展质。加快民族特色旅游业和特色农业旅游的发展，利用好区位优势依傍拉萨市发展快车实现自身的跨越发展。

继续大力推进重大项目，促进项目建设落地生根。“道虽迩，不行不至；事虽小，不为不成”。 政策的生命在于执行，动员千遍不如问责一次，一个案例胜过一打纲领。案不积卷、马上就办。要锲而不舍地而不是时紧时松的抓落实；要具体地而不是大而化之的抓落实；要亲力亲为地而不是只作号召讲要求的抓落实。下一年我县将大力推进重点项目的落实。毫不松懈促进农村改革继续发展，探索更多实践经验。严格按照我县指定的《项目管理办法》督办落实。促进招商引资项目落地，特别是过亿大项目的迅速推进。

继续提高人民生活水平，巩固脱贫成果引导致富。加快推进民生建设坚持“发展为了人民，发展依靠人民，发展成果人民共享”改善民生巩固脱贫成果，就必须深化推进“四业”工程，做好就业创业引导，稳定我县就业形势。同时，必须坚持贫困信息动态管理，防止从脱贫到贫困再到脱贫的“车轮转”。加快推进各项脱贫政策的落地生根，继续整合资源形成脱贫攻坚大合力。下一步工作要提早谋划部署，引导老百姓实现全面致富。把教育摆在经济社会发展的首要地位，注重全选教育事业的发展并继续完善社会保障体系，提升全县各族群众的幸福感。

继续注重生态文明建设，强化文明曲水创建。加强环保能力建设，严格落实环评和“三同时”制度，做到源头严防，过程严管、后果严惩。加强生态环境保护，为经济社会发展助力，推动绿色发展取得新突破。加快创建全国文明城市的步伐，继继续坚持“全面推进，重点突破”的原则，对照《全国文明城市测评体系》各项任务，在巩固提高已有成果的基础上，注重长效机制建设，狠抓薄弱环节，以深入开展“四抓四带四促”活动为载体，着力在环境卫生、交通秩序、干部群众文明素质养成、志愿服务、未成年人教育、宣传工作等方面下功夫，力争在接下来的时间里，推动创城工作开创新局面，再上新台阶。

继续加强民族团结工作，维护社会发展稳定和谐。加强民族团结工作，深入开展反分裂斗争，维护社会发展和谐稳定。继续完善“双联户”机制，不断健全和完善寺庙管理的长效机制，抓好宗教领域的稳定工作，确保“三无”“三不出”。深入开展寺庙法制宣传教育活动，巩固教育成果。落实信访“七化”机制。创新接访模式，依法及时解决群众合理投诉，信访案件努力实现“零搁置”。落实安全生产责任制，坚持生产经营必须管安全，持续开展大检查大排查专项整治行动，努力实现安全生产事故“零发生”提高应急处置能力。

继续加强政府自身建设，不断提高自身服务水平。加强自身建设要求我们始终坚持党的领导，坚持党的理论和路线方针，坚持在思想上政治上行动上与习近平同志为总书记的党中央保持高度一致，坚决做到对党忠诚。当下，开展好“两学一做”的实践教育活动，贯彻落实好党的十八届六中全会的精神，牢固树立政治意识、大局意识、核心意识、看齐意识。努力建设勤政廉政、务实高效、敢于担当、人民满意的政府。同时，必须继续减政放权，规范行政审批程序。深入贯彻落实国务院法治政府建设纲要，树立法治思维真正做到“法无授权不可为，法定授权必须为”。提升政府服务水平，是面对新形势、新任务对政府工作提出新的更高要求。我们必须与时俱进，如此才能确保如期全面建成小康社会。

政协第一届曲水县委员会第五次会议预备会上的讲话

县政协主席 王增升

（2016年4月6日）

中国人民政治协商会议第一届曲水县委员会第五次会议即将隆重开幕。为确保会议的圆满成功，现召开预备会议，就会议的重要事宜，作进一步的酝酿协商。

曲水县政协一届五次会议的召开，是继县委八届七次全委会之后的又一次盛会。对于这次盛会的召开，县委非常重视，专门召开常委会，对如何开好这次会议进行了专题研究，提出了明确要求，为我们如期顺利召开本次会议奠定了坚实的基础。

这次会议指导思想是：以邓小平理论、“三个代表”重要思想和科学发展观为指导，深入学习贯彻中共十八大、十八届三中、四中、五中全会精神、习近平总书记系列重要讲话精神及全国“两会”精神，学习贯彻县委八届六次、七次全委会精神，紧紧围绕发展、稳定和民生，全面履行政治协商、民主监督、参政议政职能，为全力推动“四个全面”战略布局做出积极贡献。

这次会议的主要任务是：听取和审议政协第一届曲水县委员会常务委员会工作报告；听取和审议政协第一届曲水县委员会常委会关于政协第一届四次会议以来提案工作情况报告；列席曲水县第十二届人民代表大会第五次会议，听取并讨论政府工作报告及其他有关报告；审议通过政协第一届曲水县委员会第五次会议政治决议及其他决议；审议通过大会选举办法（草案）；审议通过政协第一届曲水县委员会副主席候选人建议名单（草案）；审议通过总监票人、监票人建议名单（草案）。

下面，我就这次会议的召开提三点要求：

一、统一思想，提高认识

这次会议，是在深入贯彻落实科学发展观，全面深化改革发展，全力推动全县经济社会科学发展的关键时期召开的一次重要会议。会议既要认真总结政协一届四次会议召开以来的各项工作，也要共同协商2016年全县政治、经济、文化、社会、生态建设科学发展、和谐发展大计。开好这次大会，对于我们紧紧围绕团结和民主两大主题，充分发挥政协优势，团结社会各界，凝聚各方力量，推动全县经济社会科学发展具有十分重要的意义。我们要充分认识这次会议的重要性，切实增强责任感和使命感，把思想认识统一到县委的各项决策部署上来，确保高质量地完成会议确定的各项任务。

二、建言献策，献计出力

人民政治协商会议在推进我县经济社会发展进程中具有特殊的优势和不可替代的重要作用。在新的一年里，大家要继续发扬人民政协的优良传统，围绕县委中心工作，团结各界、磋商问题、反映意见、协调关系，为建设平安、幸福、和谐、生态曲水发挥生力军作用。要充分发挥沟通界别、联系广泛的优势，积极反应基层群众普遍关注的热点难点问题，深入调查研究，认真分析论证，提出有价值、有分量的提案，为加快全县经济社会发展步伐和夯实维稳根基献计出力。

三、精心组织，严肃纪律

政协会议是展示政协形象和委员风采的重要窗口。这次会议议题多、任务重，要把会议开得圆满成功，必须有严明的纪律作保证。我们一定要本着对人民、对组织高度负责的态度，切实提高对开好这次大会重要性的认识，正确处理会议与工作的关系，集中精力把大会开好。与会人员要严格要求自己，听好报告，学好文件，认真讨论、遵守纪律，不迟到，不早退，按时参加大会的各项活动。各组召集人要切实负起责任，组织好分组讨论，做好讨论记录。大会秘书组要对讨论情况进行收集，并将委员的意见、建议进行整理。要切实做好大会的宣传报道、安全保卫、后勤保障等各项服务工作。

我相信，在县委的坚强领导下，经过全体政协委员和大会工作人员的共同努力，县政协第一届五次会议一定能够圆满完成既定任务，一定能够开成一次统一思想、振奋精神、共创美好未来的大会。

落实监督责任 强化执纪问责 推进全面从严治党向纵深发展

——在中国共产党第九届曲水县纪律检查委员会第二次全体会议上的工作报告

县委常委、纪检委书记 巴 珠

（2017年4月7日）

这次全会的主要任务是：深入学习贯彻十八届中央纪委七次全会精神特别是习近平总书记重要讲话和王岐山书记的工作报告精神，深入学习贯彻落实九届自治区纪委二次全会和九届拉萨市纪委二次全会各项决策部署，总结2016年纪律检查工作，部署2017年任务。刚才县委书记彭飞跃同志作了重要讲话，为开好本次全会、做好当前和今后一个时期全县纪律监察工作指明了方向。

2016年工作回顾

2016年，在拉萨市党委坚强领导下，在拉萨市纪委的有力指导和推动下，曲水县委班子带领全县各族人民紧密团结在以习近平同志为核心的党中央周围，坚定不移推进全面从严治党，严肃党内政治生活，强化党内监督，各级党组织管党治党政治责任明显增强，党的纪律建设全面加强，作风建设成果巩固深化，反腐败斗争压倒性态势已经形成。各级纪检监察机关用担当诠释忠诚，从严监督、铁面执纪、严肃问责，党风廉政建设和反腐败斗争取得明显成效。

（一）加强组织协调

一是加强组织领导，认真贯彻落实党风廉政建设责任制。曲水县纪检监察局聚焦中心任务、突出主业主责，积极落实区、市相关文件要求，按照“党委统一领导，党政齐抓共管，纪委组织协调，部门各负其责，依靠群众参与”的工作机制，2016年年初组织召开了曲水县纪委八届六次全会，全面总结2015年党风廉政建设和反腐败工作，并结合实际安排部署了2016年党风廉政建设和反腐败工作。2016年8月30日，召开曲水县纪委九届一次会议，选举产生11位纪委委员，5位纪委常委。坚持落实《中国共产党党员领导干部廉洁从政若干准则》相关规定，对全县副科级以上领导干部建立廉政档案，对领导干部进行任前廉政谈话、任期内诫勉谈话制度；规范干部离任公物移交工作和科级领导干部诫勉制度；逐级签订党风廉政建设目标责任书。形成了“一把手”总负责、一级抓一级、层层抓落实的良好工作格局，党风廉政建设责任制得到巩固落实。

二是加强对全县各乡镇、各部门党风廉政建设责任制落实情况的督促检查。细化工作任务，明确责任单位和协调单位，突出责任重点，根据《曲水县贯彻落实〈建立健全惩治和预防腐败体系2013—2017年工作规划〉分工方案》和《曲水县委党风廉政建设责任制分工方案》，对各乡（镇）、县直各单位惩防体系任务落实情况和党风廉政建设工作开展情况开展专项检查。不断推进各乡镇、县直各单位党风廉政建设工作的开展。

（二）强化纪律监督

加强日常监督与重大节日的督查工作相结合。在“两节”、萨嘎达瓦宗教节等节庆期间，下发《关于节日期间深入贯彻中央八项规定精神弛而不息纠正“四风”的通知》等文件，通过实地查看、核对车牌、不定时明察暗访等方式，对“节日病”进行专项检查督查，坚决防止“四风”问题反弹；采取日常巡查、集中检查、明察暗访等方式，多形式、多角度对各乡（镇）、县直各单位工作人员节庆期间维稳值班情况，上班期间工作纪律、会场纪律等情况进行专项检查。及时发现问题，督促整改，不断提高检查工作的针对性和实效性，促进监督的常态化。今年联合县政府办下发了《关于曲水县公车管理使用的通知》，严明规范公车使用程序，截至2016年12月底，我县发现3起公车私用现象，发现5起公车违规停车现象。对9名迟到早退人员进行谈话，对4名干部进行了通报批评。截至目前，我县针对公车管理、干部作风、窗口单位服务质量等内容开展检查督导500余次，开展专项督查近150余次。

坚持求真务实。在县委、县政府高度重视下，把深入贯彻落实中央八项规定、区党委“约法十章”“九项要求”和市委“八项要求”等工作作为重要任务来抓。一是严格要求县处级党员干部每季度下基层调研不少于10天，自觉做到下基层调研不召开全局性汇报会，不摆放水果，不接受礼品，不上高档菜肴，条件具备的全部在食堂用餐。各种公务接待原则上均安排在内部食堂。二是压缩会议规模，时间相近的会议尽可能合并召开，注重提高会议活动的效率和质量，精简会议材料，不发放会议公文包等。三是及时督促县财政局对“三公”经费使用情况开展检查。2016年“三公”经费支出611.3万元，同比增加39%。其中：公务接待费40.36万元，同比下降12%；公务用车购置费346.64万元（2016年购置公务用车），同比增加1773%，公务用车运行经费224.3万元，同比下降40%。四是开展“三资”监督管理工作。按照我县制定的《曲水县“三资”管理手册》规定，进一步规范“三资”的管理和使用，今年以来，对全县5乡1镇三资管理专项检查达12次，各乡镇开展三资管理专项学习12次。

（三）强化廉洁教育

结合“两学一做”教育活动，深入开展廉洁教育。对《党章》《处分条例》《问责条例》等规章制度进行了学习和再学习。围绕加强廉洁建设教育这一主题，开设一期廉政党课；开展党风廉政法律法规宣传活动。在3月5日学雷锋纪念日当天，在县城内发放党风廉政建设宣传资料；举办道德讲堂活动。举办以“弘扬公正廉明，做党的忠诚卫士”为主题的道德讲堂，各乡镇纪委书记、纪检专干、县直单位主要负责人共计50人参加了此次活动；开展“党纪党规记我心”知识竞赛活动。开展了主题为“党纪党规记我心”知识竞赛活动，此次竞赛共有5乡1镇、卫生、教育、公检法、机关系统10支参赛队伍30名选手参加。活动的开展在全县掀起了学党章记党规及尊崇党章、遵守党纪的热潮；将廉洁教育学习纳入中心理论组学习、党委扩大学习会中。将学习《中国共产党纪律处分条例》《问责条例》《中国共产党党内监督条例》等规章制度，反腐倡廉宣传教育片《镜鉴》及专题片《永远在路上》纳入党委理论中心组学习及党委扩大学习会中，使我县党员干部牢固树立四个意识，进一步强化党性修养，筑牢党员干部理想信念，营造一个知廉倡廉善廉的良好政治氛围；发送廉政短信。2016年以来，向全县科级以上干部发送廉政提示信息共7000余条；发放廉政日志本。为不断增强了广大党员干部拒腐防变、防微杜渐的思想意识，向全县300余名干部发放廉政日志本。廉政日志本收录了《入党誓词》《廉洁自律准则》《处分条例》，进一步推进廉洁教育常态化。

（四）严查腐败案件

我委局始终把查办案件工作摆在突出位置，加大对问题线索的处置力度，严肃查办腐败案件，积极推动查办案件体制机制改革工作，坚决遏制腐败蔓延势头，把作风建设的要求内化为党员干部的自觉行动，持之以恒抓好中央八项规定精神落实，坚决防止“四风”反弹。强化执纪监督，坚持监督执纪“四种形态”，保持惩治腐败高压态势。截止2016年12月底，共有问题线索15件，其中上级转办案件7件，自查自办8件。经过县纪委深入调查，目前已结案12件（失实了结7件，因违反工作纪律，进行适当处理3件，因涉法立案2件）；正在查办案件3件（均为违反中央八项规定的案件）。另2015年我委局收到的1件侵害群众利益的信访举报，目前正在查办中。

2016年，违纪人员处理情况，开除党籍2人，对一般干部诫勉谈话4人，一般干部通报2人，领导干部问责6人（其中通报3人，诫勉谈话3人），提醒谈话3人，对2家单位进行了全县通报。

（五）深化作风督查

一是加强对权力运行的制约和监督，确保权力正确行使。深入贯彻执行党内监督条例，加强对领导机关和领导干部以及重点部门、重点岗位、重点环节的监督，建立健全依法行使权力的制约机制。结合实际制定和完善领导干部个人重大事项报告、述职述廉、民主评议、廉政谈话、诫勉谈话等制度，着力抓好监督检查。大力发展党内民主，逐步推行党务公开，积极推进政务公开，进一步深化政务公开和村务公开，今年为5乡1镇制作了党风廉政宣传栏，为17个行政村制作了“三务公开”公示栏，并定期对乡镇、村公示情况进行监督。

二是多方联动参与，健全监督体系。建立纪委、组织部、政法委、统战部、督查室等部门作风建设联动机制，明确干部职工哪些可以为，哪些不能为，自觉做到不越“红线”，不闯“雷区”。明确日常上班纪律要求，对各单位上下班纪律提出了统一要求，上班期间去向必须报本单位办公室备案，明确公务车辆管理使用要求，公务用车必须做好相关登记。坚持每月至少2次工作纪律明察暗访。节假日期间，随时对公车停放情况、公款消费情况进行督查，以常态化监督检查让制度成为带电的“高压线”。今年以来，开展作风监督检查200余次。

（六）加强党内监督

归还“责任田”突出主业。2016年认真对照自治区纪委保留的议事协调机构，进一步对保留参与的议事协调机构进行了清理，保留或继续参与的议事机构12个，退出议事机构42个，进一步聚焦主业，巩固深化“三转”工作成果。

切实加强基层党风廉政建设和反腐倡廉建设。按照区、市纪委相关要求，在县委、县政府的大力支持下，2016年为各乡镇纪委配备乡镇纪委副书记1名，各村配备纪检监督员1名，人员的配备与充实，进一步增强了基层纪委建设，推动了基层党风廉政建设和反腐败工作。

实现县直部门纪检员全覆盖。为进一步加强我县县直各单位党风廉政建设工作，2016年，在全县40余家县直单位中设立纪检员岗位，加强了县直单位内部党风廉政建设和反腐败工作。

监督重点环节。对管钱、管物、管人和有审批权限的实权部门加强监督，2016年，共对5乡1镇及16家县直单位进行了经济责任审计，审计中未发现违纪的领导干部。

协助做好市委第二轮巡察工作。自7月12日市委巡察二组正式进驻我县以来，我委局领导高度重视，围绕加强党的领导、党的建设、全面从严治党及党风廉政建设和反腐败工作，紧扣“六项纪律”、紧盯“三大问题”、紧抓“三个重点”，积极协助市委巡察二组做好巡察期间各项工作，确保为期40余天巡察工作顺利完成，11月22日，我委局积极配合市委巡察二组在聂当乡党委、南木乡党委、热堆寺管委会党委3家单位召开了情况反馈会，提出了整改要求，我委局强化跟踪督办，严格落实责任追究，切实推动工作落实，确保反馈意见事事有着落、件件有回音，将市委巡察二组反馈的每一条意见都整改落实到位。

切实加强对领导干部的廉政谈话。采用集中谈话和个人谈话的形式对今年新提拔到主要领导岗位的17人进行了廉政谈话；县级干部述责述廉34人，乡镇、县直单位主要负责人述责述廉38人；认真落实《干部选拔任用工作条例》，始终坚持“依法办事的政策标准，注重实绩的用人标准和注重一线锻炼的选拔标准”等三个标准不动摇，按照干部选拔任用工作的监督要求，由县委组织部牵头，纪委人员全程参与监督，今年共调整干部99人，其中提任和进一步使用县处级干部12人，提任科级干部47人，平职交流40人，没有发现有违反换届纪律行为，对不符合两代表一委员资格要求的候选人进行及时调整。

（七）强化责任追究

建立责任倒查、连带问责制度。对违规问题实行“一案双查”，在追究当事人责任的同时，对问题严重或多次发生单位，追究主体责任和监督责任。今年共有6名领导干部进行了问责。

严格执行《中国共产党问责条例》相关规定。坚持问题导向，围绕坚持党的领导、加强党的建设、全面从严治党、维护党的纪律、推进党风廉政建设和反腐败工作开展问责，对于党组织或党的领导干部违反党章和其他党内法规，不履行或者不正确履行职责的，实行“一案双查”和“一票否决”制，既追究当事人责任，也要追究相关领导责任，并对党组及领导干部采取检查、通报、改组、诫勉、纪律处分等形式进行问责。今年来共对7名领导干部进行了诫勉谈话，对5名领导干部进行了约谈。

（八）建立健全纪委对同级党委决策监督机制

切实加强对同级党委常委会成员权力行使的监督。紧紧抓住对常委会成员权力运行监督这一重点，从规范权力运行入手，实行常委负责制，明确常委职责权限、用权程序等，促使其规范行使权力。

不断增强对同级党委常委会成员监督的实效性。从落实党风廉政建设责任制方面入手，每年初下发党风廉政建设和反腐败工作目标任务分工，常委会成员是各自分管单位的党风廉政建设和反腐败工作的第一责任人，半年和年底分别对其分管单位落实党风廉政建设责任制情况进行检查考核，督促其认真履行“一岗双责”。坚持严格执行领导干部个人有关事项报告制度，党委班子成员带头主动报告个人房产、投资、配偶子女从业经商办企业、婚丧嫁娶等有关事项，与其他党员领导干部共同接受县纪委监督。

（九）督促惩防体系建设

曲水县纪检监察局坚持有腐必反，以零容忍的态度惩治腐败，特别是对中央八项规定出台后不收敛不收手、我行我素、依然故我、顶风违纪的。对发现的问题和区市移交的线索，对发生在各个领域的违法违纪案件，坚决严查彻办、绝不姑息、绝不手软。按照《曲水县贯彻落实<建立健全惩治和预防腐败体系2013年-2017年工作规划>分工方案的通知》要求，我委局协助县委制定惩防体系任务分解表，及惩防体系任务工作台账。督促各乡镇、县直各单位，制定本单位惩防体系方案，及时总结本单位惩防体系工作，从制度上确保了不敢腐的惩戒机制、不能腐的防范机制、不易腐的保障机制。真正做到腐败没有“特区”、反腐没有“禁区”，切实把权力关进制度的“笼子”。

2017年工作部署

2017年是党和国家政治生活的重要一年，做好纪检检查工作对将召开的第十九次全国代表大会意义重大。今年工作总体要求：全面贯彻党的十八届历次全会精神，深入贯彻习近平系列重要讲话精神，贯彻落实十八届中央纪委历次全会和自治区、拉萨市第九次党代会及自治区、市纪委九届二次全会精神，坚决向核心看齐，坚持尊崇党章，严明党的政治纪律和政治规矩，严肃党内政治生活，强化党内监督，持之以恒落实中央“八项规定”精神，驰而不息纠治“四风”顽疾，保持反腐败高压态势，继续加强自身建设，找准职责定位，建设忠诚干净担当纪检监察队伍，推动全面从严治党向纵深发展，为共建团结美丽家园，同享健康幸福曲水提供坚强的保障。

（一）强化廉洁教育，增强干部廉洁意识

把开展廉洁教育工作，作为反腐倡廉的一项重要基础性工作抓紧抓实，在工作中紧紧抓住领导干部这个“关键少数”，重措施、求实效，加强教育的针对性和时效性，引导党员领导干部筑牢拒腐防变的思想防线；把党规党纪和廉洁教育纳入党校教学内容及中心组理论学习中，围绕讲规矩、守纪律在党员领导干部中开展讨论座谈，切实引导党员领导干部学深悟透、融会贯通，强化纪律和规矩意识，守住“底线”，远离“红线”；进一步加强领导干部任前廉政谈话制度，在领导干部中开展党纪党规和廉洁教育知识测试，增强党员领导干部廉洁意识。

（二）加强党内监督，推进全面从严治党

深入学习贯彻十八届六中全会精神，把严肃党内政治生活作为全面从严治党的基础工作，把加强党内监督作为全面从严治党的重要保障。深入学习贯彻十八届六中全会精神，主动向核心看齐，协助党委加强党内监督，加强对党员领导干部特别是主要领导干部履行职责和权力行使的监督，督促推动同级党委落实党风廉政建设主体责任，加大对党的纪律特别是政治纪律执行情况的监督检查，严格选人用人审查，建立健全责任落实长效制，严格执行《问责条例》，把纪律挺在前面，自觉实践运用“四种形态”，让咬耳扯袖、红脸出汗、谈话函询等成为常态，用好追责问责这把“杀手锏”，推动党内监督真正落地。

（三）强化责任意识，弘扬担当精神

*一是进一步加强党风廉政建设工作。*坚持党委统一领导，督促党委落实党风廉政建设主体责任，督促各级党政主要领导履行好“第一责任人”的责任，做到重要工作亲自部署、重大问题亲自过问、重点环节亲自协调、重要案件亲自督办，管好班子、带好队伍，切实履行好“一岗双责”。各级纪委聚焦主业，认真落实监督责任，按照“转职能、转作风、转方式”的要求，将纪委工作职能回归到“党内监督专门机关”定位上来，把不该管的工作交还主责部门，再次清理议事机构，加强监督执纪问责，做到工作不越位、不缺位、不错位，把主要精力聚焦到执纪监督这个主责主业上，突出重点抓监督和改进方式抓监督。

*二是强化履职担当，落实监督责任。*一是坚持零容忍惩治腐败。纪律审查不可“抓大放小”，要注意解决发生在群众身边微腐败问题，严肃查办损害群众合法权益的违纪问题。二是动真碰硬纠正“四风”。作风建设只有进行时，没有完成时，只有加油站，没有终点站。要注重发挥行政村纪检监督员职责，引导其宣传党风廉政建设工作、上报问题线索、向村民公布投诉举报电话等，以实际行动切实筑牢党风廉政建设根基。

（四）深化作风建设，让八项规定精神落地生根

*一是要深刻贯彻落实中央“八项规定”精神，持之以恒落实中央“八项规定”精神，驰而不息纠治“四风”顽疾。*要紧盯“四风”易发多发的年节假期，一个节点一个节点坚守，一个问题一个问题突破，要看住“关键少数”，对不收敛、不收手顶风违纪行为，规避组织监督，出入私人会所，组织隐秘聚会，公车私用等问题，一律按照纪律处分条例从严查处。要密切关注“四风”新动向、新表现，绝不放过任何一条“四风”问题线索，典型问题一律通报曝光，越往后执纪越严。严格按照自治区、拉萨市有关要求，不断健全落实中央八项规定精神常态化监督检查工作机制和治理机制，继续推动开展违反中央八项规定和“四风” 问题的专项整治，对不负责、不担当、不作为、乱作为等因素造成重大影响和严重后果的，既追究当事人的责任，也要追究相关领导的责任。畅通群众监督渠道，发挥群众监督优势，确保“四风”无处藏身。

*二是健全作风问题专题约谈、跟踪督办工作机制。*严肃查处和实名通报曝光违反纪律的行为。对作风方面的突出问题，要一个问题一个问题地解决，一个时间节点一个时间节点地抓，巩固成果，防止反弹，积小胜为大胜。以问责追责为重点，推动作风建设载体创新，保证作风建设各项要求落到实处。

（五）坚决整治微腐败，切实维护群众合法权益

*一是着力解决发生在群众身边的“微腐败”。*认真纠正、严肃查处基层贪腐以及执法不公等问题，着力解决群众反映强烈的虚报冒领、吃吃喝喝、与民争利、民生蛀虫等问题，坚决纠正优亲厚友、吃拿卡要等损害群众利益的不正之风；二是建立切实管用的长效机制。按照市纪委“乡案县办市审”机制，督促县乡党委发挥关键作用、

职能部门强化管理监督，形成强大工作合力。建立健全问题发现机制和精准扶贫资金、“三资”管理等重点领域的监管制度，建立完善群众监督和舆论监督机制，完善问题线索梳理督办和典型问题通报机制，对反映集中、性质恶劣的，要重点督办、限期办结，典型案例要通报曝光，让群众更多感受到反腐倡廉的实际成果。

（六）把握运用“四种形态”，把问责做深做细做实

*一是坚持把抓早抓小做到位。*积极践行监督执纪“四种形态”，要以增强责任意识为前提，以严肃问责追责为保证，把教育育人、挽救人作为纪律审查的出发点和落脚点，把纪律挺在前面，对党员干部存在的一些苗头性、倾向性问题要早发现、早处置，采取约谈、函询、诫勉谈话等方式提耳朵、扯袖子，做到早提醒、早纠正，防止小问题演变成大问题，防止从纪律底线退到法律底线。

*二是坚持把纪律审查抓到位。*进一步提升纪律审查效果，对行为已经破纪，但尚未铸成大错的干部，该处分的处分，该处理的处理，使轻违纪党员干部及时知止收手、及时被挽救回来；对严重违纪的干部，必须重拳出击“拔烂树”，及时清除党内毒瘤。纪律审查工作要加强协作配合，强化纪检监察机关与检察、公安等相关部门的协作配合，推动纪律审查工作由深挖查透向快查快结转变，在确保质量的前提下缩短时间，快进快出，把违反纪律的主要问题查清后，涉嫌犯罪的及时移送司法机关依法查处。

（七）强化工作措施，建立健全惩防体系建设体系

根据《曲水县〈建立健全惩治和预防腐败体系2013—2017年工作规划〉分工方案》目标要求，以严明党风廉政建设责任制为抓手，以推进农村基层党风廉政建设为重点，不断创新工作思路，强化工作措施，加大工作力度，着力建立健全惩治和预防腐败体系，做好惩防体系建设任务分解表，坚持不懈加强党的作风建设，坚决有力的惩治腐败，科学有效的预防腐败，全面完成惩治和预防腐败体系5年工作规划，深化党风廉洁教育，进一步加强反腐倡廉法规制度建设。

（八）找准职责定位，建设忠诚干净担当纪检监察队伍

*一是加强纪检干部队伍和机关建设。*加大干部教育培训力度，坚持因事择人、人岗相适，把政治强、作风硬、德才兼备、敢于担当的干部选拔进纪检干部队伍中，面对新的形势、新的任务、新的挑战，纪检干部必须与时俱进提高自身工作学习能力，提高预防腐败的能力，提高查办案件的能力，不断巩固深化“三转”成果，不断加强基层纪委建设。

*二是加强纪检干部队伍内部监督。*正确认识履行职责和接受监督的关系、自律和他律的关系，进一步提高对“严管就是厚爱，信任不能代替监督”的认识，增强全县纪检监察干部牢固树立“监督者更要带头自觉接受监督”的意识，坚持执行纪律必须更加刚性，对纪检监察干部违纪违规行为，坚决从严查处，决不护短遮丑。

同志们，让我们紧紧团结在以习近平同志为核心的党中央周围，在市纪委和县委的坚强领导下，继续认真贯彻落实十八届历次全会精神，深入贯彻习近平总书记关于党风廉政建设的重要论述、中央第六次西藏工作座谈会议精神以及中央、区、市关于党风廉政工作相关要求，紧紧围绕党的先进性和纯洁性建设，强化执纪监督，完善制度体系，用好问责利器，不断加强党风廉政建设和反腐倡廉体制机制创新，为曲水的社会稳定和经济发展提供有力政治保障和纪律支持，以优异成绩迎接党的十九大胜利召开！

曲水县人民法院工作报告

——在曲水县第十三届人民代表大会第二次会议上

曲水县人民法院院长 米 玛

（2017年4月13日）

2016年工作回顾

2016年，法院在县委坚强领导、县人大及其常委会有力监督、上级法院正确指导和县政府、政协、社会各界的关心支持下，深入学习贯彻党的十八大、十八届三中、四中、五中、六中全会和中央第六次西藏工作座谈会精神，贯彻落实习近平总书记系列重要讲话精神和治国理政新理念新思想新战略，学习贯彻区市县第九次党代会精神，紧紧围绕“努力让人民群众在每一个司法案件中感受到公平正义”的目标，坚持司法为民、公正司法，忠实履行宪法法律赋予的神圣职责，各项工作取得了新进展。一年来，共受理各类案件200件，结案200件，结案率100%，其中民事、执行案件占案件总数的98.5%。案件的审执结率居全市基层法院首位。

一、反对分裂、防控风险，推进平安曲水建设

依法惩罚犯罪。共受理各类刑事案件3件，审结3件，判处罪犯7人，判处罪犯人数同比上升130%。坚持宽严相济刑事政策，做到宽严有据、罚当其罪。依法审结建院以来首例撤销缓刑案1件1人，执行原判刑期三年，该案情形在全区法院尚属首例；依法审结故意伤害案1件1人、盗窃案1件5人，判处有期徒刑三年以上1人、三年以下5人。依法适用量刑规范化程序审理刑事案件，确保审判过程更加公开透明，量刑幅度更加均衡公正，案件服判息诉率达100%。

推进平安建设。深入开展反分裂斗争，全力参与维稳中心工作，维护社会长治久安，保障人民安居乐业。认真落实区市县党委系列维稳部署，严格属地管理、严明维稳责任，充分发挥法院在维稳工作中的职能作用，坚决确保我县局势持续稳定、长期稳定、全面稳定。妥善处理各类社会矛盾，特别是涉及拖欠民工工资的矛盾纠纷，充分发挥“诉前联调”“联动机制”等作用，配合信访局等相关部门处理非诉案件35件。及时准确向县委、政府做好请示、汇报工作，做到“大事化小、小事化了”，努力把矛盾纠纷消灭在萌芽状态。落实24小时值班带班和出入登记制度，在“三大节日”“两会”“三月敏感期”“江贡曲”等一系列敏感节点，积极参与重点部位重点区域巡逻值勤、驻点防范、机关内保等维稳中心工作任务。共出动干警256人次，车辆89次，投入经费11.4万元，为“三无”“三不出”“三稳定”目标的实现贡献了力量。

加强法制宣传。开通法院微信公众号，推出诉讼服务、普法天地和联系我们三大板块，为广大群众提供诉讼指南、立案指引、法院新闻等多项贴心服务。充分发挥“车载流动法庭”职能，全年开展巡回办案83件172次，行驶里程1.3万公里，努力做到让农牧民群众少跑路、少花钱、少受累。坚持“有案办案、无案法宣”工作原则，结合“法律七进”工作要求，通过宣讲、发放法宣材料等形式开展法制宣传教育，以“综治月”“学雷锋志愿服务日”“民族团结月”“宪法宣传日”等为契机，成立法律志愿服务队，深入“五乡一镇”、主要街道、学校、企业等开展法制宣传83次，发放宣传材料2万余份，受教育群众2万余人。

二、化解矛盾、促进和谐，服务经济社会发展

维护市场经济秩序。突出司法服务的针对性、精准性、实效性，推动法院工作更好适应经济社会发展新常态，注重用司法裁判引导公众构建和谐有序的经济关系、劳动关系、家庭关系和债权债务关系，共受理各类民商事案件162件，结案162件，结案率100%。坚持平等对待各类市场主体，保护诚实守信，维护公平竞争，审结民间借贷、买卖、租赁等合同类案件81件，占民事案件总数的50%；妥善处理家庭、婚姻等传统民事案件14件，占民事案件总数的9%；加强农牧民群众、外来务工人员合法权益保护，受理涉及侵权、追索劳动报酬类案件67件，占民事案件总数的41%。把调解工作贯穿民事审判全过程，努力从根本上化解社会矛盾，力促案结、事了、人和，共调解91件，撤诉10件，调撤率62.3%。

深化强基惠民工作。派出两名干警驻村，紧紧围绕“5+2”工作任务，全力协助当地党委、政府及村两委开展工作，为群众办实事解难事。第五批驻村工作队通过办实事经费、向相关部门申请项目或单位扶持等方式，为农牧民群众解决了文化室改造、打麦场等一系列实事，为村委会购置办公设备改善办公条件，共投入资金20.6万元。深入开展精准扶贫精准脱贫活动，院领导带队深入调查研究，共走村入户8次70人次，为群众办实事9件，投入资金3.3万多元。

三、破解难题、规范司法，满足多元司法需求

破解执行难题。以提升司法公信力、树立司法权威、维护人民群众正当合法权益为目标，深入开展执行会战、联动强制执行月、反规避执行等活动，加强与公安、工商、金融等机构沟通协调，强化执行威慑。共受理各类执行案件35件，执结35件，执结率100%，执行结案总标的1176.05万元。严厉打击规避执行、阻碍执行等违法犯罪行为，采取司法拘留2人。积极推进社会信用体系建设，依法曝光失信黑名单2人，采取限制高消费、招投标、出入境等信用惩戒措施，构建“一处失信、处处受限”的信用惩戒格局。

规范司法行为。落实自治区人大常委会关于规范司法行为工作的审议意见，从健全司法行为规范、改进司法管理、推进司法公开等方面入手，持续开展规范司法行为年活动。严格落实立案登记制，依法保障当事人诉权，做到有案必立、有诉必理，全年登记立案准确率100%。大力开展案件质量、庭审和裁判文书“三评查”，评查案件200件，评查合格率100%。

创新便民举措。推进“四位一体”诉讼服务中心建设，开通“12368”诉讼服务热线，为群众提供咨询26人次。继续实施“预约立案”“上门立案”制度，上门立案53件，方便群众诉讼，切实为群众减轻诉累。积极推进矛盾纠纷多元化解机制建设，加大对人民调解组织的指导力度，诉前调处案件52件，指导人民调解组织化解矛盾纠纷26起。强化司法救助，为当事人减免缓交诉讼费8.48万元，发放执行救助资金12万元，让人民群众切身感受到司法的人文关怀。

四、深化改革、落实责任，推进法院跨越发展

深入推进审判方式改革。构建“大民事、大刑事”审判格局，整合全院民事、刑事、执行人员力量，实行统一管理、随机分案制度，实现“让审判者裁判，由裁判者负责”，增强法官的责任意识和担当意识。大力推行院庭长办案制度，院庭长办理案件137件，占案件总数的68.5%，院领导亲自参与庭审评查10次、开示范庭4次。

积极实施司法公开改革。实施信息化建设，已全面实现裁判文书同步上网、案件评查同步跟进、电子卷宗同步归档。推进司法公开三大平台建设，提高审务公开透明度。落实审判流程公开，公开案件信息200件。落实裁判文书公开，在中国裁判文书网公开裁判文书108份，其中藏文裁判文书83份。

推进人员分类管理改革。按照区高院出台的

《西藏法院司法体制改革试点工作实施方案》和《西藏中基层法院法官首批入额工作办法》，认真落实法官员额制，制定出台《曲水县人民法院司法改革方案》，成立司法改革领导小组，经过精心组织和公开打分，完成法官职务套改、员额申报及首批法官入额考核考试工作，目前申报首批入额法官9人。

五、从严管理、夯实基础，筑牢自身发展根基

*加强党建工作，坚持抓党建带队建促审判。*扎实开展“两学一做”学习教育，院党组带头参加学习。院领导以普通党员身份参加支部学习人均5次，召开专题民主生活会4次，组织全体干警集中学习32次，书记讲党课4次，组织专题演讲比赛、文体活动2次，撰写心得体会60篇。进一步强化党组党建主体责任意识，规范党内政治生活，严肃党的政治纪律和政治规矩，增强“四个意识”，坚决拥戴、信赖、忠诚、捍卫以习近平同志为核心的党中央，对县委的决策部署坚定不移地贯彻落实。深入开展基层党建七项重点任务自查3次，对存在的党组织关系接转手续不全、党员党费缴纳不及时等问题进行了认真整改。完成党支部换届选举工作，完善党支部工作职责分工，认真落实“三会一课”制度和党员活动日制度，先后组织开展“学雷锋志愿服务活动”“环境卫生专项治理活动”等。开展向邹碧华同志学习活动，把党建工作触角延伸到司法审判最前沿，设置服务先锋岗，极大提升了司法服务水平。2016年度，首次被团市委评为“青年文明号”荣誉称号，14名干警被各级党委政府和上级法院授予各类先进个人，3名干警被授予全市法院个人三等功。

*推进从严治党，加强党风廉政建设和反腐败斗争。*坚决落实全面从严治党主体责任，认真贯彻《中国共产党廉洁自律准则》和《中国共产党纪律处分条例》。继续落实“五个严禁”“六条禁令”“十个不准”等铁规禁令和工作制度。落实党风廉政建设责任制情况考核工作，层层签订党风廉政建设责任书，设廉政监督员，不断加强对干警的监督、管理。党员干部设立廉政档案，实时跟踪登记廉政情况，有力维护法院队伍的纯洁性和先进性。完善配套制度，建立健全错案防范机制及责任倒查制，落实防止干预过问案件的“两个规定”，为廉洁司法提供制度保障，促进审判与监督、预防与惩治、教育引导与队伍建设的有机结合。

*加强业务培训，着力提高法院队伍职业素养。*把干部挂职交流锻炼作为提升队伍素养的重要方式之一，选派1名年轻干部赴江苏援助法院进行为期半年的挂职锻炼，增长基层工作经验、增强做群众工作能力。按照“千人计划”的要求，不断加强双语法官教育培养，提高法官素质。派出干警参加区内、区外各类培训22人次。

*夯实基层基础。*在县委、县政府及相关部门的大力支持下，政府投资209万元实施“审判业务用房改造”和“大法庭装修”，目前，前期各项准备工作已经就绪，预计2017年完工，完工后的大法庭功能齐全，可容纳270余人，将满足各类庭审、会议、电影放映及其他大型活动。“十三五”期间，县法院重点项目为新建“诉讼服务中心”，国家投资306万元，建设规模850平方米，目前各项前期手续已办理完毕。

*自觉接受社会各界监督。*依法接受人大监督、认真接受政协民主监督，强化与人大代表、政协委员的联络机制，认真负责的向人大、政协报告工作，主动邀请人大代表、政协委员检查指导、旁听庭审共计13人次。依法接受检察机关法律监督，积极配合检察机关履行法律监督职责，并邀请1名检察院干警作为民事、执行监督员，不定期对民事、执行案件质量、办案程序进行监督。建立开放法院长效机制，邀请80余名在校师生参观审判法庭、羁押场所等，着重开展对青少年学生的预防犯罪警示教育。加大人民陪审员的参审力度，通过实际案例提高人民陪审员参与法律实务能力和矛盾纠纷化解能力，人民陪审员共参与庭审28次，组织培训1次21人。为人民陪审员统一制作服装、配备徽章，树立庭审权威，在全市法院起到引领示范作用。

各位代表，过去一年县法院工作的发展进步，是县委坚强领导、县人大及其常委会有力监督、上级法院正确指导的结果，是县政府及相关部门大力支持、政协民主监督、社会各界关心支持的结果，是全体人大代表和政协委员真诚帮助的结果。在此，我代表法院和全体干警表示衷心的感谢，并致以崇高的敬意!

在看到成绩的同时，我们也清醒地认识到，法院的工作与新形势新任务的要求相比，工作中还存在诸多不足和困难。一是面对日益复杂的反分裂斗争形势和维稳风险挑战，法院工作从被动处置向主动应对的转变尚需加强；二是个别干警学习不够，律已不严，司法能力和司法作风有待加强；三是随着“十三五”规划的实施、“六大战略”和精准扶贫的推进，公共利益分配领域产生的纠纷，解决难度不断加大，“执行难”还未得到完全解决；四是缺编缺员问题依然存在，信息化建设联通共享有待完善。对这些不足和困难，我们将在各方面关心支持下，以更加有力的措施，努力加以解决。

2017年工作安排

曲水县第九次党代会，对在新的历史起点上奋力推进曲水长足发展和长治久安作出全面部署。围绕县委提出的工作新目标，面对新形势、新任务、新要求，2017年法院工作的总体思路是：高举中国特色社会主义伟大旗帜，全面贯彻党的十八大、十八届三中、四中、五中、六中全会和中央政法工作会议精神，以邓小平理论、“三个代表”重要思想、科学发展观为指导，紧密团结在以习近平同志为核心的党中央周围，深入贯彻习近平总书记系列重要讲话精神，贯彻落实区市县第九次党代会精神，紧紧围绕“共建团结美丽家园、同享健康幸福曲水”目标，服务供给侧结构性改革，为谱写好中华民族伟大复兴中国梦的曲水篇章提供有力司法保障。

一、忠诚“一个核心”，带出一流队伍

把增强“四个意识”、绝对忠诚核心，作为队伍建设的根本和灵魂，驰而不息地抓好思想政治建设，自觉与党中央、区市县党委保持高度一致，做坚定执行者、模范实践者、忠诚捍卫者。巩固“两学一做”学习教育成果，弘扬“公正、廉洁、为民”的司法核心价值观，更加深入地学习以习近平同志为核心的党中央治国理政、治边稳藏新理念新思想新战略，更加自觉地把思想和行动统一到区市县第九次党代会精神上来，确保法院工作正确的政治方向。坚持重大事项报告制度，及时向县委、分管领导及县委政法委报告工作，确保各项决策的正确性和有效性。加强党风廉洁建设，认真落实“两个责任”，严格执行《中国共产党廉洁自律准则》和《中国共产党纪律处分条例》，净化法院队伍，让纪律和规矩成为不可逾越的红线，努力打造公正廉洁的司法审判队伍。

二、紧盯“一个目标”，彰显公平正义

积极构建开放、动态、透明、便民的阳光司法体制，建立健全与人大代表、政协委员联络机制，组织开展代表、委员专项指导和旁听庭审等活动。把实现“努力让人民群众在每一个司法案件中感受到公平正义”的目标作为司法审判工作的最高追求和最终归宿，坚决守好社会公平正义的最后一道防线。主动加强与新闻媒体的沟通，加大对案件和法院工作的报道力度，占领舆论主阵地，完善负面舆论预警机制，引领正确的舆论导向。

三、履行“三大职责”，服务发展稳定大局

牢固树立稳定压倒一切的思想，坚定不移贯彻落实中央反分裂斗争方针和区市县党委的决策部署，自觉把法院工作置于曲水改革发展稳定大局中去思考和谋划。严厉打击各类刑事犯罪，保持对严重刑事犯罪的高压态势，健全对故意伤害、盗抢骗等多发性犯罪的打击机制，积极参与社会治安防控体系建设，全力巩固全县来之不易的和谐稳定大好局面。找准新形势下民商事审判工作切入点和结合点，依法审理民间借贷案件，规范融资行为。做好涉征地拆迁和环境污染的案件研判，确保重大项目顺利实施、生态环境有效保护。着力构建社会诚信体系，提高执行信息化水平，加强信用惩戒，让失信被执行人寸步难行，努力实现“用两到三年时间，基本解决执行难问题”目标。服务和保障“共建团结美丽家园、同享健康幸福曲水”战略实施，按照县委统一部署不遗余力做好精准扶贫、精准脱贫工作，为实现与全国一道全面建成小康社会伟大目标而不断努力。

四、实施“两轮驱动”，提升司法能力

坚持司法体制改革和智慧法院建设“两轮驱动”。全面推进各项改革措施落实，保障司法改革各项工作有序开展。落实“让审理者裁判，由裁判者负责”的责任制度，着力解决制约司法能力、影响司法公正的深层次问题，增强人民群众对司法改革的获得感，更好地满足多元化司法需求。推进智慧法院建设，加快“审判业务用房改造”“大法庭装修”、诉讼服务中心等项目建设，提高法律服务水平。

各位代表，法安天下，德润人心。新的一年，法院决心更加紧密地团结在以习近平同志为核心的党中央周围，在县委的坚强领导下，在县人大有力监督下，在上级法院正确指导下，坚决执行本次大会决议，忠实履行宪法法律赋予的司法审判职责，不忘初心、奋发有为，努力为实现曲水长足发展和长治久安总目标提供更加坚强有力的司法保障，以优异成绩向党的十九大献礼！

曲水县人民检察院工作报告

——在曲水县第十三届人大第二次会议上

曲水县人民检察院党组书记、检察长　王　慧

（2017年4月13日）

2016年工作回顾

2016年，曲水县人民检察院在县委和市检察院的正确领导下，在县人大及其常委会的有力监督下，在县政府、县政协及社会各界的关心支持下，认真学习领会党的十八大、十八届三中、四中、五中、六中全会精神，深入贯彻落实习近平总书记系列重要讲话精神及中央第六次西藏工作座谈会、区市县委系列重要会议及各级政法工作会议、检察长会议精神，不断强化法律监督，深入落实检察改革各项措施，检察工作整体稳步推进。

一、以维护稳定为首要任务，全力做好县域中心工作

*严格落实各项维稳措施。*我院紧紧围绕区市县委和上级检察机关维护社会和谐稳定的一系列工作部署，坚持维稳防控工作常态化，全面落实各项维稳措施。大力发挥乡镇派驻检察室的作用，积极开展信访纠纷排查化解工作，努力把矛盾解决在基层。成功配合县委取缔非法采砂工作。全年，共组织召开全院维稳工作部署会6次，积极参加维稳值带班等工作，投入检力1249人次，下乡排查巡访3次，依法妥善处理群众来访1件次，确保单位内部和责任区域平安和谐。

*着力提高人民群众法治意识。*认真规划普法工作，积极组织参加“三月综治宣传月”“综治宣传周”“9·16”平安西藏宣传日、“12·4”国家宪法日等普法宣传活动，深入色达村、其奴村以及精准扶贫搬迁点“拉萨河畔三有村”“四季吉祥村”等地，因地制宜开展法制宣传和讲课，受到群众点赞。全年，共向群众发放宣传资料2000余份、检群联络卡1600余张，提供法律咨询300人次，受益群众达2600余人。

*积极参与强基惠民活动。*选派1名副检察长担任聂当乡德吉村工作队队长，密切配合村“一书”和两委班子，围绕“5+2”工作任务，积极帮助所在村加强基层组织建设，寻找致富门路，落实各项工作措施和任务，从物质、文化两个层面推动基层建设和发展。驻村期间，落实经费15万元为村两委及农牧民群众办实事好事8件。并使用工作队节约的工作经费，帮助村两委和下沉干部更新电脑、复印机等工作设备，有力推动了基层工作。

*深入开展扶贫脱贫工作。*自年初起，检察长亲自带队走村入户，指导帮助村居开展精准识别、建档立卡等工作，并依托驻村工作队组织村民召开各类宣讲会，宣讲精准扶贫和富民惠民政策，全院干警针对贫困户结对认亲25户，干警累计捐款捐物2万余元，全年派员23人次开展走村入户，引导贫困群众积极就业脱贫，推动各项脱贫措施落实到位。全院干警利用国庆假期及双休日帮助村委开展贫困户退出考核验收、复核考核等工作，确保该村及对口贫困户实现精准脱贫。有力推动了德吉村如期完成精准脱贫任务。

二、以突出执法办案为中心，坚持服务县域经济发展

*依法打击各类刑事犯罪。*依法履行审查逮捕、审查起诉等职能，全年共受理公安机关提请批准逮捕案件3件7人，批准逮捕2件6人，不批准逮捕1件1人。受理审查起诉案件5件9人，依法提起公诉2件6人，决定不起诉3件3人。空港新区成立后，我院根据拉萨市委指示，管辖该区案件，于2016年4月在空港挂牌成立派驻检察室，办理空港新区案件3件3人。

*切实加大职务犯罪查处力度。*以查办民生领域、严重损害群众利益的贪污贿赂、渎职侵权犯罪为办案重点，抽调得力干警参与办理市检察院指定管辖王海江受贿一案。经拉萨市中级人民法院判决，被告人王海江因犯受贿罪，处有期徒刑3年，缓刑5年，并处罚金人民币30万元。该案的成功办理，为我院在查办职务犯罪案件奠定了基础，也为全市的反腐倡廉工作再添新绩。

*不断推进职务犯罪预防工作。*根据县委和上级检察机关指示精神，制定《曲水县人民检察院关于工程建设及涉农领域职务犯罪预防工作实施方案》，深入17家涉农及工程建设项目有关单位，采取调查走访、跟踪预防的方式，对惠农政策落实、项目资金使用、效益分配等情况进行监督。抽派专人前往县财政、农牧、民政、发改、扶贫等部门，详细了解各单位在工程项目、涉农资金方面的工作制度和职责，就职务犯罪易发、多发环节开展预防，在相关各单位确定一名专人与我院对接，进一步加强沟通协作，提升预防效果，确保预防工作深入开展。

三、以维护司法公正为目标，全面强化检察监督职能

*增进良性互动提高案件质量。*进一步加强立案监督和侦查监督，对侦查机关侦查活动进行指导，向侦查机关提出补充完善证据建议25条。提前介入侦查机关引导取证2件2人，对涉嫌妨害公务和交通肇事案件，引导建议侦查机关就责任人罪与非罪进一步调查取证。对1起多人盗窃案进行了羁押必要性审查及捕后监督，并在公诉环节对该案自行补证，使该案五名被告人均作出了有罪判决。

*强化刑罚监督加强人权保障。*加强对监外执行和社区矫正的法律监督，对辖区内7名社区矫正人员开展2次监督检查，并就服刑人员基本情况制作详细工作台账。期间，督促县法院对1名违反缓刑规定的人员作出撤销缓刑收监执行的裁定。

*狠抓基础工作提高诉讼监督。*深入开展“基层检察院民事行政检察工作推进年”专项活动，充分履行民事行政检察监督职能。全年，共旁听法院庭审6次，审查县法院82起民事行政案件卷宗。

四、以强化内外监督为动力，确保检察权依法正确行使

*依托外部监督实现公开透明。*坚持把检察工作置于人大监督之下，主动向人大及其常委会汇报工作，报送检察信息187期。认真落实人大代表、政协委员和人民监督员联络工作制度，邀请县、乡级代表委员等8人参加了“检察开放日”活动，视察检务公开工作，征求意见建议，从而不断改进和完善检察工作。同时，先后建立和完善“两微一端”检察信息发布平台，同步发布检察动态和办理案件等相关信息350余条，进一步提高检察工作透明度和执法办案公信力。

*强化内部监督规范执法办案。*建立完善干扰执法办案内部监督规定，加强办案关键环节监督，把廉政风险防控措施落实到检察权运行的全过程。全面运用全国检察机关统一业务应用系统，加强案件流程监控，实现对办案的全程统一、动态管理和实时监督。积极配合市院案件评查工作，及时妥善处理好在执法办案过程中出现的突出问题，有效推进执法规范化建设。

五、以加强队伍建设为根本，打造清正廉洁检察队伍

*加强党建带动队伍建设。*认真落实各项党建常规工作。在认真开展党组织关系排查工作的基础上，严格按照程序开展院党支部换届工作，通过选举调整充实支委会成员，健全完善党费收缴管理制度，严格落实“三会一课”制度，加强党员日常管理监督。坚持把“两学一做”学习教育融

入到检察工作各个环节。通过自学、集中学习、讨论、讲党课、讲业务等方式进行了深入学习，自活动开展以来，共集体学习47次，集中讨论6次，党组书记、党组成员讲党课、讲业务6次。通过加强组织建设和对党员的教育管理，增强干警的党员意识，引导其努力做一名合格的共产党员、检察官。

认真落实从严治党“两个责任”。采取领导带头、严明纪律、监督制约三项举措，强化日常监督管理，落实党风廉政建设主体责任报告制度，先后4次召开党组会专题研究党风廉政建设，强化党风廉政建设和反腐倡廉工作。深入学习贯彻《廉洁自律准则》《纪律处分条例》等党纪党规，坚决把党的纪律和规矩挺在前面。全面加强对检察干警的监督管理，有效促进了队伍保持风清气正的良好状态。

坚持人才立检提升综合能力。实行周工作例会制度，对一周内各自的工作完成情况进行总结汇报，有力增强干警责任感和紧迫感，提高工作效率，真正做到“说办就办、马上就办”。积极开展全员培训和岗位练兵，努力提升干警业务能力。全年，共抽派干警参加区市院组织的业务培训10人次。选派3名干警到区、市纪检、市巡查组协助办案，2名干警到市院带案学习，1名干警赴对口援藏地市岗位锻炼。2016年，我院干警荣获县级以上表彰4人。

稳步推进司法体制改革工作。坚持把思想引导作为改革的基础性、保障性工作，较好的落实了区、市检察院的各项改革工作部署。年初，按照区、市检察机关司法体制改革方案的要求，为符合条件的检察官进行了职务套改，并完成对固定资产的清查统计工作，为下一步人财物统一管理奠定坚实基础。年底，通过组织报名、入额考试、业绩考核、民主测评等程序开展检察官入额工作，最终确定推荐5名符合条件的检察官进入检察官单独职务序列。

切实强化检察技术等基础建设。以信息化推进执法规范化，积极争取县政府大力支持，协调解决223.6万元资金用于技侦业务楼的改造及信息化建设，着力提升规范化、信息化办公办案水平。待建成投入使用后办公办案条件将会明显改善；解决经费86.4万元用于将原定的18套公租房改建为干警备勤房，斥资7.58万元新建值班室，切实加强和改善我院集体作战效率和维稳值班条件。

各位代表，我院取得的各项成绩是县委的坚强领导、人大的有力监督、政府的大力支持、政协的民主监督和社会各界关心支持的结果。在此，我代表曲水县人民检察院表示衷心感谢！

在总结成绩的同时，我们也清醒地看到当前检察工作还存在一些困难和不足：一是检察队伍建设及专业化水平有待进一步提高，人员空编情况较为严重，难招难留的情况客观存在。同时，由于基层院案件少，办案经验不足，对于业务型人才的培养和使用需进一步加强完善；二是法律监督职能发挥还不够充分，监督力度还需进一步加强，效果还需进一步提升；三是案件管理信息化装备、侦查技术装备还比较落后，干警信息化应用能力存在不足。对此，我们将从实际出发，以求真务实的态度，采取得当有效的措施加以解决。同时，也希望各位代表能够一如既往的关心、支持、监督检察工作，促进曲水检察事业不断发展。

2017年工作安排

2017年，我院将认真学习贯彻党的十八届四中、五中、六中全会和中央政法工作会议精神，深入学习贯彻习近平总书记系列重要讲话精神，紧紧围绕全县改革发展全局，切实肩负起维护社会大局稳定、促进社会公平正义、保障人民群众安居乐业的责任，积极稳妥推进检察改革，努力开创检察工作新局面。为此，我们将重点抓好以下工作：

一、全力做好涉稳核心工作

发挥批捕、起诉等职能，依法打击影响人民群众安全感的各类暴力犯罪和侵财犯罪等刑事犯罪；进一步完善和落实社会风险排查研判、执法办案风险评估、检调对接等制度，加强矛盾纠纷预防和化解工作；全面落实全县维护稳定各项措施，确保单位内部及责任区域平安和谐。

二、积极服务全县社会发展

坚持服从大局、保障大局，服从县委总体部署，做好驻村、精准扶贫、法制宣传等工作；发挥达嘎乡、空港新区派驻检察室作用，全面收集涉检信息，畅通信访渠道，拓展控告申诉、宣传教育、案件线索搜集等工作的范围，切实增强与群众的联系；在食品药品安全、安全生产、环境保护、社会保障等领域，积极配合县委做好法律服务和执法监督，全力服务民生。

三、加强预防和查办职务犯罪

坚决落实反腐败斗争的决策部署，围绕全县经济社会发展战略，突出查办发生在工程建设、资源开采、破坏生态环境、重大责任事故、食品药品安全等领域发生的职务犯罪案件。加强与纪检部门的协调联系，进一步完善惩防体系和机制建设，提升职务犯罪预防工作的针对性和有效性、时效性。

四、着力提升队伍建设水平

加强院党组建设，完善落实党组学习制度、议事规则和决策程序，改进领导方法，切实发挥好党组领导核心作用；加强院内支部建设，推动党支部组织生活和党建活动规范化、常态化，切实发挥基层党支部战斗堡垒作用；继续狠抓党风廉政建设责任制和“一岗双责”落实，严格执行各项党的纪律和执检办案纪律；继续深入开展“两学一做”和社会主义核心价值观教育实践活动，引导干警坚定理想信念，牢固树立“四个意识”。

五、稳步推进检察体制改革

继续深入落实检察改革各项部署，结合实际，深化内设机构和人员调整，在强化刑事诉讼监督工作的基础上，加强刑事执行检察、民事行政检察工作，充分发挥检察机关各项监督职能；做好落实各类检察人员分类管理衔接工作，根据“谁办案，谁决定，谁负责”的原则，落实以检察官办案责任制为核心的检察权运行机制改革和以审判为中心的刑事诉讼制度改革。

六、加强检务保障和检察受援工作

坚持从优待检，积极争取县委和县政府以及业务对口部门的支持，做好专业技术楼和干警备勤房后续软件建设工作，改善干警工作和生活环境；加大对院内信息化和科技装备的整合及系统应用，切实提升办公办案现代及科技化水平。积极加强与援藏单位的沟通交流，主动邀请支援单位业务骨干、专业人才来我院传授经验、指导办案，派员到援助单位进行跟班办案，增强实战能力。

各位代表，在新的一年里，曲水县人民检察院将在县委和上级检察院的坚强领导下，更加自觉的接受县人大及其常委会的监督，积极接受县政协和社会各界的监督，认真贯彻本次大会的精神和决议，以奋发有为的精神状态，求真务实的工作作风，不忘初心，锐意进取，忠实履行宪法和法律赋予的各项职责，为我县经济社会发展提供坚强有力的法治保障，为全面建成团结、和谐、幸福、健康、美丽新曲水做出新的更大的贡献！

曲水县2016年国民经济和社会发展计划执行情况与2017年国民经济和社会发展计划草案报告

——在曲水县十三届人民代表大会第二次会议上

曲水县发展和改革委员会

（2017年4月12日）

2016年国民经济和社会发展计划执行情况

2016年是全面实施“十三五”规划的开局之年，是全面深化改革的关键之年。一年来，在区市党委、政府和县委、县政府的坚强领导下，在江苏省泰州市的无私援助下，深入贯彻落实党的十八大和十八届三中、四中、五中、六中全会精神，贯彻落实习近平总书记系列重要讲话精神特别是治边稳藏重要战略思想，主动适应经济发展新常态，着力提升产业、夯实基础、改善生态、造福民生，实现了国民经济持续健康发展和社会和谐稳定。实现地区生产总值13.30亿元，同比增长17.08%；全社会固定资产投资完成37.56亿元，同比增长31.56%；地方财政本级一般公共预算收入达到1.87亿元，同比增长13.93%；社会消费品零售总额2.78亿元，同比增长10.44%；农牧民人均可支配收入11110元，同比增长10.31%。

（一）产业结构更加优化，产业转型升级不断推进

——现代农牧业稳步发展。以净土健康产业为抓手，扎实做好农牧业各项工作。粮油产量稳步增长。实施优质青稞生产基地、曲水县人工饲草基地、才纳村土地开发等农业项目，落实种子田5850亩，测土配方施肥和创建标准化及高产创建示范田5万亩，不断提高粮油产量，全县粮食产量2.55万吨，同比增长0.79%，油菜产量0.20万吨，与去年产量相同，蔬菜产量6.254万吨，同比增加3.17%，畜牧业生产扎实推进。牲畜存栏 12.5万头（只、匹），总出栏38775头（只、匹），出栏率44%；落实各项农业补贴1007.82万元，含农用化肥差价补贴、农药补贴、农机购置补贴、草原保护补助奖励资金等。净土健康产业快速发展。贵州茅台拉萨玛咖酒、玛咖饮品、玛咖粉、玫瑰系列化妆品、鲜花饼、葡萄酒、藏边大黄酒、辅酶Q10牙膏等40余种传统净土产品进一步打开市场，扩大产品知名度，销售产值同比翻一番；有机农业创建工作一进步深入，率先成立了“曲水县有机办”，新增申报了黄芪、党参、当归、木香等4个藏中药材的有机认证；建成能成规模，建成能成产业的大项目破题启动，曲水县农业产业化示范基地建设项目，总投资7.2亿元，建设百亩连栋温室、现代化奶牛养殖基地、有机肥厂、玫瑰、葡萄、藏中药材种植及加工基地建设，已经着手开展项目前期工作，西藏林木良种繁育中心建设项目，总投资13.96亿元，占地约1万亩，主要建设林木良种繁育区、林木种植资源异地保存区、科普宣传区、生态文化体验区以及管理服务区等，已经落地建设。

——工业经济整体实力提升。结合我县“工业强县”战略，不断开拓创新，有效提升工业经济整体实力。实现工业总产值13.30亿元，同比增长8.3%；工业增加4.82亿元，同比增长18.14%；上缴税金1.01亿元，同比增加14.8%。全年招商引资实际到位资金完成13.1亿元，同比增长10.08%，充分发挥雅江工业园区、茶巴拉乡光伏产业园区的平台效益，先后引进华宝香精有限公司拉萨净土健康食品项目、西藏茂昌光伏发电有限公司光伏并网发电项目、金哈达集团四净饮品等过亿元产业项目，年竣工企业6家，总投入3.8亿元，进一步优化了我县产业结构，壮大了我县工业生产队伍，距离“大企业顶天立地、小企业铺天盖地”更进一步。

——旅游服务业快速发展。依托独特的地理、资源、传统文化优势，加强一产和三产的有机融合，促进我县全域旅游产业发展。“秀色才纳”国家3A级景区、拉萨净土健康野生动物保护园、南木鑫赛瓜果采摘园等吸引了大批游客来我县体验消费，实现了观光、旅游、购物的发展模式；俊巴渔村作为藏区唯一的一个渔村，以其独有的民族文化，吸引大量游客慕名前来。全年预计实现旅游收入1509.73万元，同比增长18.41%；接待游客28.75万人次，同比增长15.37%。

（二）项目建设再兴高潮，投资拉动作用持续保持

——投资高位增长。2016年曲水县新建续建项目共计273个，完工199个，完工率73%，总投资95.89亿元，其中续建项目50个，投资24.8亿元，新建项目223个，投资71.01亿元。全社会固定资产投资完成37.56亿元，目标任务为35.69亿元，完成年度目标任务的105.24%。其中续建项目完工率90%，新建项目完工率70.04%。通过大批基建项目的落地建设，我县基础设施不断完善，居民生产生活环境不断改善，特色产业不断发展壮大，全县经济社会发展后劲不断增强。

——项目储备完善。为全面实施项目带动作用，着力加强项目建设工作，积极融入国家“一库一平台”建设，实现网上受理、办理、监管“一条龙”服务，目前，共用有188个项目录入网上项目库，总投资85.84亿元。通过项目储备库的完善和建设，发现更多、更好的项目，提高项目上争效率，实施项目带动发展战略，用项目拉动全县经济快速增长。并且实现和中央平台的对接，全面实现“纵向贯通”。

（三）城乡统筹加快步伐，城乡一体化水平显著提升

——城乡面貌焕然一新。实施了曲水县自来水厂改造工程、泰州广场维修绿化工程、318国道村容村貌整治等项目，城乡面貌明显改善。曲水友谊自来水公司、曲水美洁城市园林绿化有限公司、曲水县农村客运有限责任公司大大提高我县公共服务水平，方便农牧民生产生活。全面铺开创建全国县级文明城市工作，已获得全国文明城市的提名资格。

——交通条件大幅提升。农村公路建设项目总计9个，总投资8589万元，总里程67.39公里，占全县养护里程的20.1%，主要建设达嘎乡其奴村2、5、6、8组公路工程、聂当乡德吉村2、3、6、7、9组公路工程、聂当乡热堆村1组、6组乡村道路建设、茶巴拉乡水库至牧业组项目、茶巴拉乡色麦村2、4组公路工程等农村公路。顺利完成全县农村公路普查工作。曲水县农村客运有限责任公司顺利投入运营，开通县城–玉居、县城–白堆、县城–堆龙德庆区三条客运线路，得到沿线农牧民的广泛好评。

——环保力度不断加大。大力开展植树造林，实施重点造林项目6个，造林总面积为17870亩，共调运苗木811517株。加大环境保护力度，投入240余万元，购置各类垃圾转运设备36台，深入开展“拉萨河・我的母亲河”系列保护活动，加大环境保护执法力度，共查处环境违法案件14起，下达限期整改通知书7份，停产改正书6份，取缔企业1家、采砂采石场6家，对环境违法行为立案4起，行政处罚4家，罚款金额21万元，全县环境保护工作进一步规范，环境保护体系进一步完善，环境保护成效更加显著。

（四）改革开放继续深化，经济发展活力全面激发

——农村改革试验顺利完成。该项试验任务已到期，2016年编制完成工作总结、改革案例、成果总结、大事记，收集整理相关资料、工作动态、影音资料等，形成完整验收资料，上报专家组和农业部。进一步出台和完善《曲水县农村土地经营权流转服务管理办法》《曲水县农村宅基地有偿使用、流转和退出审批管理暂行办法》，全县流转土地达3.69万亩，收益3000余万元，发放首批农民住房财产权抵押贷款243万元，“两权”抵押贷款全面铺开。

——对口支援工作深入开展。围绕产业发展、基础设施、民生改善等重点领域，深入开展对口援藏工作，2016年，开展前期工作的项目总计10个，涉及资金32687万元，开工建设了高原“移动医院”示范工程、曲水县少数民族交往交流交融工程、曲水县人民医院提升改造工程、曲水县村庄综合服务中心等6个援藏项目，援藏总投资2846万元。

（五）民生福祉不断改善，社会事业加快发展

——“四业工程”成效显著。认真落实国家和自治区的惠民政策，不断拓展居民增收渠道，县四业办开展农牧民技能技术培训13期，培训889人，完成转移就业1.96万人，县人社局圆满完成就业再就业培训、职业指导、职业介绍、开发就业再就业岗位等各项指标。实现农牧民人均可支配收入11110元，同比增长10.31%。

——社会事业蓬勃发展。教育事业优先发展。大力推进学前双语教育工程，新建县中心幼儿园、拉萨河畔三有村、才纳乡白堆村幼儿园3所幼儿园，开始了聂当乡热堆村幼儿园改扩建、新建达嘎乡其奴村幼儿园建设项目，届时我县学前教育覆盖全县所有乡村，成为全区唯一一个学前教育全覆盖的县，实现适龄儿童入学率达100%，在校生巩固率达100%，适龄少年入学率达98.87%，在校生巩固率达100%。公共卫生服务水平稳步提高。实施全民体检，体检率99.3%，建档率100%，贯彻落实农牧区医疗制度，覆盖率和筹资率均达100%，加强基层卫生人才队伍建设，每乡卫生院技术人员平均达7名左右，村级卫生室卫生技术人员平均达到2名，深化医疗人才“组团式”援藏，加快网络医院建设，建成县乡村三级全覆盖的远程会诊平台。文化事业繁荣发展。认真贯彻落实文化、广电惠民工程，文化活动百花争艳，群众文化精彩纷呈，利用文化活动中心，成功举办了“3·28”文艺会演、“三八”歌咏比赛、“五四”演讲比赛、“八一建军节”“民族团结日”“十一”庆国庆文艺演出，同时结合各乡镇的望果节县雅松民间艺术团在全县6个乡镇巡回演出等全年开展了25余场文艺活动。艺术团厚积薄发，文化队伍增添后劲，自我县雅松民间艺术团成立以来，先后进行了“五下乡”“庆祝红军长征80周年”“关爱夕阳、促进和谐”“邻里守望、与爱同行”等主题演出15余场。成立不动产登记中心，在全区率先开展不动产统一登记工作。

——保障体系不断健全。实施曲水县小康安居工程，建设小康安居试点工程126户，总建筑面积18320.96平方米，全县参保总人数达54552人次，征缴基金1970万元。社会救助落实有力。全县五保老人集中供养率达87.88%，已落实五保资金77.0595万元，集中率位居全区前列。城乡低保、城乡医疗救助、临时救助、双拥优抚等各项工作顺利开展。

——精准扶贫工作全面见成效。县委、县政府高度重视精准扶贫工作，层层压实责任，研究制定并下发《曲水县精准扶贫精准脱贫工作的实施意见》，成立以县委书记任组长的扶贫开发领导小组，下设脱贫攻坚指挥部，县委副书记、县长任总指挥长。突出扶贫工作重点，确保工作实效，突出抓好易地搬迁，一期“拉萨河畔三有村”，扶贫搬迁184户，二期“四季吉祥村”，扶贫搬迁365户，三期搬迁至市区，解决328户，集中安置在柳梧新区，目前柳梧安置房正在紧抓建设中。突出抓好产业就业，大力实施“以业脱贫”“以补脱贫”工程，共吸纳贫困户3800余人。突出抓好生活保障，全面落实“以保脱贫”“以教脱贫”“以助脱贫”，实现低保救助857人，教育脱贫1036人，医疗救助实现全部兜底。实践了“654321”的扶贫脱贫新路子，建立健全“5321”帮扶检测机制和帮扶信息平台，1371户4792人建档立卡贫困人口已全部实现脱贫。

总结一年来的工作，我们在肯定成绩的同时，必须清楚地看到，目前工作中还存在一些不容忽视的问题：一是农牧业特色产业化水平仍然不高，结构单一，市场开拓力度不够，缺少品牌；二是工业经济发展速度不够，企业规模偏小，规上企业仅有8家，只占总数的15.6%，而占总数较多的规下企业，技术含量较低，产能不足、抵制风险能力弱，受市场竞争影响较大；三是旅游基础设施不够完善，服务水平也相对较低，远远不能满足当前旅游市场发展所需；四是固定资产投资仍以基础设施投资为主，产业发展类项目较少，近期有效需求转化不了中远期的供给；五是社会事业发展滞后，人均公共服务水平还较低，离群众期待尚有不少差距；这些问题，我们将在以后的工作中予以重视和整改。

二、2017年国民经济和社会发展的主要目标、任务和措施

2017年是中国共产党第十九次全国代表大会召开之年，是全面深化供给侧结构性改革的关键一年，抓好改革发展稳定各项工作意义重大。继续深入贯彻党的十八大和十八届三中、四中、五中、六中全会、中央第六次西藏工作座谈会精神，贯彻落实习近平总书记系列重要讲话精神。按照区市经济工作会议总体部署，坚持“稳中求进、进中求好、补齐短板”的工作总基调，紧盯五年规划目标和年度计划，以更加务实的作风，做好稳定经济运行、加快结构调整、深化改革开放、保障改善民生等各方面工作，确保经济社会平稳创新发展。

2017年的主要预期目标是：地区生产总值增长14%以上；全社会固定资产投资完成额增长22%以上；地方财政本级一般预算收入增长17%以上；社会消费品零售总额增长15%以上；工业增加值增长30%以上；农牧民人均可支配收入增长16%以上。

围绕上述目标，我们将突出做好以下几方面的工作：

（一）做强产业实体，在提升产业竞争力上谋求更大成效

进一步优化产业结构，增加二、三产业比重；增强产业质效，提升产业核心竞争力。一是大力实施农业产业化。以项目为依托，以净土健康产业为主导，继续丰富、完善“一二三四一”的净土健康产业总体发展思路，通过项目引进、旅游开发、承载企业、壮大产业等方式，吸引农业科研项目和资金向基地集聚，进一步充实“一区四园六基地”，加快创建全国有机农业示范县步伐。以电子商务进农村示范县为契机，积极打造互联网电子商务平台等新型产业模式，持续有力推进曲水净土健康产业再上新台阶。重点推进曲水县农业产业化示范基地建设项目，总投资7.2亿元，建设百亩连栋温室、生态奶牛养殖场、生物有机肥加工厂、玫瑰、葡萄、藏中药材种植及加工。西藏林木良种繁育中心建设项目，总投资13.96亿元，主要建设林木良种繁育区、林木种植资源异地保存区、科普宣传区、生态文化体验区以及管理服务区等，这些亿元项目落地建设，将对我县净土健康产业发展、农业产业化提升、农牧民增收等各方面都有较大促进。二是推动特色工业提质增效。进一步发挥资源优势和比较优势，以高原和绿色为核心品牌，推进农畜产品和绿色食饮品加工业规模化、产业化，培育壮大民族手工业、优势矿产业、藏药业以及新能源等特色产业，推动工业经济提质增效升级。按照“拟建项目早开工、在建项目早竣工、建成项目早投产、投产项目早见效”的要求，加快推进特变电工光伏发电项目、茂昌光伏发电项目、华宝香精有限公司青稞医疗保健食品有限公司、雪顶矿泉水有限公司天然饮用水项目等项目完成前期工作并开工建设。三是加快发展旅游服务业。结合拉萨市旅游环线规划，按照我县已完成旅游规划，围绕创建全域旅游示范区，对全县内的经济社会资源以及旅游资源进行全方位、系统化的优化升

级。加快推进才纳万亩净土健康产业园区、拉萨净土健康野生动物保护园、俊巴渔村民族特色旅游等建设项目。大力推进旅游营销创新，加强与各类媒体协作宣传曲水旅游，围绕“净土健康产业、立体农业、生态农业、特色农业”，全方位彰显曲水生态旅游资源，强化旅游对外形象。

（二）坚持扩大投资，在增强发展后劲上谋求更大成效

抓好“十三五”规划，着力谋划一批、开工一批、完成一批重点项目，保持投资第一拉动力的作用。一是加强立项争资，做好争政策，争投资两篇文章，充分依托和利用已纳入国家、区的各项试点示范优势，瞄准和掌握国家、区市投资导向，积极与上级部门沟通衔接，在区市“十三五”规划项目确定之前，再争取一批项目。二是做深项目前期工作。拓宽思路，加快开展曲水县俊巴渔村民族特色产业建设项目、曲水县农业产业化示范基地建设项目、曲水县才纳乡公共服务设施建设项目、曲水县才纳乡才纳村村容村貌整治工程、曲水县才纳乡协荣灌区工程、曲水县白玛拉措生态修复工程等项目前期工作，以时间赢得机遇，密切跟踪，督促项目前期按照国家规范要求进行，确保达到相应深度要求，为项目的开工建设提供保障；三是做实在建项目。全面推进西藏自治区曲水县林木良种繁育中心建设项目、达嘎乡其奴村等6条农村公路、曲水县人民医院提升改造工程等在建项目建设进度，对进展缓慢、问题较多的项目实行督促督办，及时协调解决项目工作中遇到的困难和问题，想方设法促成项目早完工、早受益；四是做足完工项目。注重项目合法合理性，对于符合验收条件的茶巴拉水库至牧业组公路工程、县城供水改造等完工项目抓紧组织竣工验收，促使项目早日发挥效益。

（三）注重统筹协调，在加快城乡一体化上谋求更大成效

以新型城镇化综合试点为契机，坚持从全局的高度来统筹谋划城乡发展，充分发挥工业反哺农业、城市辐射农村的带动作用，提高城乡一体化发展水平。一是强化规划引领。严格落实《曲水县“十三五”时期国民经济和社会发展规划纲要》，按照确定的发展思路、发展目标、发展布局，不断完善我县经济结构格局，推动社会事业发展。为适应全县经济社会发展，加快完成县城总体规划修编工作。二是积极推进文明城市创建。不断提升公共服务水平，加快城镇基础设施建设，崇尚健康文明的生活方式，提升城镇居民生活质量。三是全面推进农村基础设施建设。加强农牧林水基础设施建设，抓好优质青稞生产基地、人工种草与天然草场改良项目、重点区域造林、白玛拉措生态修复工程等项目建设；继续实施交通大提质工程，推进色麦村、其奴村、德吉村等6个农村公路复工建设，做好2017年农村公路上争工作。四是突出推进生态文明建设。严把环评能评审批关，严格控制高污染、高耗能企业落户。加大行业环境监管力度，政企合力，建管并举，奖罚并重，抓好重污染行业、工业园区管控，提升“小微”企业治污水平，推动循环发展。以重要生态功能区为重点，提高生态系统服务功能，以雄色自然保护区建设为抓手，加强生物多样性保护。大力宣传杜绝化肥、农药使用，加快有机农业示范县创建步伐。

（四）突出改革创新，在增强发展活力上谋求更大成效

全面深化改革，强化创新驱动，推进体制机制创新，营造良好的发展环境。一是全面深化改革。积极审慎开展成员身份界定办法制定、集体资产清产核资、价值评估、权属界定、产权登记、集体经济组织股份合作制改革登记、资产量化到人确权到户为主要内容的农村集体资产股份权能改革试点工作，确保完成中央赋予改革试点任务，赋予农民更多财产权利。全面开展不动产登记工作，并做好“三项制度改革”全国33个试点县工作。二是构建开放型经济体制。加快曲水县农业产业化示范基地建设项目、西藏自治区曲水县林木良种繁育中心建设项目、拉萨市第一中等职业技术学校迁建（一期）等重大项目的建设进度，构建产学研为一体的大包容、有活力、有前景的经济发展模式。三是促进创新发展。创新探索“互联网+”发展模式，加快推进电子商务进农村综合示范工作，努力实现特色农畜产品、净土健康系列产品、民族手工艺品等特色产品的线上销售，促进经济发展方式的转变升级。

（五）改善民本民生，在提升群众幸福指数上谋求更大成效

以构建和谐曲水、幸福曲水为目标，大力实施民生工程，坚持把保障和改善民生作为一切工作的出发点和落脚点。一是巩固精准扶贫成果。严格落实区市相关要求，结合脱贫考核自验工作中发现的问题进行整改，抓好落实，确保“一年脱贫、四年巩固”目标任务顺利实施。二是抓好教育工作。全面落实国家对教育投入的各项政策，建立和完善教育经费保障长效机制，加大教育投入力度，加快相关基础设施项目建设进度，提高教学硬件设施；落实困难学生就读高中、中专、大学资助政策，完善扶困助学教育资助体系；加强师资队伍建设，加大师资培训力度，全面提升教师素质，实现教育的优质均衡发展。三是抓好卫生工作。认真落实农牧区医疗报销补偿和大病补充医疗商业保险等惠民政策，进一步提高农牧区医疗制度、城镇居民基本医疗保险等财政补贴标准，继续开展“建设群众满意的乡镇卫生院”活动，进一步加强乡镇卫生院基础设施建设、人才队伍建设、强化医疗质量和安全，规范公共卫生服务及内部管理工作。四是抓好文广事业。努力改善我县公益性文广事业基础设施建设滞后的状况，组织开展好全县的群众性文体活动，进一步繁荣农牧民群众业余文化生活，为构建和谐曲水提供强大的精神动力。五是抓好社会就业工作。切实落实积极就业政策，鼓励企业稳定和开发就业岗位。安全合理使用就业培训资金，发挥就业资金促进就业的最大效益；继续把高校毕业生就业摆在首位，重点抓好高校毕业生、农民工和就业困难人员就业；进一步优化公共就业服务，重点是搭建平台、搞好对接、提供服务。加快发展人力资源市场，发挥市场功能。六是抓好社会保障。不断完善社会救助体系，提高社会救助水平。认真落实城乡低保和临时救助增长机制，加大对困难群众的救助力度，及时发放低保边缘户临时物价补贴，提高节日慰问金，有效保障受助者基本生活；加大慈善援助力度，进一步拓展助困项目，持续开展助学、助医、助老“三大资助”项目和助残帮困活动，探索推行结对帮扶和兴办村级经济实体等多种帮扶措施，切实为弱势群体搭建爱心桥梁。

各位代表，实现2017年国民经济和社会发展各项目标，任务艰巨，意义重大。让我们在县委、县政府的坚强领导下，在县人大、县政协的监督支持下，坚定信心，凝聚力量，改革创新，攻坚克难，为全面建成小康曲水做出贡献！

关于曲水县2016年财政预算执行情况和2017年财政预算草案的报告

——在曲水县第十三届人民代表大会第二次会议上

财政局局长　万诗亮

（2017年4月12日）

一、2016年财政预算执行情况

2016年是“十三五”规划的开局之年，也是全面深化改革和全面开启脱贫攻坚的一年。在县委、县政府的正确领导下，在县人大、县政协的监督、指导和支持下，在上级财政部门的大力支持下，财政局认真贯彻落实区、市、县经济工作会议和财政工作会议，紧紧围绕“稳增长、促改革、调结构、惠民生、保稳定”的社会发展大局，狠抓征管、强化支出，确保财政资金安全有效运行，现将2016年财政工作汇报如下：

（一）一般公共预算收支情况。

1. 一般公共预算收入执行情况。

2016年，完成县本级收入18724万元，比上年增长25.96%，增收3859万元；上级补助收入77404万元，比上年增长5.22%；上年净结余4906万元，2016年总财力共计101034 万元。其中：

（1）完成税收收入17793万元，完成年初预算的139.2%，比上年增长36.17%，增加4726万元，税收占本级收入的95.03%。

（2）完成非税收入931万元，完成年初预算的49.53%，比上年降低48.22%，减少867万元。

（3）完成上级补助收入77404万元，比上年执行数增长5.22%，增加6477万元。其中：税收返还收入9977万元，同比增长60.92%；转移支付收入67427万元，同比增长4.18%。

2. 一般公共预算支出执行情况。

全县完成一般公共预算支出98904万元，调整预算数30999万元，比上年增长22.22%，增支17977万元，其中：（1）一般公共服务支出19930万元，同比增长79.62%；（2）略（3）教育支出15705万元，同比增长5.96%；（4）科学技术支出25万元，同比下降50%；（5）文化体育与传媒支出994万元，同比增长66.78%；（6）社会保障和就业支出6449万元，同比增长12.1%；（7）医疗卫生与计划生育支出5558万元，同比增长2.91%；（8）环境保护支出649万元，同比下降22.93%；（9）城乡社区事务支出754万元，同比下降71.38%；（10）农林水事务支出29510万元，同比增长18.06%；（11）资源勘探电力信息等事务支出10564万元，同比增长769.47%；（12）商业服务业等事务支出1500万元；（13）国土资源气象等事务支出254万元，同比下降13.61%；（14）住房保障支出1128万元，同比下降70.51%；（15）其他支出86万元。

3. 一般公共预算收支平衡情况。

一般公共预算收入101034万元，一般公共预算支出98904万元，收支相抵结余2130万元，其中净结余41万元。超收收入1224万元补充预算稳定调节基金，截止2016年底，预算稳定调节基金共计2130万元。

（二）政府性基金预算执行情况。

1. 政府性基金收入。

完成政府性基金收入2513万元，同比增长55.51%，其中：政府性基金本级收入1737万元，同比增长12.8%；政府性基金转移性收入776万元，同比增长919.74%。

2. 政府性基金支出。

完成政府性基金支出2513万元，同比增长55.51%，其中：城乡社区事务支出1737万元，同比增长12.8%；其他支出776万元，同比增长919.74%。

2016年，我县政府性基金收支相等，无结余。

（三）国有资本经营预算执行情况。

2016年完成国有资本经营预算收入120万元，同时按排国有资本经营支出120万元，收支相等，无结余。

（四）2016年财政主要工作完成情况。

1. 优化结构，确保公共服务支出。围绕经济增长方式转变，重点支持教育、社会保障、医疗卫生、农林水等与人民群众密切相关的各项事业及公益事业发展，支出更多倾向民生，让人民群众共享社会经济发展成果，全力打造“民生财政”。

一是积极落实各项支农惠农资金，促进农村经济社会发展。拨付涉农专项资金29510万元。其中：农业支出7103万元，林业支出3089万元，水利支出6814万元，农业开发支出6761万元，扶贫支出5120万元，农业综合开发支出6150万元，其他农林水事务支出893万元。落实农村最低生活保障资金312万元、落实城镇最低生活保障资金193万元、落实城乡社会救济30万元、落实基本养老保险200万元、落实公益性岗位人员经费447万元、落实本级配套寿星老人健康补贴108.05万元、落实自主择业退役士兵优待金及一次性补助133万元、落实残疾人补助资金148万元、落实农牧民免费医疗1446万元、落实城乡医疗救助140万元、落实基本公共卫生服务经费809万元；二是完成了2016年一事一议项目申报工作，申请财政奖补资金342.36万元；三是支持教育优先发展，拨付义务教育专项经费支出15705万元，保证了义务教育教学经费正常运转。

2. 国库集中支付改革扎实推进。将全县所有县直行政事业单位各项经费和各乡镇人员支出一次性纳入“县财政一体化平台系统”进行集中支付；确定中国农业银行曲水县支行为“区县财政一体化平台系统”的代理银行，并开设财政零余额账户及预算单位零余额账户，对纳入“县财政一体化平台系统”的资金进行支付及清算，将“资金流”转化为“指标流”管理更加科学、精细、透明，同时缩短了财政资金在银行间的中转在途时间，可以极大提高财政资金运行效率通过对平台系统所需的各种基础资料进行数据采集、核对。

3. 继续开展盘活存量资金工作。通过摸清存量底数，分类盘活资金，对结转二年以上仍未使用完毕的，一律视同结余资金，收回财政，重新纳入预算，统筹安排使用，解除躺在账上的“睡眠状态”，提高财政资金使用效益；对项目进度缓慢、年底可能再次形成结余或结转的项目，要调整用于其它急需的支出项目，从而减轻当年财政压力。截止目前2016年度对各单位结余结转资金进行了清理，清理盘活存量资金638万元。

4. 进一步规范了行政事业单位国有资产管理。按照 “统一政策、统一方法、统一步骤、统一要求、分级实施”的原则，对我县2015年12月31日以前经机构编制管理部门批准成立的、执行行政事业单位财务和会计制度的各级各类行政事业单位、社会团体进行资产清查工作，以摸清行政事业单位“家底”，进一步规范和加强行政事业单位国有资产管理。

5. 把握政策导向，努力做好向上争取。抓住西藏的有利契机，结合我县实际情况，积极争取自治区和市的政策及资金扶持。重点在生态环保、森林养护、水土流失治理、矿山生态建设、财税收入分成等方面争取到政策支持，形成长期稳定的政策效应。同时在基础设施建设、自主创新、廉租房补贴、旅游发展、工业园区建设等方面争取资金支持，促进各项社会事业全面发展

6. 严格预算执行，抓好进度，确保年度预算任务的圆满完成。坚持“有所为、有所不为”，区分

轻重缓急、有保有压的原则，统筹财政资金，切实保障重点支出，确保机关正常运转、公共建设等支出，保障县委、政府重大决策的实施和“民生工程”项目的建设，促进社会和谐稳定。加强沟通协调，加快事关民生和社会和谐等重点支出的拨付进度，切实提高财政预算执行效率，发挥财政资金的使用效益。

7. 加强监督，财政资金监管成效显著。一是加强财务审计工作。2016年，加强财政内部审计工作，聘请第三方中介对全县财务进行审核，并对全县固定资产进行了审计和评估；二是加强财政工作透明化。2016年，除涉密部门、涉密事项外，对县财政和48个一级预算单位部门预决算、“三公”经费过拉萨市人民政府门户网站及时进行了公开，支出功能分类细化到项级科目，建立健全财政专项资金管理清单，进一步提高了预算的精细化、科学化水平。

二、2017年财政预算草案

根据新《预算法》的要求，对预算编制质量要求更高，自治区对各县预算编制的审查也更严格，我县一般公共预算财力有限，收支矛盾更加突出，因此，在我县有限财力范围内编制预算难度更大。

（一）预算编制基本原则

1. 预算安排总体坚持量入为出，收支平衡。预算支出安排充分考虑财力可能，按照轻重缓急的顺序，优先考虑刚性及重点支出需求，确保年初预算编制收支平衡，不编赤字预算。

2. 收入预算安排坚持实事求是，积极稳妥。收入预算安排充分考虑自治区及拉萨市政策调整因素，结合预算执行情况，既保证一定增幅，又确保与全县经济社会发展实际相适应。

3. 支出预算安排坚持勤俭节约，统筹兼顾。支出预算安排坚持有保有压、重点突出。按照中央、自治区、拉萨市关于厉行节约的精神，一方面，牢固树立过紧日子思想，严格控制各部门、各单位的机关运行经费。另一方面，将财力更多地向“三农”、教育、社会保障和就业、医疗卫生、文化、科技、节能环保、维护稳定等重点领域倾斜。三是进一步严肃财经纪律，完善财政监管与内控机制。

（二）一般公共预算收支情况

1. 一般公共预算收入67525.57万元。

（1）完成县本级收入20800万元，比上年增长18.86%，增加3300万元。

① 税收收入19830万元，比上年增长11.45%。其中：增值税10000万元，个人所得税8000万元，印花税300万元，资源税30万元，城维税1500万元。

② 非税收入970万元，比上年增长4.19%。其中：专项收入450万元，行政事业性收费收入60万元，罚没收入180万元，国有资源（资产）有偿使用收入250万元，其他收入30万元。

（2）上级转移性收入44725.57万元。

① 返还性收入6650万元，比上年增加500万元，增长8.13%。其中增值税税收返还收入6500万元，所得税基数返还收入150万元。

② 一般性转移支付收入36684.29万元，比上年增加4071.76万元，增长12.49%。其中：体制补助收入844.17万元，均衡性转移支付收入15476.06万元，县级基本财力保障机制奖补资金收入605万元，结算补助收入1387.74万元，基层公检法司转移支付收入588.7万元，城乡义务教育转移支付收入11132.63万元，城乡居民医疗保险转移支付收入1429万元，重点生态功能区转移支付收入412万元，固定数额补助收入4327.17万元，其他一般性转移支付收入481.82万元。

③ 专项转移支付收入1391.28万元，比上年减少6251.46万元，下降81.8%。其中：一般公共服务142.8万元，公共安全74.3万元，文化体育与传媒57万元，社会保障和就业237.3万元，医疗卫生325.18万元，农林水事务549.9万元，国土海洋气象事务4.8万元。

（3）调入预算稳定调节基金2000万元。

2. 一般公共预算支出67525.57万元。

（1）一般公共服务支出11403.31万元，比上年预算增长9.99%。安排部门党建经费99.03万元，专门用于党的活动，例如培训和教育管理入党积极分子、发展对象、党员等，订阅或购买用于开展党员教育的报刊、资料音像制品和设备，召开党内会议，开展党的组织生活、主题活动和专题活动等。安排固定资产评估工作经费100万元，用于对全县各单位实际拥有的固定资产进行实物清查，并与固定资产进行账务核对，确定盘盈、损毁、报废及盘亏资产。安排财政稽核经费100万元，用于全县财务内部审计。安排“曲水在线”专项经费30万元；安排530万元主要用于乡镇支持农业民生上的支出和基层政权建设，资金由乡镇管理，不得违规使用。安排曲水县大学生、中职生资助基金300万元，用于资助对象为户籍在曲水县的农牧民、城镇居民、干部职工子女高中毕业并达到国家录取分数线且被全国各类全日制本、专科高等院校录取，及初中毕业并被中等职业学校录取的学生；安排青年创新创业大赛经费10万元；安排创建文明城市经费200万元。

（2）略

（3）教育支出15587.63万元，比上年预算增长20.7%。其中：县本级配套4455万元，其中：本级收入20%部分配套4160万元、各项保险基金配套70万元、运动会经费配套225万元；上级补助11132.63万元。

（4）文化体育与传媒支出840.34万元，比上年预算下降63.74%。县本级配套非物质文化遗产专项经费300万元；安排民间艺术团补助经费70万元；安排县综合文化活动中心免费开放经费52万元；安排乡镇综合文化站免费开放经费24万元。安排民间艺术团场次补贴20万元；村级文化建设经费17万元；《拉萨晚报》覆盖项目县级配套经费31.71万元。

（5）社会保障与就业支出5527.61万元，比上年预算增长16.73%。安排了财政对社会保险基金的补助3094万元，比上年增长134.93%；安排了公益性岗位资金550万元；社会福利支出380.3万元，主要用于曲水县五保户人员补贴及本级配套寿星老人补贴（80岁以上老人每人每月补贴500元）；安排城市及农村居民最低生活保障资金400万元；安排其他社会保障支出300万元，主要用于弥补社会保障中不足部分。

（6）医疗卫生支出3820.16万元，比上年预算下降9.81%。安排了医疗体制改革经费100万元；安排出生缺陷一级干预项目经费34.68万元；安排村级卫生室运行经费17万元；安排基本公共卫生服务经费215.3万元；安排新型农村合作医疗经费1437万元；安排曲水县农牧民重大疾病医疗救助基金 50万元；安排全民健康经费50万元。

（7）节能环保支出472.6万元，比上年预算下降2%。安排了国家重点生态功能区上级专项资金412万元。

（8）城乡社区事务支出768.02万元，比上年预算下降1.93%。安排了生态园林城市经费200万元；安排城市绿化公司环卫经费100万元；安排了城市维护经费300万元。

（9）农林水事务支出14200.73万元，比上年预算下降9.67%。安排了四业经费250万元；安排农机具购置费210万元；安排科学技术发展资金200万元，用于全县所有有关科技的支出；安排农村道路建设资金45万元；安排自然灾害救助150万元；安排草原生态保护补助资金415万元；安排防汛300万元，包括山洪防灾救灾后期维护经费；安排农村基础设施建设500万元。继续安排本级配套净土健康产业资金5000万元及精准扶贫资金3500万元。新增本级配套有机农业示范县资金1000万元及全县林业绿化经费500万元。

（10）资源勘探电力信息1693.28万元，比上年预算降低49.05%。安排支持中小企业扶持资金1000万元。新增本级配套大学生创新创业奖励资金50万元；新增本级配套“两创“及产业孵化园区建设经费300万元，并积极向上级争取相关专项补助资金，以实现年内我县小微企业创新创业园区建成。

（11）国土资源气象事务307.56万元，与上年预算增长20.86%。

（12）住房保障支出1103万元。

（13）其他支出7125.2万元，与上年预算增加

19.15%。安排“平安曲水”建设经费19万元；安排三老人员生活补贴200万元；安排农村税费改革支出770万元，其中包括对村小组组长进行误工补贴发放；安排政府采购1000万元；安排基本建设2000万元，用于全县的基础建设，提升城市公共服务和吸纳就业能力；安排下派干部经费60.2万元，主要用于一次性安置费、每月的生活补贴以及每个村第一书记为民办实事经费34万元；安排项目前期费500万元；安排维稳经费300万元；新增本级配套农村客运经费300万元；安排其他杂项支出1200万元。

（14）预备费675万元，占本级财力的比重为2.96%。

（三）政府性基金预算收支安排情况

政府性基金预算收入1000万元，主要来源于国有土地使用权出让收入。

政府性基金支出1000万元，主要用于各项征地补偿及土地治理支出。

三、2017年财政工作计划

（一）进一步提高收入质量，强化收入征管，确保应收尽收。

一是强化与税务部门工作衔接，密切关注我县重点税源和重点行业运行情况，对县内实体企业进行排查摸底；二是对重点建设项目加大税收监控和征收力度，完善税收征管措施，堵漏增收，切实做到依法征收、应收尽收；三是加强零散税收管理，“以小补大”。

（二）狠抓增收节支，确保民生事业发展。

认真落实厉行节约的各项规定，从严控制支出，从紧编制预算，进一步调减一般性支出与“三公”经费支出。集中财力确保社会保障、医疗卫生、教育、科技、文化、“三农”、住房保障、就业保障、医疗保障和环保等重点工作，真正做到“政府过紧日、群众过好日子”的理财原则。

（三）加强税源培植，增强税收增长后劲。

认真贯彻落实县委、县政府关于促进县域经济平稳较快发展的意见，突出财政支持重点，培育壮大有潜力且地方性特点强的绿色产业，进一步优化全县经济发展环境，变“输血”为“造血”，广泛培植财源，增强税收增长后劲。

（四）加强预决算信息公开，打造阳光财政。

预决算信息公开作为政府预算信息公开的重要组成部分，积极稳妥推进全县预决算信息公开及“三公”经费公开工作，能保障人民群众对财政预决算的知情权、参与权和监督权，从而打造阳光财政。

（五）加强财政监督，提升财政管理水平。

一是进一步建立健全预算编制、执行、监督相互制衡的财政资金运行监督体系，重点强化事前、事中监督。二是按照公共财政的理念，建立新增财力重点投向民生的管理及监管制度，定期委托会计事务所对全县账务进行审查，确保财政对民生的投入落到实处。三是抓好干部队伍建设。扎实开展“两学一做”学习教育，更新财政干部职工思想观念，加强全县财政干部自身修养，提高党性认识。

综 述

曲水县概况

【概况】 曲水县位于自治区首府拉萨市的西南部。曲水县位于自治区首府拉萨市的西南部。居北纬29.2° ~29.5。东径90.4° ~90.9° 之间，地处雅鲁藏布江和拉萨河交会处，318国道横贯全境，是内地空港至拉萨的重要窗口和门户。曲水县总面积1624平方公里，耕地面积6.5万亩。曲水县最高海拔5774米，最低海拔3500米，县城海拔4272.84米。曲水县辖5乡1镇、19个行政村、133个村民小组。曲水县常住人口共有3.6万人，其中农业人口3.32万人。

【综合经济实力】 2016年，曲水县完成地区生产总值13.30亿元，同比增长13.3%，完成年度目标任务的101.18%。全社会固定资产投资完成37.56亿元，同比增长28.8%，完成年度目标任务的103.05%；地方财政本级一般预算收入2亿元，同比增长21.69%，完成年度目标任务的105.82%；社会消费品零售总额2.78亿元，同比增长11.6%，完成年度目标任务的100.54%；农牧民人均可支配收入11110元，同比增长16.57%，完成年度目标的100.49%。就业形式保持稳定，实现新增就业1914人，完成年度目标的168.63%，城镇登记失业率控制在2.2%以内。

【净土健康产业】 净土健康产业发展势头强劲。7类净土产品获得国家级有机农产品、产地认证书，成功创建为全国有机农业示范县。推进“一区四园六基地”建设，引进与净土健康产业相关企业30余家，生产出40余种净土健康产品，同比2015年增长一倍多。年产值超过10亿元，完成既定目标。

【农牧业】 严守12.3006万亩耕地红线，粮食作物产量25154.31万斤，油菜产量2023.45万斤，蔬菜产量27.2095万吨，牲畜存栏47.8276万头（只、匹），牲畜总出栏22.0163万头（只、匹），出栏率41.81%。

【工业】 2016年，完成工业增加值4.82亿元，同比增长20.7%；招商引资到位资金达13.1亿元，同比增长10.08%，完成年目标任务的100.77%；销售产值15.54亿元，同比增长23.8%；上缴税收1.01亿元，同比增长14.8%。加大对品牌建设和科技创新的扶持力度，西藏邦金美朵工贸有限公司荣获著名商标和拉萨市名牌产品名录；拉萨净土睿健生物产业发展有限公司部分产品通过美国、日本、欧盟有机认证；西藏高争民爆股份有限公司首次公开发行并在深圳证券交易所A股中小板上市。

【旅游服务业】 依托区位优势，大力挖掘旅游潜力，抓好旅游资源开发。提升“秀色才纳”的品质，成功评为国家AAA级景区，年接待游客15万以上，实现产值1.3亿元；拉萨净土健康野生动物保护园、俊巴渔村民族特色旅游，茶巴拉乡桃花村旅游景区建设取得突破性进展。开展旅游市场秩序综合治理，推动全县旅游服务标准化建设。

【新型城镇化建设】 新建乡村公路67.39公里，农村客运顺利开通，实现全县乡镇通车率为100%，交通条件不断优化。完成电网改造工程，以及农村基础水利工程建设。完成396套乡镇周转房及配套设施、64套公租房建设及一期、二期棚户区配套基础设施建设。开工建设了小康安居工程126户，易地扶贫搬迁安置区684套住房。实施县城供水改造、县城污水处理厂、垃圾中转站等城区综合改造提升工程，开展318国道人居环境综合治理工作。

【创新创业】 2016年，积极响应国家“大众创业，万众创新”的号召，开展创业培训，培训合格率达到90%以上，创业成功率15%，已创业培训创业者，合格率100%，创业成功率65.38%。全年新增加个体工商户135户，注册资金1320万元。新增企业114家，注册资本9.1亿元。

【生态环境改善】 投资1.76亿元实施水利项目18个，有效改善水环境；继续实施国家生态安全屏障保护、“两江四河”、防沙治沙生态安全屏障等重点工程，投资7015.5万元实施重点造林项目5个、治沙项目2个，总面积达5万多亩；积极开展绿色生活活动、环境卫生综合整治，全县垃圾收集率、处理率达95%以上。

【脱贫攻坚】 始终将脱贫攻坚工作放在首要位置，按照中央“六个精准”“五个一批”和自治区“八个到位”的要求，扎实推进“六项措施”。 全年申报扶贫项目16个，总投资6883万元。研究制定《曲水县精准扶贫精准脱贫工作的实施意见》，成立县扶贫开发领导小组，下设脱贫攻坚指挥部，建立指挥部“联席会议”制度，形成“上下联动、部门协同”的“大扶贫”格局。实践了“654321”的扶贫脱贫新路子，建立健全“5321”帮扶监测机制和帮扶信息平台。1371户4792人建档立卡贫困人口已全面实现脱贫。“拉萨河畔·三有村”、才纳四季吉祥村两个扶贫移民安置区，成为全区“以迁脱贫”的样板工程。

【打造科技平台】 聘请区内外多名专家、顾问为曲水经济社会发展问诊把脉，依托“互联网+”，创建净土健康产业“O2O”电子商务平台成功运营，开办“曲水在线”信息平台，努力开展电子商务平台进农村工作，成为第二批全国信息进村入户试点县。

【招商引资】 招商引资到位资金达13.1亿元，同比增长10.08%，完成年目标任务的100.77%；销售产值15.54亿元，同比增长23.8%；上缴税收1.01亿元，同比增长14.8%。

【社会事业】 文化事业繁荣进步。完善乡镇文化站的内部设施。结合“五下乡”活动，利用文化活动中心，成功举办“3·28”“民族团结日”“十一”庆国庆等多场文艺演出。积极倡导开展全民健身运动，丰富了全县人民的精神文化生活。教育事业健康发展。健全教育优先发展工作机制和保障体系，义务教育优质均衡发展、突出双语教育、注重校园文化建设。加大对教育领域的支持力度，全面改善了学校办学的硬件条件。全县在校生4605人，适龄儿童入学率达100%，在校生巩固率达100%，适龄少年入学率达98.87%，在校生巩固率达100%，基本普及学前幼儿教育。卫生医疗全面提升。始终把健康事业摆在突出位置。县级公立医院改革、“二级乙等”医院创建步伐明显加快。深化医疗人才“组团式”援藏，加快网络医院建设，建成县乡村三级全覆盖的远程会诊平台。启动“人口健康综合管理项目暨健康曲水建设项目”，出台《关于县乡医疗卫生服务一体化管理工作的指导意见》，在全国率先创新开展人口健康综合管理村例会制度并常规化、制度化。农牧区医疗制度覆盖率继续保持100％，农牧民群众健康档案建档率100％。巩固深化“四业工程”。组织协调城乡劳动力培训和转移就业、劳务输出等工作。全年实现农牧民转移就业1.96万人，城镇“零就业”家庭保持动态清零。社保水平逐步提高。2016年全县参保人员54552人，征缴1970万元、发放500余万元。“五险”实现制度全覆盖；低保评定实行动态管理，实现应保尽保，各类保险参保率达到了100%，提高了群众生活保障水平。

【社会局势稳定】 全面贯彻落实民族政策，推动民族团结进步。推进部署创建民族团结进步示范县“七进”工作，挂牌民族团结进步创建活动试点单位市级13家。全县开展以“民族团结进步之花在曲水盛开”为主题的民族进步宣传月活动。发放奖金9.2万元用于表彰模范集体和模范个人。

加强创新寺庙管理。积极引导宗教与社会主义社会相适应，完善寺庙基本公共服务，投入800万元完善寺庙基础设施，继续深化“六建”“六个一”“九+五”“一覆盖”“一个创建”“一个工程”“主题教育”等一系列工作，积极探索寺庙管理长效机制建设。发放奖金45.8万元用于表彰和谐寺庙、先进管委会、爱国守法先进僧尼、优秀驻寺干部、优秀宗教执事人员。

妥善化解矛盾纠纷。严格执行涉法涉诉信访依法终结制度及领导包案化解、分级受理办结制度。强化领导干部接访下访，认真受理群众来访事件并及时办结，全年没有出现一起越级上访事件，有力维护了全县发展稳定大局。

努力强化安全生产。集中开展食品安全、道路交通、工矿商贸和消防安全等专项整治，依法打击各种违法犯罪。进一步加大安全生产隐患排查治理力度，实现全年重大安全事故“零发生”。

（张　钰）

政 治

中共曲水县委员会

【概况】 2016年，在区市党委、政府的坚强领导下，在江苏省泰州市的无私援助下，曲水县委团结带领全县干部职工深入贯彻落实中共十八大、十八届三中、四中、五中、六中全会和中央第六次西藏工作座谈会精神，贯彻落实习近平总书记系列重要讲话精神特别是“治国必治边、治边先稳藏”的重要战略思想和“加强民族团结、建设美丽西藏”的重要指示。坚持“依法治藏、富民兴藏、长期建藏、凝聚人心、夯实基础”的重要原则，以“四个全面”战略布局为统领，牢固树立“创新、协调、开放、绿色、共享”五大发展理念，全面贯彻落实区、市第九次党代会和历届全委会精神，全力实施拉萨市“六大战略”，圆满完成各项目标任务。

【全面从严治党，夯实执政基础】 曲水县委认真履行全面从严治党的主体责任，以党建七项重点任务为抓手，强化思想教育，强化经费保障，强化制度建设，党的执政基础更加夯实。县委组织召开常委会专题学习13次，理论中心组学习37次，以党支部或党小组为基本单位，全县各级党组织累计开展集中学习研讨786场次964学时，交流发言人数1252人次，撰写心得体会1179篇，书记讲党课106场次。2016年，曲水县荣获自治区创先争优强基础惠民生活动优秀组织单位，才纳乡党委获得全区先进基层党组织，茶巴拉乡等3个基层党组织获得全市先进基层党组织。

【干部队伍不断优化】 率先在全市完成县委班子换届工作，得到中组部和区、市换届工作巡回督导组的充分肯定。坚持好干部标准和民族地区好干部“三个特别”要求，交流选拔科级干部74人。大力实施人才引进战略，强化组团式援助工作，引进各类人才35人。以县委党校为主阵地，持续推进党员干部学习教育，举办各类培训80余期，参训党员干部近3500人次。

【基层组织建设不断加强】 深入开展“强党、固基、扶村”工作，建立健全《驻村工作队管理办法》和《下沉干部管理办法》，选派67名下沉干部和57名驻村干部充实基层力量，实现乡镇组织委员、村第一书记全覆盖，每年按乡镇10万元，村级组织6万元，村第一书记2万元的标准配备党建工作专项经费。制定《村组干部基本报酬和业绩考核奖励补助发放暂行办法》，基层待遇切实提高。

【坚持党委统领，经济稳步前行】 县委深入学习贯彻中央和区市经济工作会议决策部署，坚定推进农村改革，以净土健康产业和旅游产业为主导，实现了“十三五”良好开局。其中，国家现代农业示范区建设成效显著，产业结构优化升级，初步建立了现代化产业体系；净土健康大产业格局初步建立，成为市委推进全市净土健康产业的案例示范。制定《拉萨市曲水县旅游发展总体规划》，成功创建秀色才纳国家AAA级旅游景区，着力打造曲水县净鑫疗养基地。研究制定《曲水县有机农业发展奖励补助办法》，全国有机农业示范县创建工作有序推进。全县净土产品达到40余种，其中7个净土产品获得国家有机农产品认证，4个藏中药材正在申报中。

【农村改革持续领先】 圆满完成农村改革试验区试验任务，验收资料已上报专家组和农业部。在全区、全市率先破题农民住房财产权（含宅基地使用权）抵押贷款试点工作，走在了全国前列。在全区试点开展不动产登记工作，率先挂牌成立不动产统一登记局，全区第一个发放不动产权证书，形成《不动产的相关知识解答》，被拉萨市采纳并在全市推广。

【坚持民生优先，致力民生改善】 县委始终把保障和改善民生作为一切工作的出发点和落脚点，初步实现了“学有所教、劳有所得、病有所医、老有所养、住有所居”。拨付专项经费12392万元，全力推进义务教育优质均衡，成为全区唯一一个学前教育全覆盖的县。建立完善县乡村三级医疗体系，全民体检率达99.3%；继续深化县级公立医院改革，积极开展二乙医院创建工作。成立食品药品监督管理局，为健康曲水建设奠定了基础。组织召开全县卫生与健康大会，指明了卫生与健康事业未来五年的发展方向。持续推进社保体系建设加快推进社会福利院换档升级，提高“五保户”供养标准，高于全市统一标准，为“三老人员”增加800元/年。实现了自治区级生态村全覆盖，4个乡镇成功创建自治区级生态乡镇，成为国家级生态保护与建设示范区；创新开展“垃圾储蓄银行”“环境保护从娃娃抓起”等工作，得到环保部副部长李干杰，自治区党委副书记、人大常委会主任白玛赤林等领导的充分肯定。

【国家级文明县城创建工作有序推进】 创城氛围浓厚，开创“曲水在线”创城微社区。创城载体丰富，开展歌手大赛、征文比赛、演讲比赛、文艺演出等活动12场次，举办道德讲堂8期，创新开展“四抓四带四促”活动，评选10名劳动模范和20余名身边好人。成立曲水县志愿服务总队，下设12个分队，开展环境整治、美化县城等志愿服务活动30余次；健全创城工作考核激励机制，积极开展全国县级文明城市创建表彰活动。

【勇担时代重任，决胜脱贫攻坚】 县委始终把脱贫攻坚工作作为全县中心工作，确定“一年脱贫、四年巩固”的工作目标，全县实现“以业脱贫”715户，“以迁脱贫”184户712人、“以助脱贫”256人、“以教脱贫”1036人、“以保脱贫”857人、“以补脱贫”2514人，贫困户人均纯收入由2015年的2548元增长到现在的4576元，增长了1.79倍。经自验，1371户4792人已全部达到脱贫标准，完成了第三方评估机构的评估认定工作。

（甄　宇）

【领导名录】

县委书记　彭飞跃

县委副书记、县长　格桑邓珠

县委常务副书记　吴　斌

县委副书记、常务副县长　刘文荣

县委副书记　次仁巴珠

王占辉

县委常委、人武部政委　李　晋

县委常委、纪检委书记　巴　珠

县委常委、宣传部部长　达娃次仁

县委常委、统战部部长

巴 珠

县委常委、政法委书记、县公安局局长

赵宏忠

县委常委、组织部部长

普布顿珠

县委常委、政府副县长

侯静华

罗超文

曲水县人民代表大会常务委员会

【概况】 2016年，人大常委会在县委的坚强领导和区、市人大常委会的指导下，在各乡（镇）人大主席团、人民代表的大力支持和全体委员的共同努力下，按照务实高效的要求，坚持邓小平理论、“三个代表”重要思想、科学发展观为指导，深入贯彻中共十八大和十八届三中、四中、五中、全会精神，深入贯彻落实中央第六次西藏工作座谈会精神，特别是习近平总书记系列重要讲话精神，贯彻落实区、市、县委的一系列重要会议精神，按照“学习新常态、适应新常态、引领新常态”的要求，深刻领会和理解曲水县大力实施“六大战略”的重要内涵。始终把坚持党的领导作为根本方向，始终把服务改革发展稳定作为根本任务，始终把依法履职和与时俱进作为根本要求，认真履行宪法和法律赋予的职责，求真务实、开拓创新、扎实工作，充分发挥地方国家权力机关的作用，各项工作取得新的成绩。

【加强理论知识的学习】 人大常委会按照主题教育实践活动总体要求，及时成立“三严三实”和“忠诚干净担当”专题教育实践活动领导小组，设立了“三严三实”和“忠诚干净担当”专题教育实践活动办公室，并结合人大工作实际制订《“三严三实”和“忠诚干净担当”专题教育实践活动实施方案》，制订详细的学习计划和相关活动计划。认真贯彻落实中共十八大、十八届三中、四中、五中、六中全会及习近平总书记系列讲话精神。同时，认真学习并贯彻执行《中国共产党廉洁自律准则》《中国共产党纪律处分条例》《中国共产党党组工作条例（试行）》《中国共产党地方委员会工作条例》，共组织集中学习16余次，自学25余次，参学率达100%。

【认真行使监督权，注重监督实效】 积极配合区、市人大完成了各项法律、法规落实情况的调研、执法检查及重点项目建设实施情况、中小学民族团结教育工作开展情况、维稳工作落实情况、农牧业特色产业工作开展情况等方面的视察；二是不断加强人大代表在十二届人大五次会议和十三届人大一次会议上提出的建议、意见和批评的交办、督办工作，及时召开集中交办会议，并对答复办理工作进行跟踪督办。三是根据常委会2016年工作安排，积极组织曲水县四级人大代表及人大常委会委员对三有村、才纳净土产业园区、县政府公租房建设项目、惠民政策落实情况及人民群众关心的热点、难点问题进行视察和调研；四是按照监督法的规定，听取和审议2016年上半年国民经济和社会发展计划、财政预算执行及“两院”的专项工作报告，并形成审议意见。五是不断规范相关工作程序及制度，进一步加强了对乡（镇）人大主席团工作的指导；六是对县环保局和县人社局认真开展工作评议，促进被评议部门牢固树立科学发展观，增强大局意识、法律意识和服务意识，促进依法行政、勤政廉政，不断转变工作作风，认真解决人民群众最关心、最现实的利益问题。

【加强代表工作方面，丰富代表闭会期间的活动】 定期组织人大常委会成员深入到各乡（镇）的人大代表中，通报人大常委会工作开展情况，全面了解代表工作、生活和履职情况，广泛征求代表对人大常委会及“一府两院”的建议意见，加强人大常委会与代表的联系。每次召开人大常委会会议时邀请人大代表列席常委会会议，参加常委会开展的视察、执法检查、工作评议、调研等活动，不断拓宽代表的知情问政渠道，让代表活动紧贴全县经济社会发展实际，充分体现人大代表行使管理国家社会事务的权力。同时，围绕净土健康产业、重点项目、生态环境保护、医疗卫生事业、民生改善等方面开展调查研究、执法检查、视察等内容丰富、形式多样的活动，切实丰富代表活动内容。年内，为四级人大代表举办了两期与人大工作相关的法律法规和人大业务知识的培训，同时组织代表到区内、区外考察学习3次，参加代表人数累计达200余人。通过考察学习，代表们开拓了视野、扩展了思路，受益匪浅。人大常委会组织县、乡两级代表共20人，赴江苏泰州考察学习。学习借鉴内地人大工作开展情况特别是县级人大专门委员会设置及业务开展情况；参观考察内地现代农牧业发展及专业合作社发展运行的先进经验；学习考察内地村集体经济发展的做法及经验；学习考察内地农村电商发展的好经验、好做法。

【依法组织召开曲水县、乡第十二届人民代表大会第五次会议及各项例会】 根据县委的指示精神和人大常委会的工作安排和部署，依法组织召开县、乡第十二届人民代表大会第五次会议，为开好会议，县人大常委会及时召开主任会议及常委会会议，研究部署各项工作，确保第五次会议的顺利召开并圆满完成了会议各项任务。县人大十二届五次会议上代表们对县人民政府及县直相关部门提出建议意见和批评共40件，经县人大常委会及时召开建议意见和批评交办会议，并督促涉及建议意见和批评的政府相关职能部门及时办理，且均已得到答复，答复率为100%。2016年召开人大常委会主任会议9次，召开人大常委会会议5次。

【依法组织人大换届选举工作】 曲水县县级人大代表名额是根据自治区人大常委会的文件精神保持在曲水县第十二届人民代表大会的水平，不再变动，名额为96名，实选92名代表，留有机动名额4个。实选92名代表中：男71人，占代表总数的77.2%；女21人，占代表总数的22.8%；藏族65人，占代表总数的70.7%；汉族27人，占代表总数的29.3%；机关领导干部49人，一线工作者16人，农牧民代表17人，专业技术人员6人，企业3人，僧尼2人，致富带头人2人，党员92人，党外人士2人；35岁以下9人，占代表总数的9.8%；最大年龄为63岁，最小年龄为30岁，代表平均年龄为42岁。

【依法行使人事任免权】 县十二届人大五次会议以来，常委会依法共任免国家机关工作人员9人，其中任职9人，免职0人、接受辞职0人。在干部任免工作中，常委会按照党管干部的原则和严格审查制度，认真贯彻党的意图，充分体现人民群众的意愿，依照法律规定行使人事任免权。常委会通过对新任命人员颁发任命书并提出希望与要求，有效地增强了他们的责任感、使命感和全心全意为人民服务的公仆意识、法律意识。

【加强自身建设，提高履职效能】 一是人大党组始终把学习摆在首要位置，不仅积极参加县委理论中心组学习，还自行安排学习任务，制订学习计划，把学习贯穿于专题教育活动的全过程。重点学习党的创新理论、中央领导一系列重要讲话及中央和区、市党委关于反分裂斗争的这一系列重要指示精神。学习法律法规和人大业务知识，切实转变不适应、不符合科学发展观要求的思想观念，牢固树立忧患意识、大局意识和社会主义法治理念，使参学人员的政治思想素质和综合素质得到了进一步提高。二是巩固“三严三实”和“忠诚干净担当”学习成果并结合“两学一做”学教活动，以习近平总书记系列重要讲话精神武装全党为根本任务，教育引导党员自觉按照党员标准规范言行，进一步坚定理想信念，提高党性觉悟。三是切实加强制度建设，严格按照规章制度办事，使人大各项工作更加制度化、法制化、规范化。四是在日常工作中强化为民服务意识，大兴调研之风，对于审议议题和监督工作中的重大问题，认真调查研究，虚心听取人民群众的各方面意见，努力使人大工作更加符合实际，更好地为广大人民群众服务。五是坚持从全县工作大局出发，把推动中央和区、市、县党委关于维稳决策部署的贯彻落实作为履行监督、决定等职能的重要内容，支持、监督和参与开展维护社会稳定工作。

（次 央）

【领导名录】

人大常委会主任

平 措

人大常委会副主任

李宝平

平 措

贺能旺

达 瓦

曲水县人民政府

【概况】 曲水县位于自治区首府拉萨市的西南部。居北纬29.2° ~29.5° ，东经90.4° ~90.9° 之间，地处雅鲁藏布江和拉萨河交会处，318国道横贯全境，是内地空港至拉萨的重要窗口和门户。曲水县总面积1624平方公里，耕地面积6.5万亩。曲水县最高海拔5774米，最低海拔3500米，县城海拔4272.84米。曲水县辖5乡1镇、18个行政村、133个村民小组。曲水县常住人口共有3.6万人，其中农业人口3.32万人。

【综合经济实力】 2016年，曲水县完成地区生产总值13.30亿元，同比增长13.3%，完成年度目标任务的101.18%。全社会固定资产投资完成37.56亿元，同比增长28.8%，完成年度目标任务的103.05%；地方财政本级一般预算收入2亿元，同比增长21.69%，完成年度目标任务的105.82%；社会消费品零售总额2.78亿元，同比增长11.6%，完成年度目标任务的100.54%；农牧民人均可支配收入11110元，同比增长16.57%，完成年度目标的100.49%。就业形式保持稳定，实现新增就业1914人，完成年度目标的168.63%，城镇登记失业率控制在2.2%以内。曲水县社会大局和谐稳定、经济持续健康发展、社会事业全面进步、民族团结巩固深化、宗教领域和睦和谐，为实现全面建成小康社会奠定了坚实基础。

【持续深化改革】 完成农村改革试验区任务，探索完善《曲水县农村土地经营权流转服务管理办法》《西藏曲水县农村土地经营权流转合同示范文本2016年版》，促进曲水县土地流转市场规范化发展，流转土地达3.69万亩，收益3000余万元。有序推进农村土地制度改革三项试点工作，编制《西藏曲水县进一步统筹协调推进农村土地制度改革三项试点工作方案》，在全区率先开展“两证合一”试点工作，挂牌成立不动产统一登记管理局；全面完成农村宅基地制度改革试点工作，出台《曲水县农村宅基地有偿使用、流转和退出审批管理暂行办法》，发放首批农民住房财产权抵押贷款243万元，“两权”抵押贷款全面铺开。农牧业。曲水县机耕、机播、机收面积分别达到6.5万亩、6万亩和6万亩，农业机械率到达70%；共落实发放各项农业补贴1007.82万元；粮食产量2.55万吨，完成率达到100.79%，同比增加0.79%；油菜作物的种植面积为13675亩，总产量为0.20万吨；蔬菜总完成6.254万吨，完成率达到102.52%，同比增加3.17%。牲畜总出栏38775头，出栏率为44%。2016年共融资20多亿元，用于才纳现代农业示范区和万亩乡土苗木良种繁育基地建设。万亩黑青稞、万亩土豆、万亩饲草、万亩中藏药材基地建设已具规模。7类净土产品获得国家级有机农产品、产地认证书，成功创建为全国有机农业示范县。推进“一区四园六基地”建设，引进与净土健康产业相关企业30余家，生产出40余种净土健康产品，同比2015年增长一倍多。年产值超过10亿元，完成既定目标。工业。2016年完成工业增加值4.82亿元，同比增长20.7%；招商引资到位资金达13.1亿元，同比增长10.08%，完成年目标任务的100.77%；销售产值15.54亿元，同比增长23.8%；上缴税收1.01亿元，同比增长14.8%。加大对品牌建设和科技创新的扶持力度，西藏邦金美朵工贸有限公司荣获著名商标和拉萨市名牌产品名录；拉萨净土睿健生物产业发展有限公司部分产品通过美国、日本、欧盟有机认证；西藏高争民爆股份有限公司首次公开发行并在深圳证券交易所A股中小板上市。旅游服务业。依托区位优势，大力挖掘旅游潜力，抓好旅游资源开发。提升“秀色才纳”的品质，成功评为国家AAA级景区，年接待游客15万以上，实现产值1.3亿元；拉萨净土健康野生动物保护园、俊巴渔村民族特色旅游，茶巴拉乡桃花村旅游景区建设取得突破性进展。开展旅游市场秩序综合治理，推动曲水县旅游服务标准化建设。

【持续激发活力】 2016年开复工项目共273个，完工项目199个；总投资95.89亿元，完成投资36.78亿元，完成目标任务的103.05%；援藏项目10个，总投资3.2687亿元。修订《曲水县政府投资项目管理办法》、制订项目建设流程图，形成“三挂”“六定”“5个一”项目管理机制，规范了项目管理。落地了净土健康产业示范基地、万亩乡土苗木良种繁育基地、净鑫产业园区建设等一批投资大、带动能力强的项目。创新创业成绩突出。积极响应国家“大众创业，万众创新”的号召，开展创业培训，培训合格率达到90%以上，创业成功率15%，已创业培训创业者，合格率100%，创业成功率65.38%。2016年新增加个体工商户135户，注册资金1320万元。新增企业114家，注册资本9.1亿元。电子商务势头强劲。全力打造互联网电子商务平台等新型产业模式，成为全国电子商务进农村综合示范县，电子商务网购网销发展迅速。

【统筹城乡发展】 开展全国新型城镇化建设试点县工作，修编县城总体规划，促进城乡协调发展。基础设施逐渐完善。新建乡村公路67.39公里，农村客运顺利开通，曲水县乡镇通车率达100%，交通条件不断优化。完成电网改造工程，以及农村基础水利工程建设。完成396套乡镇周转房及配套设施、64套公租房建设及一期、二期棚户区配套基础设施建设。开工建设了小康安居工程126户，易地扶贫搬迁安置区684套住房。实施县城供水改造、县城污水处理厂、垃圾中转站等城区综合改造提升工程和318国道沿线人居环境综合治理，有效改善人居环境，提升居民生活质量。生态保护日益加强。始终坚守生态环境保护红线、底线、高压线，坚持在发展中保护、在保护中发展。投资1.76亿元实施水利项目18个，有效改善水环境；继续实施国家生态安全屏障保护、“两江四河”、防沙治沙生态安全屏障等重点工程，投资7015.5万元实施重点造林项目5个、治沙项目2个，总面积达5万多亩；积极开展绿色生活活动、环境卫生综合整治，曲水县垃圾收集率、处理率达95%以上，生态环境进一步优化。创城工作稳步开展。积极打造创城工作示范点，建立健全创建工作机制、形成工作周例会制度。发放《创建文明，从我做起》倡议书，营造良好氛围。开展学雷锋志愿服务、道德讲堂、第一届劳动模范评选等系列活动，推进文明城市创建，获得了全国文明城市的提名资格。

【持续保障民生】 2016年投入民生资金占县本级财政70%以上，增强了人民群众的获得感，提升了人民幸福指数。脱贫攻坚首战告捷。始终将脱贫攻坚工作放在首要位置，按照中央“六个精准”“五个一批”和自治区“八个到位”的要求，扎实推进“六项措施”。2016年申报扶贫项目16个，总投资6883万元。研究制定《曲水县精准扶贫精准脱贫工作的实施意见》，成立县扶贫开发领导小组，下设脱贫攻坚指挥部，建立指挥部“联席会议”制度，形成“上下联动、部门协同”的“大扶贫”格局。实践了“654321”的扶贫脱贫新路子，建立健全“5321”帮扶监测机制和帮扶信息平台。1371户4792人建档立卡贫困人口已全面实现脱贫。“拉萨河畔·三有村”、才纳四季吉祥村两个扶贫移民安置区，成为全区“以迁脱贫”的样板工程。文化事业繁荣进步。完善乡镇文化站的内部设施。结合“五下乡”活动，利用文化活动中心，成功举办“3·28”“民族团结日”“十一”庆国庆等多场文艺演出。积极倡导开展全民健身运动，丰富了曲水县人民的精神文化生活。教育事业健康发展。健全教育优先发展工作机制和保障体系，义务教育优质均衡发展、突出双语教育、注重校园文化建设。加大对教育领域的支持力度，全面改善了学校办学的硬件条件。曲水县在校生4605人，适龄儿童入学率达100%，在校生巩固率达100%，适龄少年入学率达98.87%，在校生巩固率达100%，基本普及学前幼儿教育。卫生医疗全面提升。始终把健康事业摆在突出位置。县级公立医院改革、“二级乙等”医院创建步伐明显加快。深化医疗人才“组团式”援藏，加快网络医院建设，建成县乡村三级全覆盖的远程会诊平台。启动“人口健康综合管理项目暨健康曲水建设项目”，出台《关于县乡医疗卫生服务一体化管理工作的指导意见》，在全国率先创新开展人口健康综合管理村例会制度并常规化、制度化。农牧区医疗制度覆盖率继续保持100%，农牧民群众健康档案建档率100%。巩固深化“四业工程”。组织协调城乡劳动力培训和转移就业、劳务输出等工作。2016年实现农牧民转移就业1.96万人，城镇“零就业”家庭保持动态清零。社保水平逐步提高。2016年曲水县参保人员54552人，征缴1970万元、发放500余万元。“五险”实现制度全覆盖；低保评定实行动态管理，实现应保尽保，各类保险参保率达到了100%，提高了群众生活保障水平。

【持续维护稳定】 筑牢维稳防线，巩固社会和谐安定局势。全面贯彻落实“依法治国”“依法治藏”基本方略。旗帜鲜明反对分裂，坚决打击达赖集团各种分裂破坏活动。圆满完成国家“两会”、雪顿节、西藏发展论坛、区市第九次党代会、“姜贡曲”法会等重大活动、重要节点维稳安保任务，切实维护了国家安全和政治稳定。不断创新社会治理。曲水县加强社会管理，严格落实各项维稳措施。健全完善“四护队”、治安巡逻队、流动人口协管员、“双联户”代表等基层综治组织建设，不断提升社会治安防控立体化、信息化水平，构建起了维稳长效机制。持续推进民族团结。全面贯彻落实民族政策，推动民族团结进步。推进部署创建民族团结进步示范县“七进”工作，挂牌民族团结进步创建活动试点单位市级13家。曲水县开展以“民族团结进步之花在曲水盛开”为主题的民族进步宣传月活动。发放奖金9.2万元用于表彰模范集体和模范个人。加强创新寺庙管理。积极引导宗教与社会主义社会相适应，完善寺庙基本公共服务，投入800万元完善寺庙基础设施，继续深化“六建”“六个一”“九+五”“一覆盖”“一个创建”“一个工程”“主题教育”等一系列工作，积极探索寺庙管理长效机制建设。发放奖金45.8万元用于表彰和谐寺庙、先进管委会、爱国守法先进僧尼、优秀驻寺干部、优秀宗教执事人员。妥善化解矛盾纠纷。严格执行涉法涉诉信访依法终结制度及领导包案化解、分级受理办结制度。强化领导干部接访下访，认真受理群众来访事件并及时办结，2016年没有出现一起越级上访事件，有力维护了曲水县发展稳定大局。努力强化安全生产。集中开展食品安全、道路交通、工矿商贸和消防安全等专项整治，依法打击各种违法犯罪。进一步加大安全生产隐患排查治理力度，实现2016年重大安全事故“零发生”。积极应对和处置突发性公共事件。有效维护了群众生命健康安全。

【持续改进作风】 自觉接受人大、政协的监督，2016年共办理人大代表建议意见43件、政协委员提案40件，办复率、满意率均为100%。践行教育实践活动，扎实开展“两学一做”。加强廉政建设，严格落实党风廉政建设责任制、党中央八项规定，区党委“约法十章”“九项要求”及市委“八项要求”，坚决纠正“四风”。深入推进政务信息公开，2016年主动公开政府信息537条。加快建设政务服务中心，实行集中办公、联审联批。加强行政效能建设，扎实推进三级政务服务体系建设，事项办结率大大提高。建立健全政府法律咨询制度。监察、审计、档案、保密、编译、工青妇、残联、人民武装、人防、消防和电力、通信等取得新成绩。

（张　钰）

【领导名录】

县委副书记、县长
　　格桑邓珠
县委副书记、常务副县长
　　刘文荣（江苏援藏）
县委常委、副县长
　　侯静华
　　罗超文
副县长　顾宝林（江苏援藏）
　　张建华
　　次旺金美
　　杜乾余
　　杜兴杰
　　宋友禄
　　曾　健（区委党校挂职）

中国人民政治协商会议曲水县委员会

【年度综述】 2016年，县政协始终以中共十八大和十八届三中、四中、五中、六中全会精神以及习近平总书记系列重要讲话精神为指导，牢牢把握团结、民主两大主题，发扬与时俱进、勇于创新的作风，充分发挥协调关系、汇聚力量、服务大局、建言献策的作用，紧紧围绕全县中心工作，认真履行政治协商、民主监督、参政议政职能，为建设美丽家园幸福曲水做出了积极贡献。

【围绕中心，服务大局，积极开展参政议政工作】 充分发挥政协群体的智力优势，把实现经济转型提速发展作为政协工作的立足点和着力点，抓住县委县政府重视和人民群众密切关注的重大问题，积极调查研究，主动建言献策。

积极开展全会集中议政。全会期间，县政协积极组织各界别委员围绕曲水经济和社会发展主题，在大会上分别就净土健康产业、寺庙管理、精准脱贫工作等问题作了发言。发言富有前瞻性，理据充分，得到了县委县政府领导的高度重视，委员们的发言充分反映了政协人才荟萃、智力密集、地位超然、思维开阔的特点和优势，同时还体现了委员们的胸怀大局、积极参政议政的使命感和责任感。

积极做好政治协商工作。县政协通过精心组织实施，一是于2016年4月6—8日顺利完成了一届五次会议各项工作。二是于2016年9月17—19日顺利完成了二届一次会议各项工作。本次会议应到委员69人，实到62人，因事因病请假7人，符合政协章程的有关规定。会议期间，听取和审议了《政协第一届曲水县委员会常务委员会工作报告》和《政协曲水县委员会常务委员会关于政协一届一次会议以来提案工作情况的报告》；列席了曲水县第十三届人民代表大会第一次会议，听取并讨论了政府工作报告及其他有关报告；选举了1名政协主席、3名副主席以及7名常务委员；审议通过政协第二届曲水县委员会第一次会议各项决议。

【抓住热点，畅通渠道，切实履行民主监督职责】 县政协把民主监督工作作为贯穿落实科学发展观的重要体现，围绕全县普遍关注的热点、难点问题，认真开展提案、社情民意、视察等各项工作，想党政所想，急群众所急，体民情，察民困，解民忧，取得了良好的效果。

认真做好提案工作。提案是委员履行职责最直接、最有效的方式之一。二届一次会议期间，提案组共收到提案42件，经审查，立案40件（其中2件因重复，未立案）。二届一次会议闭幕后，县政协组织人员及时将委员提案进行翻译整理分类，于2016年10月19日将40件提案转交各承办单位，要求各承办单位严格按照提案办理落实相关程序和规定做好提案办理落实工作。对会议之后委员提出的意见建议，以社情民意形式转交相关部门协调解决。同时，县政协与督查室高度重视提案办理，于11月17日到各乡镇、寺庙对提案办理情况进行了督办。至11月底，40件提案已全部办复，从收集的委员意见来看，满意和基本满意率为100%。

专题调研促发展。县政协始终牢固树立“参政为民、促进发展”的理念，选择在全县改革发展稳定中具有综合性、前瞻性的问题，顺时而谋，应势而为，卓有成效地开展调研献策活动。一年来，共接待区内外政协4批共62人前来考察交流。组织曲水县各界别政协委员共16人前往江苏省考察学习，主要学习借鉴政协工作开展情况和爱国主义教育以及文物保护等先进工作经验。通过考察学习，开阔了委员的视野，促进了交流交往，提升了工作水平。二是加强新一届委员培训。一年来，共组织委员培训2次，重点围绕区市党委和县委的决策部署、《中国人民政治协商会议章程》《中共中央关于加强人民政协工作的意见》以及提案撰写等方面进行了培训，提高了委员履职修养，增强了委员履职能力和水平。

发挥政协的优势，积极为民办实事。充分发挥政协组织优势，积极牵线搭桥，为扶贫帮困做一些实事好事。县政协在藏历新年、春节期间和空余时间走访慰问农牧民委员、对口扶贫户30户，办实事好事15余件，涉及资金共计2万余元。同时，广大政协委员结合各自工作实际，以不同的方式为基层和群众办了大量看得见、摸得着的实事好事。同时，县政协根据2016年曲水县对口扶贫任务分配表安排，县政协党组成员各联系一个乡或一个村开展精准脱贫任务，立足贫困户实际，因户施策制定了干部结对帮扶、以业脱贫等帮扶措施。在年前和走访慰问困难群众、向贫困户送去温暖的同时，积极与县人社局等相关部门协调，将贫困待业青年等帮扶对象安排到就业岗位上，实现稳定增收。一年来，县政协共走访慰问贫困户10次，送去大米20袋，菜籽油40桶，折合人民币1万元。

【加强自身建设，转变机关作风，提高政协工作水平】 深入开展“两学一做”学习教育。2016年，为巩固和深化党的群众路线教育实践活动和“三严三实”专题教育成果，引导广大党员进一步增强看齐意识、党性意识、规矩意识，立足岗位履职尽责，按照拉萨市委《关于在全市党员中开展“学党章党规、学系列讲话，做合格党员”学习教育实施方案》要求，县政协高度重视、迅速启动、稳步推进，抓好了“两学一做”学习教育与党的群众路线教育实践活动和“三严三实”专题教育的融合和衔接。一年来，县政协共集中学习20场（次），党员干部108人次参与集中学习；党员干部个人自学平均达60学时，撰写心得体会40篇，党支部书记讲党课1次。

积极完善政协各项规章制度。坚持从推动科学发展的需要出发，进一步加大力度，着力建立健全保障和促进科学发展观的体制机制、符合科学发展观的规章制度。县政协先后建立完善了《主席、副主席联系委员制度》，出台了《曲水县人民政府工作部门与政协曲水县委员会工作部门对口联系制度》《“一府两院”领导向政协委员定期进行工作通报制度》《政协曲水县委员会关于进一步加强和改进提案办理工作实施意见》《曲水县政协委员反映社情民意信息工作暂行办法》等规范性文件，用以指导各项具体工作的开展，为不断推进政协履行职能的制度化、规范化、程序化，提供了更充分的保障。

（陈正平）

【领导名录】

主　席　邹玉明
副主席　班　旦
　　　　琼卓玛
　　　　阿旺扎巴

中共曲水县纪律检查委员会（监察局）

【概况】 中共曲水县纪律检查委员会和曲水县监察局合署办公，两块牌子一个机构，履行党的纪律检查和政府行政监察职能。截至年底，县纪委监察机关核定编制7名，实有干部11名，其中，纪委书记1名、监察局局长1名、纪委副书记2名、监察局副局长2名、纪委干事6名，均为中共党员。

【纪律检查】 协助同级党委加强党风廉政建设；严格维护和执行党内纪律；强化廉政教育；从严查处腐败案件；强化作风建设监督检查；全面加强党内监督；严格实施责任追究；健全纪委对同级党委决策监督机制；督促惩防体系建设。

【行政监察】 监察机关对监察对象执法、廉政、效能情况进行监察，履行下列职责：检查国家行政机关在遵守和执行法律、法规和人民政府的决定、命令中的问题。

按照干部管理权限，配合县委、县政府有关部门对县直单位领导干部进行任前廉政谈话。负责调查处理县人民政府各部门及其国家公务员、县人民政府及其各部门任命的其他人员、乡（镇）政府及其领导干部、乡（镇）政府的国家公务员以及任命的其他人员、县属企事业单位及其由国家任命的领导干部违反国家党纪、政纪的行为，并根据监察对象所犯错误的情节轻重，作出处分决定或提出监察建议。受理监察对象不服党纪、政纪处分的申诉；保护检查对象的正当权利和合法权益。会同有关部门做好行政监察工作的方针、政策和法律法规的宣传工作，教育国家工作人员遵纪守法，为政清廉。承办县委、县政府和区监察厅、市监察局授权办理或交办的其他事项。

【加强组织领导，强化责任意识】 根据人事变动，及时调整充实了曲水县党风廉政建设工作领导小组；组织召开了曲水县纪委八届六次全会，全面总结2015年党风廉政建设和反腐败工作，并结合实际安排部署2016年党风廉政建设和反腐败工作，与各单位签订《2016年度党风廉政建设目标责任书》形成“一级抓一级，级级促落实”的党风廉政建设工作机制；坚持落实《中国共产党党员领导干部廉政从政若干准则》相关规定，对全县副科级以上领导干部建立廉政档案，对17名领导干部进行任前廉政谈话；规范干部离任公物移交工作和科级领导干部诫勉制度。

【加强廉政文化建设，增强拒腐防变能力】 2016年，县纪委监察向各乡（镇）、县直各单位发放《党风廉政建设》《中国监察》《廉政从政 务实为民》等书籍。继续每周向全县副科级（含副科级）以上干部发送一条廉政手机短信，抓住端午节、中秋节、国庆、春节、藏历新年等重要时间节点，提前向党员干部发送手机短信，提醒其做到洁身自好，截至年底，共发送廉政短信2660条。结合“两学一做”教育活动，深入开展廉政教育。对《中国共产党章程》《中国共产党纪律处分条例》《问责条例》等规章制度进行了学习和再学习。围绕加强廉政建设教育这一主题，开设一期廉政党课。开展党风廉政法律法规宣传活动。3月5日，学雷锋纪念日发放党风廉政建设宣传资料。举办道德讲堂活动。举办以“弘扬公正廉明，做党的忠诚卫士”为主题的道德讲堂，各乡镇纪委书记、纪检专干、县直单位主要负责人共计50人参加了此次活动。开展“党纪党规记我心”知识竞赛活动。开展了主题为“党纪党规记我心”知识竞赛活动，此次竞赛共有5乡1镇、卫生、教育、公检法、机关系统10支参赛队伍30名选手参加。活动的开展在全县掀起了学党章记党规及尊崇党章、遵守党纪的热潮。同时，将廉政教育学习纳入中心理论组学习、党委扩大学习会中。将学习《中国共产党纪律处分条例》《中国共产党问责条例》《中共共产党党内监督条例》等规章制度，反腐倡廉宣传教育片《镜鉴》及专题片《永远在路上》纳入党委理论中心组学习及党委扩大学习会中，使曲水县党员干部牢固树立四个意识，进一步强化党性修养，筑牢党员干部理想信念，营造一个知廉倡廉善廉的良好政治氛围。

【监督检查】 从“严”字入手，深入学习宣传中央和区、市“九个严禁、九个一律”，十不准、十严防、六个绝不使用、四必谈等换届纪律要求，严格落实中央和区、市关于严肃换届纪律的各项规定，认真落实《干部选拔任用工作条例》，纪委全程参与到换届党委、人大、政府、政协、两院选举监督中，对不符合两代表一委员资格要求的候选人进行及时调整，未出现拉票贿选等违反换届纪律的问题和举报调整干部的情况。年内，共调整干部99人，其中提任和进一步使用县处级干部12人，提任科级干部47人，平职交流40人。2016年调整纪委委员11人，其中纪委常委5人。强化“四风问题”的督导检查力度。“两节”、端午节、萨嘎达瓦宗教节、国庆等节庆期间，下发《关于节日期间深入贯彻中央八项规定精神弛而不息纠正“四风”的通知》等文件，对“节日病”进行专项检查督查，坚决防止“四风”问题反弹。加强违反“中央八项规定”督导检查。通过现场查看、不定时明察暗访等方式，对各乡（镇）、各单位公务用车管理情况及公款消费情况进行督查，联合县政府办下发《关于曲水县公车管理使用的通知》，严明规范公车使用程序，明确公务车辆管理使用要求。开展“三资”监督管理工作。按照曲水县制定的《曲水县“三资”管理手册》规定，规范“三资”的管理和使用，截至年底，对全乡5乡1镇三资管理专项检查达12次，各乡镇对三资管理专项学习12次。对“三公”经费使用情况开展检查，对各乡（镇）、县直各单位工作人员迟到早退、上班期间上网、到茶馆喝茶等情况进行专项检查，明确日常上班纪律要求。加强对全县各乡镇、各部门党风廉政建设责任制落实情况的督促检查。细化工作任务，明确责任单位和协调单位，突出责任重点，根据《曲水县贯彻落实〈建立健全惩治和预防腐败体系2013—2017年工作规划〉分工方案》和《曲水县委党风廉政建设责任制分工方案》，对各乡（镇）、县直各单位惩防体系任务落实情况和党风廉政建设工作开展情况开展专项检查。对公车管理、干部作风、工作纪律等内容开展检查督导500余单位（次），开展专项督查近150单位（次）。

【加强党内监督，健全完善体制机制】 认真对照自治区纪委保留的议事协调机构，对保留参与的议事协调机构进行了清理，保留或继续参与的议事机构12个，退出议事机构42个，聚焦主业，巩固深化“三转”工作成果。按照区、市纪委相关要求，曲水县5乡1镇在2014年全面配备了纪检书记及纪检专干后，为了进一步深化基层党风廉政建设，推动全面从严治党向基层延伸要求，为各乡镇纪委配备1名乡镇纪委副书记，为每个村配备1名纪检监督员。年内，在全县40余家县直单位中设立纪检员岗位，实现县、乡、村纪检干部全覆盖；严格实行经济责任审计，共对5乡1镇及16家县直单位进行了经济责任审计。协助做好市委第二轮巡察工作。7月12日，市委巡察二组正式进驻曲水县，县纪检委领导高度重视，围绕加强党的领导、党的建设、全面从严治党及党风廉政建设和反腐败工作，紧扣“六项纪律”、紧盯“三大问题”、紧抓“三个重点”，积极协助市委巡察二组做好巡察期间各项工作，为期40余天巡察工作顺利完成，11月22日，配合市委巡察二组在聂当乡党委、南木乡党委、热堆寺管委会党委3家单位召开了情况反馈会，提出了整改要求。截至年底，县级干部述职述廉36人，乡科级主要负责人述职述廉38人；结合年终考核，对下一级党委、县直机关等38个单位落实“两个责任”、狠抓“四风”问题进行实地督导。

【建立健全对同级党委决策监督机制】 加强对同级党委常委会成员权力行使的监督。紧紧抓住对常委会成员权力运行监督这一重点，从规范权力运行入手，实行常委负责制，明确常委职责权限、用权程序等，促使其规范行使权力。不断增强对同级党委常委会成员监督的实效性。从落实党风廉政建设责任制方面入手，下发党风廉政建设和反腐败工作目标任务分工，常委会成员是各自分管单位的党风廉政建设和反腐败工作的第一责任人，半年和年底分别对其分管单位落实党风廉政建设责任制情况进行检查考核，督促其认真履行“一岗双责”。坚持严格执行领导干部个人有关事项报告制度，党委常委会成员带头主动报告个人房产、投资、配偶子女从业经商办企业、婚丧嫁娶等有关事项，与其他党员领导干部共同接受县纪委监督。

【加强作风效能建设，密切联系群众】 深入贯彻执行党内监督条例，加强对领导机关和领导干部以及重点部门、重点岗位、重点环节的监督，建立健全依法行使权力的制约机制。结合实际制定和完善领导干部个人重大事项报告、述职述廉、民主评议、廉政谈话、诫勉谈话等制度，着力抓好监督检查。大力发展党内民主，逐步推行党务公开，推进政务公开，进一步深化政务公开和村务公开。年内，为5乡1镇制作了党风廉政宣传栏，为17个行政村制作了“三务公开”公示栏，并定期对乡镇、村公示情况进行监督。多方联动参与，健全监督体系。建立作风建设联动机制，明确干部职工哪些可以为，哪些不能为，自觉做到不越“红线”，不闯“雷区”。明确日常上班纪律要求，对各单位上下班纪律提出了统一要求，上班期间去向必须报本单位办公室备案，明确公务车辆管理使用要求，公务用车必须做好相关登记。坚持每月至少2次作风纪律明察暗访。节假日期间，随时对公车停放情况、公款消费情况进行督查，以常态化监督检查让制度成为带电的“高压线”。开展作风监督检查200余次。坚持求真务实。在县委、县政府高度重视下，把深入贯彻落实中央八项规定、区党委“约法十章”“九项要求”和市委“八项要求”等工作作为重要任务来抓。严格要求县处级党员干部每季度下基层调研不少于10天，自觉做到下基层调研不召开全局性汇报会，不摆放水果，不接受礼品，不上高档菜肴，条件具备的全部在食堂用餐。各种公务接待原则上均安排在内部食堂。压缩会议规模，时间相近的会议尽可能合并召开，注重提高会议活动的效率和质量，精简会议材料，不发放会议公文包等。大力减少各类文件和简报，提高文件、简报的质量和时效，改进文风，压缩篇幅，注重突出针对性和可操作性。常态化开展勤俭节约、反对浪费教育，推进节约型机关建设，严格落实节油、节水、节电等节能指标，鼓励办公设备耗材循环利用。

【落实党风廉政建设责任制，健全惩防体系】 加强组织领导，认真贯彻落实党风廉政建设责任制。聚焦中心任务、突出主业主责，积极落实区、市相关文件要求，按照“党委统一领导，党政齐抓共管，纪委组织协调，部门各负其责，依靠群众参与”的工作机制，组织召开了曲水县纪委八届六次全会，结合实际安排部署2016年党风廉政建设和反腐败工作。坚持落实《中国共产党党员领导干部廉政从政若干准则》相关规定，对全县副科级以上领导干部建立廉政档案，对领导干部进行任前廉政谈话、任期内诫勉谈话制度；规范干部离任公物移交工作和科级领导干部诫勉制度，建立健全《党员干部廉政制度》《中共曲水县督查工作制度（实行）》等制度；逐年逐级通过签订党风廉政建设目标责任书、制作填写《单位内设科室廉政风险点等级确定和防控措施审核备案表》《个人岗位廉政风险点等级确定和防控措施审核备案表》等方法，形成了“一把手”总负责、一级抓一级、层层抓落实的良好工作格局，党风廉政建设责任制得到巩固落实。加强对全县各乡镇、各部门党风廉政建设责任制落实情况的督促检查。细化工作任务，明确责任单位和协调单位，突出责任重点，根据《曲水县贯彻落实〈建立健全惩治和预防腐败体系2013—2017年工作规划〉分工方案》和《曲水县委党风廉政建设责任制分工方案》，对各乡（镇）、县直各单位惩防体系任务落实情况和党风廉政建设工作开展情况开展专项检查。

【信访及案件查办】 始终把查办案件工作摆在突出位置，加大对问题线索的处置力度，严肃查办腐败案件，积极推动查办案件体制机制改革工作，坚决遏制腐败蔓延势头，把作风建设的要求内化为党员干部的自觉行动，持之以恒抓好中央八项规定精神落实，坚决防止“四风”反弹。强化执纪监督，坚持监督执纪“四种形态”，保持惩治腐败高压态势。

（赵　莹）

【领导名录】

县委常委、纪委书记
巴　珠
监察局局长、纪委副书记
德庆卓嘎
纪委副书记　巴　珠
县纪委常委、监察局副局长
赵　莹
赵晓峰

中共曲水县委办公室

【概况】 曲水县委办内设10个科室（秘书科、信息科、农改办、改革办、考评办、保密科、机要局、档案馆、政研室、党史办），共17人。其中，秘书科负责县委及县委办公室的综合性、全局性文件材料、领导讲话稿的起草，参与完成县委重点调研课题；信息科负责全县信息的收集、整理、上报工作；农改办负责其范围内的专项工作；考评办负责其范围内的专项工作；改革办负责其范围内的专项工作；保密科负责贯彻执行党和国家保密工作的方针、政策、法律、法规、指导、协调检查、监督全县的保密工作；机要局负责全县党政机关密码电报、传真电报的传输办理，负责本办密码机和本系统微机联网等通信设备的管理、使用和维修工作；档案管负责县委及办公室相关文件材料的归档整理工作；政研室负责县委文件资料编撰、政策研究；党史办负责地方党史，总结党的历史经验，为党的建设和党委决策提供历史借鉴。

【队伍建设】 以深入学习贯彻中共十八大，十八届三中、四中、五中、六中全会为契机，全面提升党员干部的知识层次和理论水平。组织参与党的群众路线教育实践活动，为全面营造良好的学习氛围，开辟了学习专栏，共编印学习活动简报50期。同时，充分发挥报刊、网络、电视等媒体的作用，宣传学习活动的情况；坚持“分层次、有重点、重实效”的原则，通过组织集中学习与个人自学相结合，专题辅导与专家宣讲相结合等多种形式开展学习活动；统一了学习笔记本，并制定考勤制度，坚持每天晚上学习，要求大家认真记笔记，撰写心得体会，党员干部参学率100%。

【调研工作】 为发挥好办公室的参谋作用，县委召开重要会议或出台文件时，办公室都要围绕全县经济社会发展中的重大问题，组织文秘人员选准课题，深入到基层进行调查研究，广泛掌握第一手资料，形成有情况、有分析、有建议的调查报告，为县委科学决策提供参谋服务，确保县委决策的正确性、科学性。全年共开展调研活动90次，撰写调研报告50篇。

【文秘工作】 加强对邓小平理论、“三个代表”重要思想、科学发展观等理论学习，不断提升党员干部理论素养，提高用理论指导实践推动工作的能力。及时掌握党的路线方针政策，了解上级重大部署以及县委近段时期的中心工作和当前的重点工作，做到了吃透上情、熟悉下情、掌握内情、了解外情，紧贴县委工作思路。业务知识充电。坚持每周集中学习一次的学习制度，并根据各科室的工作实际，制订针对性较强的学习计划、方案、学习内容。通过学习，全面提高了秘书工作、信息采编、督促检查、机要管理、值班工作等各项业务能力，全办人员的业务水平、工作效率明显提高。全年县委共发文件158期，办公室共发文件86期，撰写汇报材料、领导讲话90余篇，总计80余万字。

【信息工作】 要求信息人员牢固树立“围绕中心搞调研，服务决策谋大事”的思想，创新思想，创新思路，强化“三抓”“智囊”“参谋”作用有所体现。坚持严格把关，确保文稿质量，为县委领导提供高质量服务。严格规范发文程序，全面提高发文质量。由信息专职人员起草的信息，做到了认真拟稿，精益求精；并由专人负责进行认真审核，一条龙管理，力求准确规范。确保县委各项工作及时、准确落实汇报。本着为各级领导实施决策和有效指导工作发挥作用，始终注重增强信息工作的针对性，把热点、难点问题作为首选题材，着力挖掘有一定深度的高层次信息，为各级党委了解曲水县重要工作动态、掌握社情民意，以及各乡镇、县直各部门之间交流工作、相互学习起到了积极作用。全年共上报市委办公厅信息996篇。

【机要保密工作】 保密工作注重防范，加大了对涉密网络的管理和检查力度，健全和落实了保密管理责任制，认真做好了重大活动的保密工作，确保了国家秘密的安全。机要工作紧跟计算机网络发展的新形势，积极发挥主观能动性，全力为全县党政网用户搞好服务，保证了党政网络的全程畅通，基本达到了保密、优质、高速、无事故的要求。加强机要密码工作，充分发挥密码通讯的主渠道作用，保证了中央、区、市重大决策和重要工作部署的迅速贯彻落实。全年共接收明机要文件82份、机要邮件276份，全部做到了及时、准确地登记、办理、回收、保存，确保了县委与上级党委机关的工作联系和通讯畅通。

【会议接待】 强化值班工作。确定专人按政法委要求排班值班，明确岗位目标责任，严格执行领导带班制度，确保了值班电话时刻畅通。做到了来电来信及时分流处置，值班记录规范归档保存。会议活动安排上确保周密、安全、高效。每次会议和活动，都提前制定预案，逐项落实，确保万无一失。全年共承办各类会议及活动百余次，其中，大型会议15余次，中小型会议和随机性会议100余次。严格接待标准，规范接待程序。

【综合协调】 搞好领导之间的协调。坚持原则性与灵活性相结合，及时向领导汇报情况，听取指示，统筹安排领导的活动，使各位领导之间的工作联结成一个有机整体。加强与人大办、政府办、政协办之间的协调。主动加强联系，及时就县级四大班子的重大决策部署和需要协调的问题进行沟通，取得理解与支持。搞好部门之间的协调。以化解矛盾、加强协作、凝聚人心、形成合力为目的，经常与部门交流情况，协调处理好各部门间的关系，推动全县形成了团结一致求发展、齐心协力抓落实的良好氛围。搞好上下级之间的协调。利用发文、电话、会议等各种形式，及时把县委各个阶段的重大决策和重要部署传达到基层，把基层的工作情况、意见建议反映给县委，并就有关事项根据领导的意见认真给予了答复。

（甄　宇）

【领导名录】

县委办主任　索朗次仁

县委办副主任、政研室主任

　代炳鑫

县委办副主任

　尼玛桑珠

农改办主任　张建雄

县委机要局局长

　王晓露

中共曲水县委组织部（编办）

【概况】 2016年，中共曲水县委组织部坚持以邓小平理论和“三个代表”思想为指导，紧紧围绕县委中心工作和市委组织部各项工作重点，全面贯彻落实中共十八大，十八届三中、四中、五中、六中全会精神和习近平总书记一系列重要讲话精神为指导，落实中央、区、市组织部长会议精神，以“创建基层服务型党组织”为总抓手，扎实开展“两学一做”学习教育。完成县乡领导班子换届工作和基层党建十项重点任务清查等重点工作，不断深化干部人事制度改革，加大人才工作和干部培训教育力度，着力在选干部、配班子、育人才、强基层、打基础上下功夫，为推动全县决胜全面小康迈出新步伐提供坚强的组织保证和人才支撑。

【专项教育活动】 始终坚持把“两学一做”学习教育作为基层党建工作的抓手，各级党组织精心组织、广大党员积极参与，“两学一做”学习教育工作扎实有效。参加理论中心组的专题学习，制订个人自学计划，严格落实“三会一课”制度，撰写讲党课教案，授课4次。利用新媒体，拓展学习深度，在党员中扎实推进“西藏先锋”“共产党员”微信公众号、“西藏党员教育”APP手机软件的普及运用，党员关注度达到70%，延伸了学习的深度广度。坚持把“学”与“做”有机结合起来，力争做到在学习教育中提高认识，在解决问题中深化学习教育，用工作实绩检验学习教育成果。截至年底，各级党委（党组）共开展集中学习研讨786场次964学时，交流发言人数达1252人次，撰写心得体会1179篇，个人自学达1546次2222学时，开展书记讲党课106场次，有效把“两学一做”教育引向深入。

【基层组织建设】 按照中央、区、市、县委围绕夯实党的执政基础，提高党的执政能力的目标，坚持突出中心、服务大局、强化核心，认真贯彻落实基层党建7项重点工作。对10个基层党委、1个党总支、73个党支部，3366名党员，扎实开展党员组织关系集中排查工作。对十八大以来违纪的党代表和违纪的党员进行排查，共排查出违纪违法党员11人，县级党代表3人，1人兼任县级党代表、县级人大代表和乡镇人大代表，其他党员干部7人，违纪违法党员干部全部进行了及时妥当的处理。清查全县84个基层党组织是否按期及时换届，换届的选举和相关材料是否完整；四是根据《中国共产党章程》和《党费收缴使用管理规定》，以支部为单位进行核查，对党费缴纳时间、缴纳方式、缴纳标准和工作机制进行规范。研究提出了理顺“两新”组织党建工作领导体制意见。认真实施抓党建促脱贫攻坚工作，积极发挥易地扶贫搬迁临时党支部作用，及时完成拉萨河畔三有村184户，才纳四季吉祥村312户建设搬迁入住工作，切实体现了各级党组织服务中心工作的责任意识。

整顿转化软弱涣散基层党组织。以“改—查—评—改”的整顿思路，制订《曲水县软弱涣散基层党组织整改实施方案》。并按照“一村一策”的要求，在2个村级软弱涣散组织中，分别研究制订整顿方案，并落实整改责任人和整改时限。同时，在整顿工作中，各整顿单位及时进行“回头看”和自查工作，组织部采取不定期地深入整顿单位进行督促指导，确保整改措施落实到位。2个村、4个机关单位顺利完成转化、晋位升级。

完善村级组织活动场所标准化建设。年内，共投入2696万元为16个村新建周转房，明年完成建设并投入使用，并争取1250万元援藏资金，新建三个村级组织活动场所；加大村级组织运行经费投入力度，为17个村下拨170万元基层政权建设资金，为各村第一书记共配备34万元办实事经费；建立健全村组干部待遇稳步增长机制，在区、市转移支付的基础上，先后3次增加财政投入，共计314.56万元，其中组干部平均每人每年4000元，村“两委”班子正职每人每年4万元，副职每人每年3.2万元，委员每人每年2.4万元。

坚持结合实际，不断充实基层组织力量。不断充实村级组织工作力量。通过干部下沉方式，充实村级组织工作力量。截至年底，全县选派下沉干部67名（占乡镇在职在岗干部职工的37.9%）。为解决下沉干部的后顾之忧，县委、县政府研究制定《曲水县下沉干部管理办法》，并划拨85余万元用于下沉干部的生活、交通补助和购买人身意外伤害险。积极引领村集体经济发展。年内，县财政设立500万元村集体经济发展专项扶持资金，加大对村集体经济发展的帮扶力度，以鼓励各基层党组织自主“造血”功能，全县17个行政村全部有集体经济收入和有集体经济积累，其中：100万元以上的村13个，与上年相比，17个村集体经济得到了发展壮大。

深入开展县级文明城市创建活动。全体党员干部严格按照《全国文明城市测评体系》加强自我要求，在创建活动中争当领头羊；积极开展创建党员先锋岗、文明示范岗等多种创建活动，成立党员志愿服务队10支，积极参加各类党员自愿服务活动16次，参与党员680人次，为群众办实事好事1568件；全体党员在生活中争当文明督导员，积极引导家人参与文明户创建活动，带头认真践行社会主义核心价值观，争当文明先锋，是文明城市创建工作的主力军；广大党员带头移风易俗、积极宣传文明新风、争做文明户争做文明人，用实际行动引导广大群众积极投身到创建工作当中，切实形成了全城动员、人人参与、共建共享的良好氛围。

【县乡领导班子换届】 把换届工作作为全县一项重点工作，高度重视、统筹谋划，扎实推进。召开专题会议，学习中央和区、市党委关于全区市县乡领导班子换届工作的政策文件，及时成立县乡换届工作领导小组。结合实际，分别研究制订了县、乡领导班子换届工作方案13个，细化工作任务、明确推进时间，挂图作战，不断提升换届工作质量。把换届风气监督贯穿始终，压实主体责任，层层传导压力，组织签订严肃换届纪律与风气监督承诺书390余份，组织观看《镜鉴》警示教育片1800余人次，先后以各种形式与46名干部谈心谈话，撰写心得体会7篇。统筹推进县乡换届，协调县委、人大、政府、政协换届相关工作，实现全县县乡领导班子换届依法按章、健康有序进行。优化配备领导班子，县级领导班子60%具有乡镇党政正职工作经历，同时，2名乡镇党委书记、2名从事民生工作部门负责人进入县级领导班子，1名“大学生村官”选任县委委员，较好地树立了干部从基层来，到基层去，在基层锻炼成长的用人导向，营造了人心思进、奋发有为的良好氛围。采取自下而上、自上而下，充分酝酿协商的方式，推选产生了225名党代表、92名人大代表和69名政协委员，对全县368名乡镇党代表和259名乡镇人大代表逐一登记、审查，广泛征求综治、信访、公安、国保、组织、纪检和选举单位的意见，严把代表委员入口关，为换届任务的顺利完成奠定良好的工作基础。

【党员队伍建设】 按照控制总量、优化结构、提高质量、发挥作用的要求，截至年底，全县共发展党员118人，其中发展农牧民党员85名，吸收入党积极分子308名，全县党员3484名，其中农牧民党员2451名，农牧民党员占农牧民总人数的7.5%，党员队伍进一步壮大。围绕基层党建七项重点任务，制定下发《基层党建工作指导手册》和《曲水县基层党组织工作手册》，建立流动党员定期联系制度，不断规范基层组织政治生活，把党员学习制度化、日常化、规范化，将党员纳入党组织有效管理，党员党性修养、主动意识进一步提高。结合拉萨市三个全覆盖工作部署，充分利用各级各类培训资源，大力加强党员教育培训，基本实现党员教育培训全覆盖，形成了一支数量充足、素质优良、战斗力强、结构逐步合理的党员队伍。

【领导班子建设】 2016年，县委紧密结合全县改革发展稳定以及县乡领导班子换届等中心工作任务，严格按照习近平总书记提出的“信念坚定、为民服务、勤政务实、敢于担当、清正廉洁”干部标准，选干部、建队伍、配班子，认真贯彻落实《党政领导干部选拔任用工作条例》及中央、区市委的有关规定，进一步树立正确导向、激发干事活力，全县干部队伍不断壮大，干部综合素质不断提升，班子结构进一步优化，为全县经济社会跨越式发展和长治久安奠定了组织基础、提供了人才保障。截至年底，县委常委会议共研究调配科级干部4批次，共计76人。其中，提任正科级干部14人，提任副科级干部32人，进一步使用13人，平直调整17人。共召开干部民主推荐大会2次，发放民主推荐表267份；乡镇领导班子换届中全额民主定向推荐干部6次，发放民主推荐表126份；召开民主测评会7次，发放民主测评表620份；针对拟提拔任用干部征求到纪检监察、政法等执法部门意见4次。

【人才队伍建设】 充分发挥对口援藏优势，坚持“走出去、请进来”并举。选派12批次98名干部到江苏学习考察，邀请江苏省泰州市卫生医疗、文化教育、农牧林业类专家15余人进藏指导工作。同时，坚持计划先行，科学合理制订《2017年曲水县民族交流交融交往项目》，计划交流、培训干部人才120余人。充分发挥好县委党校的教育主阵地作用，围绕推进精准扶贫，提高干部群众思想认识、理论知识水平等为重点，全年县委党校共开展针对性培训20余期，培训干部人才702人次。召开引进人才交流座谈会3次，听取意见建议，了解其思想状态，教方法、解疑惑，解决他们的后顾之忧，在全县范围内进一步营造了“尊重人才、关心人才、重视人才”的良好氛围。

【机构编制工作】 根据区、市政府机构改革总体要求，曲水县结合全县经济社会发展实际，积极组织实施各项改革工作，抓住这次政府机构改革的有利时机，科学设置工作机构，优化整合了组织结构，规范健全政府机构设置，努力使机构设置与曲水县经济社会发展需要相适应，努力实现“转变职能、理顺关系、优化结构、提高效能”的改革任务。严格按照区市审改办的要求部署，3月15日，组织召开“关于进一步推进曲水县政府工作部门权力和责任清单工作”动员部署会，就权力清单工作为曲水县22个部门50余人进行了业务培训。制定并下发《关于推行曲水县政府工作部门权力和责任清单制度的实施方案》（曲政办发〔2016〕66号），明确目标要求，压实责任主体。各单位都按方案“三上三下”要求及时间节点进行了自查，上报了有关材料。县审改办按照责任分工，分别提交县法制办、法院等相关部门进行分类审查。并广泛征求了县直各部门、乡镇政府、有关专家和社会公众意见。县法制办、县编办、县法院共同审核梳理出县政府部门行政权力1360项，涉及子项17个，行政许可类86项，行政处罚类1042项，行政检查类51项，行政强制类77项，行政确认类17项，行政奖励类9项，行政给付类8项，行政征收类4项，行政裁决类3项，其他类46项。已在县政府网站进行了公示。充分发挥机构编制实名制管理把关、协调、监督作用，以实名制系统为依托，按照“严控总量、盘活存量、优化结构、增减平衡”的要求，严格控制机构编制总量，盘活现有机构编制资源，严控机构编制增长，确保了“机构总数、编制总量、领导职数”三不突破目标。

【老干部工作】 把老干部工作作为全县党建工作的一项重要内容，纳入基层组织整体规划，与党建工作一起研究部署。根据新形势下退休干部越来越多、居住分散的实际情况，为便于服务管理，对全县退休人员及党员进行了重新组合，组建了两个老干部党支部，即曲水退休党支部和驻拉萨退休党支部。同时加强对未纳入两个支部的退休人员的服务管理工作。加大经费保障。在财政年度预算中新增拉萨、曲水两个退休支部的活动经费。做到每年坚持组织一定数量的退休干部、“三老人员”到县域外参观考察，所需经费列入财政预算。坚持重大节日慰问机制，在“三大节日”前，及时组织慰问“三老”人员和退休干部。年内，对全县238名退休老干部、324名“三老人员”、35名生活困难党员进行了入户慰问，慰问资金达83.4万元。年内，继续深入开展好老干部思想教育工作。注重加强退休老干部的政治理论学习，在“共产党员民族团结先锋活动”“同心共筑中国梦”“两学一做”教育活动等中，做到了学习教育活动有组织、有计划、有资料、有展示。同时，积极开展各种有益活动，丰富文化生活，实现老有所乐。如“新旧西藏对比”“十八届六中全会精神”老干部宣讲团，老干部艺术团每逢各类节日下乡义务演出，校外德育辅导员等等，极大地展现了老干部精神风貌，发挥余热。年内，组织45名退休老干部到西藏博物馆、驻藏大臣衙门纪念馆等地进行参观学习。12名退休老干部参加拉萨市退休老干部文娱比赛。顺利完成提前退休和离岗休养人员摸底统计工作。按照自治区31号和64号文件精神，组织部加强组织落实，专人专项负责，反复研究审查，顺利完成摸底统计工作并上报拉萨市委。

【组织部门自身建设】 建立健全基层党建工作责

任体系，牵头制订年度党建工作规划和实施计划进一步完善党建目标责任制考核，建立与有关部门的协调联动机制，形成了齐抓共管党建工作的合力。结合“学党章、正党风、守党纪”树组工干部新形象活动，通过学习培训、实践锻炼、参与中心工作、项目化管理等方式培养锻炼组工干部，提升组工干部能力水平。全年，撰写各类调研报告21篇，组织上报《信息专报》65期，其中市级刊物及以上采用的有8篇。

（何 江）

【领导名录】

部 长 普布顿珠

副部长、编办主任

王庆宏

副部长、人社局局长

昌 珍

老干局局长

平 德

中共曲水县委宣传部

【概况】 2016年，曲水县委宣传部紧密围绕“两个巩固”的根本任务，锐意进取、改革创新，牢牢把握意识形态领域的领导权、话语权，努力开创曲水宣传思想工作新局面，为推进曲水跨越式发展和长治久安提供强有力的思想保障、舆论支持、精神动力和文化条件。

【强化理论武装】 深入推进理论武装工作，紧密围绕“两学一做”学习教育，以学习党章党规和习近平总书记系列重要讲话为重点，引导广大党员干部做合格共产党员，坚定道路自信、理论自信、制度自信、文化自信。加强理论中心组建设，按照“三定一请”（即定时间、定学习内容、定发言人，邀请区市专家、教授来辅导讲座），截至年底，共组织中心组集体学习37次、观影和视频资料10场次、各类专题研讨9场次，中心组成员撰写心得体会90余篇、民情日记140余篇、形成调研报告40多份、人均学习笔记2万字以上、交流发言2次以上，有力地推动中心组学习制度化、科学化、规范化建设不断深入。

制定《曲水县干部职工理论学习安排意见》，创新学习方式、学习内容、学习载体，加强基层党员干部理论学习指导，坚持不懈抓好用中国特色社会主义理论体系武装党员干部，提升党员干部服务引领群众能力。充分发挥县、乡（单位）、村三级宣讲队伍作用，深入基层、深入田间地头，向广大农牧民群众宣讲党的十八届五中全会、中央第六次西藏工作座谈会、习近平总书记系列重要讲话精神、道德模范先进事迹、党的惠民政策、精准扶贫政策、农村改革试验区政策等，2016年共组织各类宣讲500余场次，入户宣讲3000余次，发放宣传材料3万余份，受教育群众达6.4万余人次，确保党的声音传入千家万户、深入人心。

【开展全国文明县城创建】 按照曲水县委、县政府的工作安排，积极做好全国县级文城市创建工作，认真抓好各类精神文明创建工作，确保各类资料完整无缺，保质保量，全部按时申报。认真抓好迎接各级文明办测评工作，召开曲水县创城工作2016年总结表彰大会暨创城工作再部署、再动员大会，加强创城宣传，全民动员、全民参与，确保创城工作落到实处。

认真组织开展公民道德宣传日活动，结合党的群众路线教育实践活动组织开展了“学习习近平同志讲话精神、提升道德素养”学习讨论会等活动，教育引导干部群众树立文明守法、爱岗敬业、诚实守信的理念，身体力行做道德的传播者和践行者。

开展文明村镇、文明单位（行业）、文明户评选复查工作。深入开展县城、318国道沿线、拉萨河流域环境整治以及城乡环境卫生整治行动、县城交通整治、文明集市、文明商户创建、首届“文明曲水”“四抓四带四促”和“六个一”创建等系列活动，对全县各级文明单位（行业）、文明乡镇村等年度复查测评，努力提升公民文明素质和社会文明程度，着力巩固好、保持好全区文明县城荣誉和文明创建成果。

着力推进诚信建设制度化建设。制订《曲水县诚信建设工作方案》和曲水县《关于深入贯彻〈中央文明委关于推进诚信建设制度化的意见〉的实施方案》，大力推进诚信建设制度化，着力营造讲诚信 、守信用的舆论环境、经济环境、社会环境。

以“三关爱”为主题，认真组织社会各界志愿者通过义务劳动和慰问关爱孤寡老人、贫困母亲、留守儿童等丰富多彩的活动形式，开展学雷锋志愿服务活动，在全社会营造了良好的学雷锋新风尚。为开展创建全国县级文明城市工作，县文明办和团县委联合成立曲水县志愿者服务总队，2016年共组织志愿者2000余人次开展各类志愿服务活动100余场次。

深入开展学习宣传道德模范、“身边好人”进基层巡讲暨曲水县民族团结宣传教育活动，开展第五届西藏自治区道德模范的评选推荐工作，向上级推荐了2名候选人。加强道德讲堂建设，在全县范围共举办了20余场次，开展了群众路线进道德讲堂活动。抓好善行义举好人榜建设，全县共建榜33个、上榜好人300余人次、传播1.5万余人次；积极开展我的节日——春节、藏历新年、端午、中秋、重阳等系列活动，扎实开展“文明交通、文明旅游、文明餐桌、网络文明传播”活动。积极传播道德正能量，倡导知荣辱、讲正气的社会风气，在党员干部群众中形成学习道德模范、关爱道德模范、崇尚道德模范、争当道德模范的浓厚氛围；广泛开展“讲文明、树新风”公益广告宣传。通过悬挂横幅、张贴公益广告、LED滚动播出等方式，利用手机彩信宣传平台，在全县深入开展“讲文明、树新风”宣传活动，着力培育勤俭节约、遵德守礼和孝老敬老的良好社会风尚；强化未成年人思想道德建设工作。发挥县未成年人思想道德建设工作领导小组办公室作用，认真抓好法制校长、法制辅导员和校外德育辅导员“三支队伍”建设，深入开展“童心向党”“学习雷锋争做美德少年”“网上祭英烈”“向国旗敬礼网上签名活动”“我所认识的新旧西藏”等主题活动，组织师生观看爱国主义影视片，加强校园周边环境整治，积极开展国防教育，组织学校师生到爱国主义教育基地参观，筑牢全县青少年抵御渗透的思想防线，致力于培养合格的社会主义接班人。

【主流宣传工作】 认真落实新闻安全责任制，认真抓好《曲水县涉稳突发事件新闻报道和舆论引导工作预案》《曲水县新闻媒体采访宣传管理工作与新闻稿件审查把关规定》落实，进一步健全完善了《曲水县维护社会稳定指挥体系宣传教育组工作方案》和《曲水县新闻线索汇集机制和新闻联络员制度》，牢牢掌握舆论话语权和主导权，确保新闻安全。加强新闻宣传，在办好《拉萨晚报》“多彩曲水”宣传专版同时，加强与《西藏日报》、西藏电视台、拉萨电视台等主流媒体的沟通联系，扎实做好曲水县各个方面的宣传报道工作，全年共在主流媒体上刊播新闻680余条篇，提高了曲水知名度，展现了曲水新形象，扩大了幸福平安和谐曲水的影响力。

【弘扬社会主义核心价值观】 继续深入宣传普及社会主义核心价值观“二十四字”基本内容，为各乡镇定做了“二十四字”社会主义核心价值观基本内容宣传展板，在县政府大院和县城主要街道、“318”国道沿线设立了以“二十四字”社会主义核心价值观为基本内容的公益广告牌，切实把“富强、民主、文明、和谐、自由、平等、公正、法治、爱国、敬业、诚信、友善”二十四字社会主义核心价值观基本内容宣传普及好，内化为广大人民群众的自觉行动。深入开展中国特色社会主义宣传教育、“中国梦”宣传教育、新旧西藏对比教育、形势政策教育、民族团结教育以及“八看、一算账、一揭批、四增强”感党恩主题教育活动等，加强爱国主义教育，全年全县共组织开展各类主题教育活动480余场次、参与干部群众4.6万人次，筑牢反分裂堤坝，增强全县各族人民对中华民族、中华文化认同，致力于把思想认识和行动统一到党中央和区市党委、县委的重大决策部署上来，把力量凝聚到努力推进曲水经济社会跨越式发展上来，形成“人人知恩感恩、个个报恩施恩、处处体现和谐”的良好氛围。

【维护网络舆论阵地和文化市场】 开展反渗透斗争，大力实施“西新工程”“珠峰工程”，加强县电视台安全播出工作，依法加强卫星电视广播地面接收设施管理和“扫黄打非”力度，有效抵御达赖集团和西方敌对势力的渗透，确保意识形态领域安全。加强文化执法，积极配合拉萨市完善《拉萨市文化市场经营单位基本情况数据库》建设，完成文化执法权责清单，推动文化执法科学化、规范化建设。组织开展了清查政治性反宣品集中行动，做到措施跟进到位、隐患整治到位，加强日常综合执法检查，县文化市场综合执法大队全年出动执法人员200余人次，检查网吧150家次、歌舞娱乐场所220家次、音像制品销售店110家次、手机铃声下载点30家次、打字复印店40家次，营造健康有序的文化环境。

加强曲水县政府网站规范化建设，按照每日5篇的要求收集、整理、上报曲水县经济、文化、民生等方面新闻信息，维护网站运行。及时做好突发事件处置工作，组建了网络舆情监测队伍、网络评论员队伍，创立了两个工作群，针对县域发展难点多、社会关注焦点多、外部媒体跟踪多的实际，坚持密切关注、谨慎对待、积极有为的工作态度，着力强化舆论引导和正面宣传，快速处置新闻突发事件，积极消化负面影响。认真做好日常网络舆情信息监控、收集和整理工作，按照区市网信办工作要求，认真组织开展网络舆情监控工作，按时上报舆情信息，先后上报天涯论坛、百度贴吧、猫扑等网站上涉及拉萨市、曲水县的不良信息300余条，按照上级要求统一开展舆论引导，减少负面影响，做到讲导向不含糊、抓导向不放松，维护曲水良好形象。认真办好“曲水在线”微信公众号，定期发布曲水县改革开放、经济建设、社会发展、民生实事等各方面的信息，展现曲水县委、县政府团结带领全县各族人民，紧密团结在以习近平总书记为核心的党中央周围，建设美丽家园幸福曲水的生动画面。曲水县将借助“曲水在线”微信公众平台，团结、组织、发动区内外网友，策划吸引参与度高、互动性强的宣传活动，展示曲水县经济社会发展面的变化和成果。同时，通过该平台实现信息的及时发布和政民间全面沟通交流，切实服务群众。目前，曲水在线微信公众号受到区市领导的高度评价，订阅人数达到6600余人，人员涉及区内、区外各省份，部分文章阅读量达到2万人次以上，有效利用网络新媒体传播正能量。

【提升对外宣传引导水平】 认真抓好俊巴渔村、江村、卓玛拉康、茶巴拉村等外宣点的建设和宣传力度深化采访线工程，加强西藏农耕藏药材博物馆外宣平台建设，增强对外宣传的主动性、针对性和时效性。积极协助配合区市外宣部门做好外宣接待工作，开展对外宣传和文化交流，扩大正面宣传的覆盖面、影响力。

2016年，曲水县已经连续3次登上《新闻联播》。4月3日，《新闻联播》播出报道《西藏：绿色经济拓宽群众小康路》，其中一个事例就是曲水县的净土健康产业。6月5日，《新闻联播》播出报道《〔脱贫攻坚在行动〕精准施策 构筑西藏扶贫攻坚体系 》，其中一个事例就是曲水县的精准扶贫工作。7月7日，《新闻联播》播出报道《西藏：精准施策 打好脱贫攻坚战》，曲水县易地脱贫搬迁工程、净土健康产业园区作为成功案例被凸出展示，获得热烈反响。

【发展文化事业产业】 加强文化工作，完善县文化活动中心功能，免费向干部群众开放。完善六个乡镇文化活动中心建设，全县共建成11个乡级资源共享点、18个农家书屋、10处寺庙书屋、17个村级文化室、73个组文化室，满足群众多层次、多样化的文化需求。加强基层文化队伍建设，县雅松民间艺术团年度演出达20余场。俊巴牛皮船舞队、协荣牦牛舞队等基层业余文艺队伍作用发挥良好，定期开展演出活动，丰富了群众业余文化生活。“幸福拉萨”规范舞普及活动和爱国歌曲大家唱活动有序推进，不断满足人民群众日益增长的精神文化需求。“五下乡”活动蓬勃开展，全县全年共开展各类“五下乡”活动450余场次，受益群众17万人次。全县73处文物点保护良好，9个非物质文化遗产也得到良好的保护和有效传承。广电工作有序推进，保证广大群众及时看到45套电视节目，听到4套广播节目，全县广播电视人口覆盖率始终保持在99%以上。认真实施“电影2131”三大工程，推动爱国主义影片进寺庙、进部队、进学校、进农牧区，共放映电影1000余场次，观众3万余人次。

【人才队伍建设】 按照讲政治、提能力、增力量、抓作风的要求，以“两学一做”学习教育为契机，切实加强全县宣传文化系统干部队伍建设，积极参加上级举办的各类培训班，同时积极联系上级部门，邀请讲师为曲水县乡镇宣传委员、宣传干事和乡镇、单位的新闻通讯员及网络评论员授课，不断提高宣传系统学习宣传理论政策能力、开展群众思想教育工作的能力，致力于建设一支高素质的宣传思想工作队伍。

（葛建荣）

【领导名录】

县委常委、宣传部长

达娃次仁

县委宣传部副部长

王 军 旗（正科级）

王 秋 风

县文化综合执法大队队长

葛 建 荣

中共曲水县委统战部

【年度综述】 2016年，在县委、县政府的坚强领导下，在上级统战部的直接指导下，县委统战部认真贯彻落实中共十八大、十八届三中、四中、五中、六中全会和自治区八届九次会议、自治区第九次党代会、拉萨市第九次党代会精神，以及习近平总书记“治国必治边、治边先稳藏”的战略思想，广泛团结社会各界爱国进步人士，深入开展反分裂斗争，大力推进民族团结进步事业，服务曲水县经济社会发展，努力创建团结美丽健康幸福新曲水县。2016年顺利完成了各项工作任务，取得了显著成绩。

【加强机关自身建设，努力提升工作水平】 开展“两学一做”专题教育活动的主要任务是“两学一做”学习教育活动开展以来，根据《中共曲水县委员会办公室关于印发〈曲水县委常委会2016年“两学一做”学习教育方案〉的通知》（曲委办发〔2016〕26号）要求，曲水县委统战部、民宗局高度重视，精心组织，深入学习贯彻习总书记系列重要讲话精神，推动全面从严治党向基层延伸，进一步解决党员队伍在思想、组织、作风、纪律等方面存在的问题，扎实开展了我单位“学党章党规、学系列讲话，做合格党员”的“两学一做”学习教育，现按照《关于建立”两学一做“学习教育月报制度的通知》，结合单位实际，印发了《曲水县统战部民宗局宗教办工商联党支部2016年“两学一做”学习教育方案》，对搞好学习教育作出了明确要求，同时严格落实好党支部主体责任和支部书记第一责任人的责任，积极行动、提前谋划、及早着手，层层传导压力，加强力量保障，制订《2016年曲水县统战民宗党支部“两学一做”学习计划表》。广泛深入地做好党员思想发动，及时向全体党员传达“两学一做”学习教育的各项要求，充分运用宣传栏进行宣传，大力营造了良好舆论氛围，激发了单位党员投入学习教育的积极性和能动性，为开展学习教育筑牢思想基础。

一是加强干部队伍建设。加大干部教育培训力度，研究干部轮岗交流机制；改进驻寺干部干部考核工作，积极探索平时考核与年终考核相结合的新办法，形成宗教领域良好氛围工作氛围。

二是加强对寺管会特派员督促指导。建立管委会沟通交流协作工作机制，及时总结推广好的工作经验和做法，全面提高工作效率。

三是做好对口帮扶贫困点的结对帮扶工作。结合县委“精准扶贫”战略精神和“5321”帮扶机制要求，统战民宗联合支部成员自愿捐款7300元慰问才纳乡帮扶对象，同时安排专人深入到基层，调查了解当地群众生产生活中的困难，为当地人民群众做好扶贫帮困送温暖工作。

【加强思想政治建设，筑牢爱国统一战线】 2016年，共计开展多种形式的党外人士专题活动达7次，学习宣传活动达4次，参加人数达1100余人次。结合春节、藏历新年等传统节庆日走访无党派的贫困户、爱国守法先进僧尼、外来务工人员等慰问活动，共计送去价值3200元慰问品，结合精准扶贫工作，制定党员干部联系寺庙制度，确保每位统战民宗党员干部联系的一座寺庙，驻寺干部深化“六个一”与僧尼交朋友，为广大僧尼办实事，解僧尼“最现实、最迫切、最直接”的难事，2016年，为僧尼累计办实事13100余件。开展多种形式的党外人士专题活动达7次，学习宣传活动达4次，参加人数达1100余人次。对回国藏胞严格审查，认真做好核实审批工作，热情服务，教育引导，扎实做好藏胞工作，争取最大限度地发展壮大境外爱国力量，分化瓦解达赖集团在境外的社会基础。

【全力以赴支持县乡两级人大政协换届工作】 按照县委县政府关于县乡两级人大政协换届工作指示精神，高度重视，精心组织，在充分协商、认真酝酿的基础上，广泛征求相关部门意见，注重公平，统筹兼顾，严格按照规定程序进行，重点突出“九严禁”和“不得提名十种情形”的落实，坚定不移圆满完成县乡两级人大政协换届工作。为市县乡三级人大代表和政协委员推选党外人士86名，其中推选政协拉萨市委员共4名党外人士，县级人大代表共5名党外人士（2名当选为县人大常委会常委），政协县级委员共45名，乡级人大代表共32名。

【加强非公党组织建设】 2016年，全县有私营企业60多家，其中私营非公有制注册企业29个（建成投产），成立党支部非公企业3个（西藏远征纸业有限公司党支部隶属于拉萨市工商联）。一是以“两学一做”为锲机，紧紧围绕“准备好、部署好、学习好、推动好”四项工作目标，积极深入非公企业指导开展学习，2016年，非公企业共集中讨论6次，撰写心得体会20篇。二是充分发挥非公企业吸纳扶贫人口就业的重要作用，推进曲水县精准扶贫工作。曲水县共有4家非公企业参与扶贫帮困当中（分别为县帮锦梅朵工贸有限公司、县净鑫公司、县恒源酒业、吉圣建材厂），主要以以业脱贫和以补脱贫相结合为主，重点扶贫对象为8人，共脱贫400余人。三是调整充实非公经济领导小组，规范各项程序。做好党员摸底调查，指导非公企业党支部做好换届工作指导2个会员企业党支部已全部完成党支部换届工作。四是体现“以人为本”的工作目标，发展好新会员；在区、市工商联及有关部门的帮助下，联合净土公司开展调研了工作，现已有茅台拉萨玛珈酒系列、雪菊等6种产品以在江苏南京上市。五是在援藏领导的协调下，为了加强江苏省泰州市海陵区的经济联系，促进两地经贸、商务往来，建立友好合作平台，充分发挥两地经济优势和特色，双方在“真诚合作、平等协商、互惠互利、共同发展”的前提下于6月签订友好协议，缔结友好。

（格茸江初）

【领导名录】

曲水县委常委、统战部长

巴　珠

曲水县委统战部副部长

格茸江初

中共曲水县委政法委员会（综治办）

【概况】 曲水县委政法委下设政法委办公室、社会治安综合治理办公室、维护社会稳定办公室、出租房屋和流动人口服务管理办公室、铁路护路联防办公室五个职能部门，编制11人，在编9人，工人1人，党员9人，正科级领导1人。

【维护社会稳定】 曲水县始终把维稳工作作为重点工作任务来抓，按照常态和非常态分别启动常态维稳工作机制和维稳应急处突工作机制开展工作。成立了由县委书记任总指挥，县委副书记、县长任常务副总指挥，分管全县维稳工作的县委副书记任执行指挥，各县级领导为成员的曲水县维稳应急处突指挥体系，下设社会面管控组、情报信息搜集组、应急处突组、宗教领域管控组、教育领域管控组、矛盾纠纷排查调处组、宣传教育组、后勤服务保障组、法律服务组、安全生产监管组、督导组、民兵机动分队、机关干部应急队、铁路护路管控组等14个专项工作组。县委常委会为决策机构，针对突发或重大事项进行风险评估、安排部署等。

【平安建设】 严格按照区、市关于平安建设工作的总体要求，结合县域实际，广泛开展大规模的集中宣传活动，针对性的深入乡（镇）、村、组和群众家中进行面对面宣传，提高平安建设工作在广大人民群众中的知晓率，努力营造“深化平安建设、构建和谐社会”的良好舆论氛围和社会环境，增强全民共同参与平安建设、共同促进社会和谐稳定的责任感和主动性，人民群众对平安建设的知晓率显著提高，广大人民群众的守法和维权意识明显增强。

【治安科技管理】 为保护人民群众生命财产安全，维护社会局势持续和谐稳定，年内，曲水县不断加大科技信息化投入力度，提高社会治安科学化水平，建立了县城监控、乡（镇）和318国道监控、村委会和寺庙监控全方位一体化的三期“天网工程”建设项目，第一期为县城、第二期为乡（镇）、村，第三期为寺庙、国道、铁路。截至年底，县新维稳一线指挥中心建设工程已完工。投入专项资金392万元，为乡镇、寺庙（卓玛拉康、贡布拉康）、农业科技园区建立了高清监控管理系统，该项目已全部完工投入使用。

【夯实巩固基层基础力量】 曲水县以6个派出所为支撑，以机关各部门为基点，将现有警力最大限度合理整合，不断巩固打防管控工作基础，实现“小机关、大基层”，不断提升公安整体工作效能，夯实基层工作根基。截至年底，4个便民警务站整合到镇派出所，10个公安局机关部门的45名警力下沉到6个乡（镇）派出所，缓减了基层警力不足的局面，有效协助各乡（镇）开展各项工作。乡（镇）派出所会同村委会、村民小组组长及联户代表对人员基础信息、房屋信息、家庭基本情况一一进行核对录入，实现了基层派出所与综治网络数据信息统一。

【社会面实时防控】 以县城、乡（镇）为核心，以重点要害部位为重点，坚持军警民联勤联动，依托派出所、便民警务站、网格化、“双联户”等现有工作架构，制订敏感节点巡逻防范方案，科学划分县城巡区，合理调整部署公安、武警和民兵等群防群治力量，加强对加油站、加气站、学校等重点部位、重点区域的安全防范巡逻。依托严打整治专项行动，对辖区内流动人员聚集区、出租房屋、施工地等重点部位进行地毯式清查，确保底数清、情况明。截至年底，共出动警力4516余人次，车辆1158台次。检查出租房屋4.7689万家次，企事业单位1351家次，重点场所772家次，网吧386家次，招待所1351家次，茶馆1.0229万家次，商铺12545家次，娱乐场所386家次，涉爆单位386家次。

【严厉打击各类犯罪活动】 始终保持对各类犯罪活动的高压态势，县政法各部门依法履行职责，严厉打击违法犯罪活动，全力维护人民群众合法权益、维护社会治安和谐稳定。2016年，县公安局共立刑事案件12起（其中盗窃案8起，电信诈骗案4起），破案14起（现案7起，隐案7起，破获盗窃案13起，电信诈骗案1起）。受理各类治安案件6起，查处6起，查处率100%。处理违法人员9

人，其中罚款处理9人，行政拘留7人。县检察院共受理审查起诉案件2件6人，依法提起公诉2件6人。县法院共受理各类案件180件，结案172件，结案率95.56%。其中，受理刑事案件3件，结案2件，判处罪犯2人；受理民商事案件149件，结案145件，结案率97.32%，共调解撤诉87件，调撤率60%；受理各类执行案件28件，执结25件，执结率为89.29%，执行受案总标的1176.05万元，发放执行救助金7.5万元。利用“车载流动法庭”开展巡回办案83件172次。

【加强重点人群严管严控】 按照“属地管理”原则，对辖区内14名重点人员逐一落实“八个一”管控措施，建立一对一档案，针对性地开展教育转化工作，严密关注重点人员动态，一日一见、一日一谈，掌握情况。强化刑释解教和社区服刑人员帮教管理，积极引导和扶持刑释解教人员就业，动员社会各方力量共同参与安置帮教工作。曲水县在册社区服刑人员6名，在册刑释解教人员42人。对全县疑似精神病患者进行全面摸排梳理，按照属地管理原则，明确稳控责任、落实教育稳控措施，做到应管尽管、应控尽控。经排查，曲水县10名疑似精神病患者人员均全面落实管控责任。

【发挥信息主导预警防范机制】 2016年，依托公安“大情报”平台，运用各种渠道、手段、资源，加强情报信息搜集、研判、掌握、跟进、核查力度，密切关注各类动向，确保预知预警预防。充分发挥群众信息员、驻村驻寺干部、“双联户”代表、基层党团组织的作用，延伸工作触角、拓展信息渠道，及时发现苗头动向、掌控社情动态。2016年，曲水县共搜集情报信息899条，上报拉萨市情报研判中心321条，上报县委、政府30条，被采纳270条。

【创新寺庙服务管理】 深入贯彻落实区市党委、政府和维稳指挥部关于做好宗教领域工作的部署要求，认真落实“一岗双责”和主要领导负责制，根据阶段维稳任务和目标，定期组织召开宗教领域联席会议，及时研究解决影响寺庙稳定的新情况、新问题。牢牢把握“两条底线”和“三不增加”的工作原则，严格履行审批手续，严格审查活动内容，严控活动规模，严防出现违禁经文，确保各宗教活动期间安全稳定。充分利用“爱国守法僧尼卡”强化平时僧尼的服务管理工作，随时了解掌握僧尼的活动轨迹。按照属地管理原则，由乡（镇）政府、派出所、村委会、村民小组、联户代表、家庭共同做好辖区内社会流动从事宗教活动人员及安置帮扶从事宗教活动人员的管理、教育以及帮扶转化工作，并不定期前往涉宗人员家庭进行走访调查。继续深化“9+5”工程、“六个一”“三保一低”（医疗保险、养老保险、人身意外保险、城镇居民最低保障）全覆盖活动等惠寺利僧政策，顺利完成每季度发放僧尼城市居民最低保障金，结合深交朋友、走访僧尼等一系列亲民活动，慰问爱国守法先进僧尼、孤寡老人等，使僧尼感受到党的温暖和关怀。按照《曲水县外来朝佛人员管控机制》，做好朝佛人员的引导、服务、管理工作，落实好外来人员车辆排查登记制度，加强寺庙重点部位巡逻，每日开展僧舍巡查，确保寺庙和谐稳定。

【综治信息化和“双联户”工作】 曲水县党政主要领导高度重视“先进双联户”创建工作，持续加大“先进双联户”创建工作投入力度，稳步有效推进工作开展。年内，县委、县政府为17个行政村投入“双联户”办公经费17万元，综治工作经费17万元，经费已发放至各行政村。根据县域情况，坚持公平、公开、公正的原则，将星级“双联户”创建评选与微信平台信息报送进行有效结合，制订《曲水县“微·星·X”“先进双联户”创建评选机制实施方案》，对每个联户单位进行月考核、季度汇总、年度考评。同时，为乡（镇）建立LED显示平台，季度实时滚动播放联户代表授星及履职尽责情况，确保“先进双联户”创建评选活动公平、公正、透明化。共评选出县级“先进双联户”126户、先进乡（镇）

2个、先进村委会2个、先进合作社3个、优秀气象信息员3名，评选推荐市级“先进双联户”66户、先进乡（镇）1个、先进村委会1个、优秀气象信息员1名，区级“先进双联户”40户、先进乡（镇）1个、先进村委会1个。曲水县组织人员对17个行政村的村级综治信息网应用和线路故障进行排查，督促各村落实“每日一报”制度，推动综治信息系统应用常态化。同时，将达嘎精准扶贫安置点23个联户单位基本信息录入综治信息系统中，目前信息采集录入工作已全部完成。按照区市网格化服务管理和“双联户”社会治理模式，曲水县将达嘎搬迁安置区划分为1个网格，东区、西区两个小组，以5—10户和每个联户单位8户的划分标准，将184户划分为23个联户单位，推荐产生联户代表23名，努力营造共享和谐稳定、共同增收致富互帮互助、互相支持的联户氛围。联户群众信息采集造册、“幸福家园”微信平台建立、网格化管理和“双联户” 制度职责等工作已经全部完成。根据齐扎拉书记关于易地扶贫搬迁工作“五跟五走”“六好”的指示精神，曲水县达嘎扶贫搬迁点采取产业与搬迁相结合，产业与联户相结合的模式，以劳务输入脱贫增收的方式，以贫困群众入股分红的形式，建立了奶牛养殖合作社、藏鸡养殖合作社易地扶贫产业项目，吸纳了52%有劳动能力的贫困群众，人均分红3600余元，实现贫困搬迁户稳定增收、脱贫致富。

【强化实有人口服务管理】 严格落实“以房管人、以证管人、以业管人”措施，加强流动人口和出租房屋清理检查工作，不断提升服务管理水平。年内，全县共有流动人口3603人。以“不漏一户、不漏一人”的工作要求，加大二代身份证采集力度，使二代身份证采集覆盖率达100%。对全县范围内所有户数逐一进行梳理，依照户籍相关管理政策，严格户籍年龄、籍贯、姓名更改等问题，严格审核迁入、迁出、新生儿上户、招商引资上户及死亡、参军注销等户籍管理工作，实行制度化、政策化审批机制。

【开展交通严管整治行动】 强化措施、预防管理，持续深入开展道路交通安全大整治，切实消除交通安全隐患。2016年，曲水县辖区内发生各类交通事故172起，其中死亡事故3起（死亡3人），一般程序事故9起，简易程序事故160起，直接经济损失共计23.06万元。县交警大队共上路检查363余次，出动警力2400余人次，检查站发放限速单135万余张，查处各类交通违法行为1042起。按照“逢车必查、逢物必查、逢人必查、逢疑必查、逢液必查”的工作原则，聂当“护城河”检查站严查进入市区的人员、车辆和物品，形成立体化查控格局，切实从源头上消除“潜入型”“输入型”维稳隐患。截至年底，共检查车辆69.5238万辆，人员109.5863万人，物品23.2956万件。共收缴柴油152公升，汽油16公升，管制刀具26把。办理一卡通63张。加强农用拖拉机的管理，规范摩托车行车秩序，整治城区乱停乱放现象，为人民群众创造和谐、文明、有序的交通环境。同时从事故源头抓起，在辖区重点路段安装固定探头式测速仪，加大超速查处力度，减少事故的发生。

【坚决杜绝各类隐患发生】 依托严打整治行动，围绕“危爆物品安全大检查、大整治”“安全生产大检查”等专项行动，突出问题、整治重点、消除隐患。加强对枪支弹药、易燃易爆、管制刀具、有毒有害等物品的清查清缴，严厉打击非法私藏、生产、运输、销售民爆器材等违法犯罪活动。派驻20名安全监管员监管督促“三证审核”“一人一枪”、油品管理等工作措施的严格落实。三月敏感期、春季非煤矿山企业复产建设、汛期安全检查等敏感时段，以联合执法、部门督查等方式，共开展安全检查138次，检查企业459家次，检查隐患50项，已完成整改43项，整改率86%，累计下发各类执法文书19份。持续深入开展消防安全大整治行动，对辖区内寺庙、学校等人员密集场所、易燃易爆场所等重点部位进行消防安全大检查大整治，严防各类消防安全隐患发生。年内，共开展消防安全隐患检查775家次，发现隐患1102处，督促整改1107处，下发责令整改通知书462份，下发行政处罚决定书2份，下发临时查封决定1份，责令“三停”单位2家。开展寄递物流专项整治行动。按照市综治委的部署要求，坚持依法治理、综合治理、源头治理，联合县公安局、县邮政、县交通局、县消防大队，在全县开展寄递物流专项整治行动，促进寄递物流业健康有序发展，维护社会治安秩序稳定，保障人民群众的合法权益。

【强化校园安全防范】 完善《曲水县教育领域维稳防控工作方案》《校长、园长维稳首责制》，充实曲水县教育领域维稳防控工作领导小组、护校队、护园队。健全派出所、便民警务站联系学校制度、安保巡逻制度，健全完善校车安全管理制度、学校放假警车压速接送制度，切实维护校园内外部绝对安全。按照“属地管理”原则，学校大门实行上锁制度，乡（镇）、村委会、派出所对幼儿园、学校实行联合管理，上学期间除学生、教职员工及督导检查组外，一律不得进入。从法院聘请9名干警兼任各中小学校的法制副校长，每月联合县委宣传部、团县委开展“法律进校园”活动。

【矛盾纠纷源头预防】 曲水县把信访案件“零搁置”作为首要工作目标，在构建司法调解、行政调解、人民调解“三位一体”大调解体系的同时，探索建立村级矛排调解机制，高效利用驻村工作队长期坚守熟悉情况、惠民富民感情深厚的特殊优势，充分发挥党员、网格员、双联户代表等基层基础作用，开展宣传引导工作，推进源头治理、实现抓早抓小目标。同时，加大矛盾纠纷特别是群访闹访隐患的排查力度，坚持“一案一策”，分级分层落实调处责任和稳控措施，对于群众的合理诉求解决到位，不合理诉求教育到位，对于确实存在困难的帮扶到位，全力消积化解。加强对重大工程项目的社会稳定风险评估，实施风险跟踪管理，杜绝各类矛盾隐患。截至年底，全县共发生各类矛盾纠纷63起，调解63起，调解成功率达100%。共开展重大事项风险评估94件，较去年同期增长42.4%，准予实施94件，复核评估复函94份。

【铁路护路联防】 为确保拉日铁路安全顺畅运行，曲水县投入560.8万元专项资金，用于队员补贴、护路联防宣传、刀刺网购买安装、配备新建营区相关设备、队员装具更换等。拉日铁路通车后，护路队员日夜坚守岗位，24小时值守巡逻，确保护路联防不留死角和盲区。截至年底，铁路护路联防共出动车8650车次，人员6.25万人次，巡线里程达40.03万余公里，排查可疑人员204人，排查可疑车辆478辆，排查铁路安全隐患48处、处理解决48处。加强铁路护路联防法制宣传，充分调动广大群众参与护路工作的主动性和积极性，2016年共开展爱路护路宣传教育活动38次，发放宣传资料1.1万余册。成立专项督导组，不定期对各大队、中队值班、巡逻、人员在位、执勤巡线情况进行督导检查，对检查中发现的问题限期整改。截至年底，共开展督导检查7581次，查处违纪事件73起。

【做好涉法涉诉信访工作】 曲水县根据《关于依法处理涉法涉诉信访问题的意见》《关于依法维护正常信访秩序的实施意见》《涉法涉诉信访工作责任追究意见》等意见，进一步明确目标任务，落实工作责任，把涉法涉诉信访事项从普通信访工作中分离出来，真正做到“诉归诉、访归访”。同时，由政法委牵头，组织专项力量对县域内涉法涉诉信访案件，进行全面、系统、深入地摸底排查，做到底数清、情况明。对可能引起涉法涉诉的问题，进行分析梳理，力争把问题解决在基层、稳定在当地。截至年底，曲水县涉法涉诉信访案件为0起。

【全面提高应急处突能力】 认真贯彻落实区市党委、政府和维稳指挥部关于反防自焚、反恐防暴工作的一系列部署要求，加强反防自焚、反恐防暴宣传教育和基层维稳能力建设，广泛发动各族干部群众参与辖区联防、安全稳定的自觉性、积极性和主动性。时刻做好“要出事、会出事、出大事”的准备，公安部门和一线维稳人员对现有反防自焚装备进行反复全面细致的检查，加强维护保养，确保装备能用、管用。加强部门联动应急处突日常演练，提升处置水平，确保一旦发生突出事件，能够快速反应，高效处置。

【法制教育】 以三月份综治宣传月、六月份综治宣传周、“9·16”平安西藏宣传日等宣传活动为契机，以区市县创新社会治理方式、提高社会治理水平及平安建设等为重点，深入开展送法进校园、进企业、进村入户、进施工现场等活动，切实提高广大群众的法制意识。充分发挥寺庙管委会、驻村工作队和基层组织的职能作用，把涉及切身利益的法律法规、精准扶贫精准脱贫、“双联户”等各项惠民富民利寺惠僧政策，以喜闻乐见的形式送到群众、僧尼手中，努力营造全体动员、全民参与社会治理、维护社会稳定的良好氛围。

【明确严肃维稳责任】 按照区、市各项工作部署要求，全县各级党员干部进一步统一思想认识、强化纪律意识，严格遵守、严格执行各项工作制度、规定和机制。县督查组根据阶段性目标要求，细化督导任务重点，坚持明察暗访，不定期、不定时、不定路线进行交叉督导，及时督促整改了个别部门方案预案、措施单一、脱离实际，个别职能部门巡逻防范浮于表面等问题情况，有效确保了各项工作要求和措施全面有效落实到位，确保了全县社会局势持续稳定、长期稳定、全面稳定。

（刘润芹）

【领导名录】

县委常委、政法委书记、公安局局长

赵 宏 忠

县委政法委副书记、综治办主任

元旦群培

县护路办主任

罗桑绕吉

曲水县总工会

【概况】 2016年，全县6个乡（镇）、18个行政村已全部建立了工会委员会，并在40家企业、农村合作社建立了工会组织。截至年底，全县新发展会员184人，工会会员总数达到9782人，其中农牧民会员8725人、干部职工会员1057人，职工入会率达80%以上，逐步形成了“组织体系完善，工作制度健全，维权机制落实，作用发挥到位”的良好局面。县总工会机关行政编制3个，现有人数3人。

【开展在档困难职工慰问和“金秋助学”活动】 2016年1月6日，曲水县总工会慰问困难职工和“金秋助学”资助学生共74人次，发放慰问金和“金秋助学”款共计10.3万元。

【节前系列慰问活动】 2016年1月12日至2月5日，曲水县总工会开展节前系列慰问活动，先后慰问退休职工、贫困农民工家庭、驻村工作队等，并送上慰问金、慰问品。

【举行庆祝“3·28”百万农奴解放日文艺演出】 2016年3月28日，曲水县总工会联合相关部门在县文化综合活动中心举办“3·28”百万农奴解放纪念日文艺演出。

【签订结对帮扶村居工会工作责任书】 2016年4月14日，曲水县总工会与14个县直单位签订结对帮扶村（居）工会工作责任书。

【召开纪念“五一”国际劳动节暨第一届县级劳模表彰大会】 2016年4月29日，曲水县召开第一届县级劳动模范表彰大会，表彰县级劳模10人。县四套班子领导出席并为县级劳模颁奖。

【普法宣传活动】 2016年5月11日，曲水县总工会先后到达嘎乡、才纳乡开展“七五”普法和工会知识讲座。9月16日，曲水县总工会开展“9·16平安西藏宣传日”活动。

【农牧民技能培训】 2016年6月20—6月23日，曲水县总工会组织开展农业病虫害防治和急救知识培训。

【签订援助合同】 2016年7月15日，曲水县总工会与泰州市总工会对口援助考察团签订对口援助合同。年内，泰州市总工会、泰州市海陵区总工会、泰州市姜堰区总工会分别援助曲水县总工会23万元、5万元、2万元。

【开展技能竞赛活动】 2016年10月，曲水县总工会到达嘎乡卫生院、帮锦镁朵工贸有限公司开展技能竞赛活动。

【寺管会工会组织授牌挂牌】 2016年11月17日，曲水县总工会为雄色寺、扎西岗寺、珠寺、热堆寺、琼果央孜寺、萨玛扎寺6个寺管会工会组织授牌挂牌。

【农民工集中入会活动】 2016年11月30日，曲水县总工会在拉萨河畔三有村开展农民工集中入会暨工会知识讲座。50名农民工现场入会，并办理会员证。

【举办第一届农民工免费驾校】 2016年12月12日，第一届农民工免费驾校开班典礼在曲水县交安驾校举行。此次参加培训的免费学员共有20人，由拉萨市总工会承担12人的培训费用、曲水县总工会承担8人的培训费用。

（邵东阳）

【领导名录】

县总工会主席

沈玉芝（女，藏族）

县总工会副主席

崔志贤

共青团曲水县委员会

【概况】 2016年，曲水团县委紧紧围绕县委、县政府和共青团重点工作，全面履行团组织各项职能，以“为党政中心工作服务，为青少年成长成才服务，为共青团事业发展服务”为主线，结合工作实际，紧紧扭住青少年思想政治工作主线，进一步夯实团建基础，扎实推进团的各项基础工作，深化服务大局、服务青年的意识和行动，发挥共青团组织的优势，扩大影响面，畅想青春的主旋律。

【开展正式理论学习宣传教育】 团县委把学习贯彻落实中共十八大和十八届三中、四中、五中、六中全会精神结合起来，与“两学一做”主题教育活动结合起来，以建设“美丽家园、幸福曲水”为主题，以团干部、青年学生和青年骨干为重点对象，以共同理想、创业精神和责任意识为主要教育内容，广泛开展学习教育活动，进一步坚定广大团员青年的理想信念，引导他们树立正确的世界观、人生观和价值观。1月，组织全县共青团干部学习了群团工作学习会。3月，组织开展“学雷锋”志愿服务活动、百万农奴解放纪念活动。6月，组织全县少先队员开展少儿才艺大赛。

【做好重点青少年及贫困家庭慰问工作】 元旦、春节、藏历新年期间，实地走访曲水县重点青少年、服刑在教未成年子女、残疾青少年、孤寡老人及对口扶贫的困难家庭进行慰问，了解实际困难，秉承“物质援助和精神援助”的双援理念，送去了慰问金和慰问品等，切实将团组织的温暖送至家庭经济困难的青少年家中。

【开展“书信手拉手”结对共建活动】 2016年，江苏泰州团市委与曲水团县委结成共建单位，曲水县中学与江苏泰州姜堰市实验中学开展结对交流共建活动。年内，收到泰州市姜堰区实验中学师生们寄来的笔记本、文具盒、手套、背包等礼物和14封结对学校学生的来信，县中学学生回寄江苏泰州姜堰区实验中学价值8000元的礼物。

【共青团援藏工作】 根据《泰州共青团对口援藏项目情况表》，泰州共青团对口援助资金现已全部落实，主要用于服务青少年成长发展、资助优秀大学等方面。服务青少年成长发展。出资1.5万元为茶巴拉小学建立鼓号队。开展助学活动。出资6万元资助曲水县20名贫困优秀大学生，帮助顺利完成学业。为对口贫困户边巴卓玛实施产业脱贫。团县委为边巴卓玛申请援藏资金3万，为其购买商店货品摆放架、包装器械、酸奶加工工具等设备，确保边巴卓玛奶制品商店顺利开张，并联合南木乡驻村工作队组织边巴卓玛前往当雄县学习借鉴当地酸加工坊制作、销售、包装方式。从援藏资金中申请2万元成立曲水县志愿者服务总队，包括6支乡镇志愿者服务队，5支专业服务队，共计1200名志愿者，为创建全国县级文明城市贡献力量。

【促进青年创业就业】 组织曲水县青年创业者参加团区委首届青年农牧民创新创业创优大赛成果展，举办拉萨市第二届青年创新创业大赛曲水县区选拔赛，助力曲水县青年创业者参加拉萨市第二届青年创新创业大赛，选派曲水县1名创业青年到江苏培训学习，组织曲水县3名创业青年到山南地区交流学习。

【预防青少年违法犯罪，维护青少年合法权益】 深化青少年法制宣传教育。以“青春与法同行——青少年法律大讲堂”为统揽，整合、梳理各项青少年法制宣传教育工作，进一步丰富宣教内容，创新活动形式，加大工作力度，青少年法制宣传教育工作呈现新局面。共发放《中华人民共和国未成年人保护法》及《中华人民共和国预防未成年人犯罪法》宣传资料500余份；举办各类法制讲座2次，参与青少年1300余人次。

曲水县现有服刑在教人员子女2名，建立了子女档案，成立了结对帮扶志愿者服务队，并多次到家中对家属及子女进行慰问，购买衣服、书包等生活用品。

以实施青少年安全自护为重点，以实施青少年学生公民道德教育为主线，开展以交通法规、防火防震、防范烟花爆竹意外伤害等“青春自护、平安双节”的教育活动，参与认识150人，投入资金2000元。

为了增强未成年人的法制观念和自我保护能力，在县中学组织开展了“青春与法同行”法律大讲堂活动，对学生进行了未成年保护法以及毒品危害的宣传引导教育。

【有序推进共青团民族团结闪光行动】 共青团民族团结闪光行动和少先队牵手行动是进一步深化共产党员民族团结先锋活动的有效载体和补充，是强化基层团组织建设和凝聚青年的有效手段。

县委组织部联合团县委开展民族团结“双语”演讲比赛，来自县直机关、各乡镇、各学校共16名选手参赛。

各学校组织学生开展民族团结闪光行动黑板报、手抄报等活动。

组织开展民族团结关爱行动，团县委开展民族团结闪光行动关爱残疾青少年活动，为曲水县16名残疾青少年每人发放1000元慰问金。

深化民族团结一家亲结对帮扶互动，北京高法巡视员马东为重点帮扶对象拉珍寄来1000元慰问金。

【开展城市环境整治，美化曲水环境】 以“保护环境，从我做起”为主题，开展各类环境整治活动，增强全社会的生态文明意识。各乡镇小学积极配合组织学生开展保护环境社会实践活动6次，参与人数200人。各乡镇团委组织团员青年开展了清理白色垃圾活动，参与人数500人。

【认真做好全县团情统计，确保工作目标明确】 团县委大力做好团员青年和团组织基本情况统计表，按照青年的户籍属地，以村级团组织准确填报为基础，乡镇团委逐级补充完善并汇总。乡镇团委负责人通过准确无误地录入“共青团基层组织采集系统”将生成的数据逐级传至曲水县团组织，确保基础数据准确，整合力量，推进工作。

【抓好团的基础工作和团属组织建设，不断提高工作水平和服务能力】 加强基层团组织建设。加大经费保障，确保基层团的工作顺利开展。充分利用2万元基层团组织经费，以“多干多得”激励的方式发放工作经费，团县委还根据各乡镇工作开展情况和实际需要，从团县委工作经费和援藏工作经费中予以支持；用村“两委”换届，顺利完成了村级团支部的换届工作，17个村团支部书记都实现了进村“两委”班子；按照党带团，团带队的工作原则，团县委高度重视少先队工作，通过援藏资金在曲水县茶巴拉乡小学成立了鼓号队，对少先队活动器材进行充实完善。

着力做好学校共青团工作。牢牢把握思想引领的根本任务，通过主题日、班会、主题宣传、形式报告、演讲辩论、参观考察等形式开展思想政治教育活动。开展思想道德教育。为提高中小学生的政治素养，帮助他们树立远大理想和坚定信念，全县各级团委通过党课、团课等形式对学生进行马列主义、毛泽东思想，邓小平理论和“三个代表”重要思想以及党史教育，在学生中掀起了学习理论的新高潮。

【青年志愿者服务工作整体推进】 团县委招募来自各乡镇、各机关的青年志愿者，成立曲水县志愿者服务大队，并按照分工分别成立各乡镇志愿服务队、法律援助志愿者服务队、卫生医疗志愿者服务队、教育引导志愿者服务队、平安维稳志愿者服务队、西部计划志愿者服务队等11支服务队。

组织志愿者开展保护母亲河、清理白色垃圾等生态环境保护活动3次，参与志愿者20人次；开展“我们的节日”主题活动、学雷锋等公民道德建设活动3次，参与志愿者70余人次；开展预防未成年违法犯罪普法宣传，慰问重点青少年、留守儿童等未成年人思想道德建设活动等5次，参与志愿者50余人次；联合公安部门成立志愿者文明督导组，在曲水县各交通要道开展文明督导，维持全县交通秩序，参与志愿者20余人次。

（甄　宇）

【领导名录】

书　记　卓玛仓决

副书记　王 秋 锋

曲水县妇女联合会

【概况】 2016年，县妇联机构编制3人，县妇联下辖的6个乡镇妇联组织均配齐妇联主席，全县党政机关成立妇委会24个，17个行政村妇代会，“两新”组织25个，组建“妇女之家”27个，家长学校9所，建立妇女儿童维权服务岗5个；村妇代会主任100%进村“两委”班子。

【精准扶贫】 2016年，县妇联克服诸多困难，走村入户了解贫困户的基本情况，与妇女群众亲切交谈，向群众宣传党的扶贫政策，为群众脱贫致富出谋划策，完成了全县贫困户1371户4792人的建档立卡工作，针对贫困妇女，县妇联在全县建档立卡、精准扶贫的贫困妇女有1966人，（女户主632户、1086人、单亲母亲197人，男户主中的妇女683人）做到底数清、情况明。通过与曲水县对口援藏对接，为曲水县10名贫困女大学生争取到了16万元圆梦助学金；同时，还从泰州市妇联处为曲水县贫困母亲争取到了10万元的救助金。以“扶贫济困，你我同行”和“就业一人，脱贫一户”为主题，紧紧围绕“以业脱贫兴民生，精准扶贫强基础”战略目标，举办了曲水县2016年就业“春风行动”暨城乡人力资源交流洽谈会”，参加活动的企业近20家，共提供就业岗位近200个，进场求职人员近300人，现场达成就业意向136人，其中妇女31人。

【双学双比活动】 打破传统学习方式，扩展技能交流内涵。坚持走出去，支持和引导达嘎乡其奴村塔热编织合作社负责人琼达到浙江义乌参加小饰品展览会，把民族特色的编织成品带出藏区向内地打开销路；鼓励和指导茶巴拉卓玛民族服装农牧民合作社参加拉萨市青年首届创新创业大赛，并荣获市级二等奖，奖金1.5万元。邀请北京市巧娘妇女代表团一行7人为曲水县农牧民传授制作手工艺技术，并与南木乡迦村多彩阿加编织合作社负责人进行了交流学习；邀请文化部非遗保护项目总监盖宏睿，为乡镇妇女主席、妇代主任、“两新”组织妇女60人进行关于非物质文化遗产的传承与发展知识的授课，鼓励发展特色产业增加收入。组织妇女群众开展“双学双比”活动，充分调动广大妇女群众参与社会生产生活积极性，不断发挥妇女半边天的作用，通过县妇联的不断努力下，2016年县妇联驻村工作队队员荣获自治区级“驻村工作”先进个人称号；荣获自治区级“三八红旗手”1人、区级“最美家庭”2户，市级“最美家庭”2户，评选出了县级女科技明白人、女致富带头人等19名先进个人和8个先进集体。

【注重统筹兼顾，促进工作整体推进】 开展金融服务，发放妇女小额信贷财政贴息。围绕促进妇女发展的重点，继续做好妇女小额信贷调整后的政策宣传，全年申报53户，通过县农行审批42户，目前财信担保正在审核程序中。广泛宣传法律法规，提高妇女儿童维权意识。注重家庭教育，以家长学校为依托，开展“家庭教育”活动，全年开展活动20余次，参与家长上千人；注重法制宣传，敏感日期间在人流量集中区域设置咨询台，悬挂横幅，宣传妇女儿童权益保护知识，发放《反家庭暴力法》《民族团结读本》《中华人民共和国妇女权益保障法》等资料，共发放宣传册本900余份，参加妇女人数达18000余人次，其中流动妇女500余人次；注重家暴知识宣传，在全县范围开展反家庭暴力宣传，共开展活动5次，联合县法院、司法局、宣传部、创城办等部门扩大宣传面。全面拓宽维权渠道，保障妇女儿童维权渠道畅通。在县法院及四个便民警务站共5个地方建立“妇女儿童维权服务岗”，协调开通12338妇女儿童维权服务热线，在茶巴拉乡成立了“儿童之家”，拨付1万元的活动经费，更好地维护儿童的合法权益；全年来信来访案件为19起，其中婚姻纠纷18起，家庭纠纷1起，调节率为100%，调节成功率达98%。组织系列主题活动，加强社会道德建设。依托家长学校160名未成年人开展假期自我防护意识以及青春期的保健卫生知识宣传等活动，并发放《春雷计划·护蕾行动》儿童手册及相关宣传资料200份；组织全县258名巾帼志愿者参与县文明办组织开展创建文明城市宣传暨“3·5”学雷锋志愿服务活动，在全县营造“学雷锋”志愿服务的氛围。县妇联认真贯彻落实中央和区市党委关于进一步加强新形势下的民族团结的工作要求，不断巩固和发展平等团结互助的社会主义民族关系，组织和指导乡（镇）、村开展地方特色民俗文化活动，在活动中营造了民族团结、社会和谐、家庭幸福社会氛围。

【巾帼关爱行动】 2016年，以三大节日、三八、清明、母亲节、六一、端午、重阳、中秋等节日为契机，对全县贫困妇女、空巢老人、对口精准扶贫户、退休干部、驻村工作队开展“送温暖”活动，全年送去价值7万余元的物品及现金。发动农牧民群众及妇女干部共计3391人进行“两癌”免费筛查，并为13名“两癌”妇女患者争取发放了13万元救助金；同时向市妇联争取15个新生儿爱心包，确保新生儿存活率；为7名春蕾女大学生发放了9800元的资助金，通过走访，为9名患病贫困母亲送去了3.1万元的救助金，帮助解决燃眉之急，重建生活希望。结合民族团结月宣讲活动，为三座尼姑寺171名尼姑送去爱国教育宣讲以及“两癌”健康知识讲座，同时为尼姑发放了价值4万元的毛毯。

【强基固本工程】 召开曲水县妇联第四届四次执委会议。表彰曲水县妇联2015年度目标管理考核先进集体及先进个人，同时与各乡（镇）妇联签订2016年目标责任书，加强妇联执委班子，召开乡镇妇联主席会议4次，妇代会主任会议和培训各

1次，县直妇委会、“两新”组织妇女会议2次，妇儿工委联系会和专题会各1次。

【“十二五”期间工作情况】 为使妇女儿童各项工作真正落到实处，曲水县成立了妇女儿童规划监测评估领导小组和统计监测领导小组，制定了《曲水县妇女儿童工作委员会成员单位目标责任分解书》，《曲水县妇女儿童工作委员会成员单位职责》和《曲水县妇女儿童工作委员联络员制度》。各成员单位对照《目标责任分解书》每年对本部门实施妇女儿童发展规划的进展和达标情况进行自查，并将自查报告上报县妇儿工委办公室。7月，自治区妇儿工委领导小组一行莅临曲水县验收“两规”终期评估工作，对曲水县的此项工作给予充分的肯定。落实妇儿工委经费由2011年的3万元增至2016年的10万元。

【特色亮点工作】 2016年，为聂当乡宗巴山巾帼创业园区争取到落实170万援藏项目资金，并已正式挂牌成立为“市级巾帼创业园区”，园区把全县的11个编织点（合作社）进行统一整合，形成集中培训、研发、生产、加工、销售为一体的管理模式，进一步解决当地农牧民群众特别是精准扶贫建档立卡的贫困妇女和待业青年的就业问题，带动当地妇女就业，实现了增收致富；争取援藏项目投资250万，发展特色藏鸡养殖建设项目，建立藏鸡孵化点2个，购置中型自动孵化器2台，浴霸2组，购置3275羽藏鸡苗，帮助131户贫困户年均增收3081.53元。与县扶贫办联合为290名农牧民进行农作物栽培种植和养殖技术培训，培训资金8万元；对360名农牧民进行1期引导性培训；开展妇女手工编织培训5期，投入培训经费24.4万元，人数达120人，就业率达85%；IYB创业培训30人，培训资金9万元。成立“婚育之家”，为广大妇女同胞搭建一个优婚优育的服务平台，减少了农牧民妇女路途遥远的问题。六一儿童节期间，举办第三届“格桑花”少儿才艺大赛，为全县少年儿童提供一个展示自我的平台，也向全社会展示曲水县少年儿童的多才多艺。结合经济发展和农牧民妇女需求，开办藏、汉语培训班，为南木乡江村4组30名农牧民妇女教授藏、汉语基础知识，为创业致富打下坚实基础。

（扎西曲珍）

【领导名录】

主　席　普　珍

副主席　任玲英

曲水县人民代表大会常务委员会办公室

【概况】 人大办公室作为人大常委会的综合办事机构，既是常委会的参谋部，又是常委会整个机关的服务部。在过来的工作中，认真履行职责，积极主动做好各项工作，力求参谋到点，服务到位，努力为常委会依法履行职责做好服务工作。

【人大办公室做好参谋工作】 一是组织代表活动围绕常委会工作部署，认真办文、办会。经初步统计：开展执法检查3次；组织市、县人大代表开展县内集中视察4次；交办、督办人大代表建议、批评和意见31条；召开常委会7次；主任会议10次。办公室工作做到了严格程序，依法办事，符合优质高效的要求，确保常委会依法行使职权。服务工作大局中，注重发挥工作主观能动性，在按常委会要求完成“规定动作”、按人大工作程序把握好“习惯动作”的同时，积极主动的做好“自选动作”，做到多动脑，勤动手，超前思维，争取工作主动权，从而提高办公室工作效率。二是服务务人大代表，凡是人大代表来到常委会，不管是公事私事，我们都给予热情接待，妥善安排食宿，由困难需要帮助时，我们尽力给予解决，提供服务。通过我们的不断地努力，切实加强了与人大代表的联系，使基层人大代表增强了荣誉感和使命感。三是服务基层群众，以党的群众路线教育实践活动开展为契机，在人大常委会主要领导的带领下，多次组织开展进村入户送温暖、送爱心活动。积极帮助贫困户和困难户，引导群众树立正确的思想观念，转变因循守旧的老思想，鼓励他们要不怕困难，努力拓宽致富渠道，切实拉近了与群众的距离。

【做好机关后勤保障工作】 根据常委会总体要求，办公室在不断总结过来工作的基础上，紧贴实际，积极探索，对机关环境卫生管理；来客接待；公务用车；节假日值班等各项内务管理工作起草了相关管理方案，改变了过去在内部管理上存在的随意松散状况，使得机关管理工作有章可循，逐步迈上规范化轨道。

【加强自身素质建设，促进综合素质不断提高】 人大机关肩负着推进社会主义民主和法制建设的重要使命，各项工作法律性、政策性强，程序化、规范化要求高。人大办公室作为人大机关的综合办事机构，要适应工作的需要，就必须与时俱进的提高综合素质，为此，我们强化管理，建立激励机制，从三个方面着手，狠抓学习型机关建设。结合“三严三实”和“忠诚干净担当”专题教育实践活动，人大办公室始终把学习摆在首要位置，不仅积极参加常委会的学习，还自行安排学习任务，制定学习计划，把学习贯穿于整个教育实践活动的全过程。重点学习党的创新理论、中央领导一系列重要讲话及中央和区、市党委关于反分裂斗争的这一系列重要指示精神。学习法律法规和人大业务知识，切实转变不适应、不符合科学发展观要求的思想观念，牢固树立忧患意识、大局意识和社会主义法治理念，使参学人员的政治思想素质和综合素质得到了进一步提高；切实加强制度的落实，是人大各项工作更加制度化、法制化、规范化；在作风建设上，强化为民服务意识，大兴调研之风，对于审议议题和监督工作中的重大问题，认真调查研究，虚心听取人民群众的各方面意见，努力使人大工作更加符合实际，更好地为广大人民群众服务。

（次 央）

【领导名录】

人大办公室主任 普 琼

曲水县人民政府办公室

【概况】 2015 年，曲水县人民政府办公室下设科室6个，办文2000余件，办会110余次，为民办实事12件，对口扶贫31户。共起草领导讲话、汇报材料等各类重要文稿70余篇30余万字。向市政府办公厅报送信息492条，被采用近180条。

【信息工作】 2017年共编发、上报信息492期，被市政府采用信息180余条。综合文字工作，紧紧围绕县委、县政府的发展思路和中心工作，通过调研和收集各方面工作情况，为领导起草政府工作报告、政府全体会上的讲话等一系列讲话稿、报告稿，在文稿起草过程中为领导决策和指导工作提供服务。同时，积极参与各类责任书、年度计划及安全生产、防汛、防灾应急指挥等方案的制订。

【督查工作】 2017年创新督查办法，围绕重点、难道、热点（包括经济发展、维稳、重点项目进度、卫生创城、土地确权和农改工作），完善相关制度14项，紧贴领导思路抓督查，经常跟随领导现场办公抓督办。全年共开展维稳专项督查87次，形成专题通报13期。上报督查专报18期，督办办理会议精神落实、领导批示件34件。承办全县精准扶贫精准脱贫等重大民生项目等工作的督查落实，形成《曲水督查》85期。对县政府重点工作目标分解、为群众办实事及政府常务会、县长办公会等共计153项决策事项进行督查，制定各类方案10个，抓工作落实138件次，保证了年初确定的各项任务的落实。圆满完成建议、政协提案办理工作，共承接区市人大、政协提案48件，办理县人大建议、批评、意见43件，已经召开交办会议，确保了县政府换届工作的顺利推进以及各级代表、委员的视察检查工作。

【办公室工作】 承办县长办公会议5次，政府专题会30次，各类电视电话会议3次，起草各种会议纪要36期。围绕全县中心和重点工作，共制发各类公文428件，办理各类请示报告500余件，确保做到了急文急办、急件急送。公文运转做到及时、准确、安全、保密。共收到并送传阅中央、国务院、区委、区政府、市委、市政府机要文件641件，收发其它类文件111件，做到了件件有落实。“12345”政府热线运行良好，共接到来电来信64件，办结64件。后勤保障能力进一步增强，一年来，强化安全行车，无一事故发生。一年来在县委、县政府的领导下，政府办积极发挥综合协调的职能，坚决执行县委、县政府一系列重要决定，依法监督落实了各项最为严格的防控措施，保障了社会稳定和广大人民群众的身体健康与生命安全。

【信访工作】 2017年，共接待群众来信、来访37件（其中来信1件，来访36件），接待来访群众92人次。目前，37件群众来信、来访已全部化解。协调解决各类拖欠资金255万元，调处化解率达100%。其中双拖欠信访案件21件，占信访总量56.7%，政策类9件，占信访总量的24.3%，设法涉诉类1件，占信访总量的2%，检举类4件，占信访总量的10.8%。另外，由县信访局牵头，主动作为，积极开展矛盾纠纷排查调处活动18次，排查调处各类矛盾28件，均已全部调处化解。切实把化解矛盾纠纷的重心转移到“源头预防”上来，把影响稳定的苗头性、倾向性问题解决在基层，消灭在萌芽状态。

【政务公开工作】 突出阳光透明，政务公开不断深化突出阳光透明，定期更新政务公开栏，在政务网上及时公开县政府的重大决策及重要事项。按照市政府的要求，完成《政府信息公开指南》及《政府信息公开目录》编制工作。严格政府政务大厅管理，减少审批环节，简化审批程序，提高办事效率，保证行政审批项目高效运行。加快电子政府建设步伐，对所有入驻部门的行政审批事项实行网上录入、网上监督、网上公开，提高了审批效率，降低了审批成本，做到了行政权力公开透明。

【自身建设】 2016年，曲水县人民政府办公室对全体人员提出了“责任、服务、效能、合作”这一总的要求，明确进一步加强基础建设，全面提高工作质量，以更好的精神面貌为县领导、全县基层单位和群众提供更加优质的服务。加强制度建设，使办公室各项工作更加规范。为增强工作的规范性，严格按照《办公室工作规则》，规范办文、办会、办事等工作操作流程。加强廉政勤政教育，完善和落实党风廉政责任制。结合工作实际，明确规定了廉政考核、情况报告、民主评议等内容，明确办公室主任对全室党风廉政建设负总责，重点抓好班子成员的学习教育和廉洁自律；副主任负责分管科室的教育管理和监督。此外，进一步完善了办公室工作制度，加强廉政建设教育，办公室还及时传达县纪委、监察局下发的文件，组织大家深入学习认真讨论，通过在廉政建设上采取的一系列措施和加强监督检查，使党风廉政责任制得到落实。

（张　钰）

【领导名录】

政府办主任　尼玛次仁
政府办副主任　法国英
　　袁　慧
　　蒋祥瑞

中国人民政治协商会议曲水县委员会办公室

【概况】 2016年，县政协办公室在县政协委员会的领导下，按照务实高效的要求，深入贯彻落实党的十八大和十八届三中、四中、五中、六中全会精神以及习近平总书记系列重要讲话精神，积极主动做好办公室各项工作，力求参谋到点，服务到位。

【学习教育】 2016年，为巩固和深化党的群众路线教育实践活动和“三严三实”专题教育成果，引导广大党员增强看齐意识、党性意识、规矩意识，立足岗位履职尽责，按照拉萨市委《关于在全市党员中开展“学党章党规、学系列讲话，做合格党员”学习教育实施方案》要求，县政协高度重视、迅速启动、稳步推进，抓好了“两学一做”学习教育与党的群众路线教育实践活动和“三严三实”专题教育的融合和衔接。截至年底，县政协办公室共集中学习15场（次），党员干部40人次参与集中学习。党员干部个人自学平均达30学时，撰写心得体会20篇，党支部书记讲党课1次。

【会务服务】 围绕政协委员会工作部署，县政协办公室认真办文、办会。完成2次全委会，4次常委会，6次主席会及2次培训会组织筹备和服务工作。重点做好一届五次和二届一次全会服务工作，为确保县政协一届五次和二届一次全会顺利召开，认真组织撰写《政协常委会工作报告》《提案工作报告》，主席在会上的讲话，认真撰写、拟定了会议日程、议程安排等材料，并在会议期间印发到全体委员，确保会议各项议程顺利完成。妥善安排好会场布置、会议用餐、农牧民和僧尼委员住宿以及组织、宣传、安保、医疗、后勤等协调工作。

【精心办文】 2016年，办公室共起草35份文件，其中委员会21份、办公室14份，《工作简报》40期，调研报告2份。办公室在起草文件和材料的过程中，做到认真拟稿，仔细缮改，力求征求无误。严把“审核关”。严格按照公文审签程序，对每份文件材料的格式、内容、语言规范性等进行认真细致的校核，确保文件格式统一、规范。严把“收文关”。对来文及时登记传阅，迅速办理、归档。

【调研视察筹备服务】 根据政协常委会确立的各项重点调研、视察任务，组好服务工作，准备充分，组织严密，力争取得良好的效果。组织开展关于精准扶贫精准脱贫的调研、净土健康产业的调研等2项调研活动，并撰写了调研报告。10月，组织15名政协委员到江苏省泰州、兴化等地学习考察。

【接待工作】 严格接待标准，规范接待程序，认真拟定具体的接待方案，悉心接待。坚持做到热情周到、细心进微的接待工作态度。年内，办公室接待了区内外政协4批共62人前来考察交流。

【做好政协提案工作】 政协提案工作坚持“围绕中心、服务大局、提高质量、讲求实效”的方针，不断改进工作方法，创新办理机制，畅通办理渠道，委员的参与度和满意率大大提高。年内，共交办、督办政协委员提案共计67件。

（陈振平）

【领导名录】

主　任　平措罗布

副主任　赵　峰

武 装

曲水县公安消防大队

【概况】 2016年，曲水县公安消防大队共出警力144人次，出动车辆102台次，完成了一年一度的“姜贡曲”辩经法会、“跳神节”“燃灯节”期间的消防保卫任务等一系列灭火救援、抢险救灾任务。全年大队共完成消防安全保卫执勤12次，发放宣传资料12000余份，抽查餐饮、易燃易爆场所、烟花爆竹销售点、文物古建筑及寺庙、人员密集场所、公共聚集场所、商店等场所共450余家、填写消防监督检查记录表365余份，提出整改意见236余条。

【政府消防工作】 2016年，曲水县公安消防大队推动政府消防工作责任制落实，召开消防工作会议以及联席会，逐级签订消防安全责任书30余份，政府主要领导带队开展消防安全检查10余次。截至年底，消防工作目标责任考核中，荣获了拉萨市政府颁发的“先进工作单位”。

【推进微型消防站工作】 为解决曲水县地域面积广阔与现有消防警力严重不足的瓶颈问题，大队领导请示汇报县委、县政府、县公安局拆资19余万元成立了曲水县“五乡一镇”和曲水县6个便民警务站的微型消防站，全面推进消防宣传工作，弥补了曲水县微型消防站建设的空白。

【基础装备建设】 2016年，曲水县公安消防大队在各级党委、领导确定曲水县要新建战队以后，开展新建消防队站建设，曲水县消防大队队站建设投入400万元，为大队的站队建设提供了强有力的经济保障。截至年底，县政府为消防大队解决了价值47万元的消防装备。

（张 宝）

【领导名录】

大 队 长 晋美朗加

副大队长 郑

法 治

曲水县公安局

【概况】2016年，曲水县公安局完成“两节”、全国“两会”“萨嘎达瓦”“雪顿节”“藏博会”“姜贡曲”法会以及相关重大节日、勤务期间的各项安保工作任务。共出动警力4500余人次，车辆1200余辆次，完成重大勤务任务50余次。完成各项巡逻任务，共出动警力6500余人次，警车1100余辆次。年内，全县共立刑事案件12起，其中盗窃案8起，电信诈骗4起，破案14起（现案7起、隐案7起）（其中盗窃案13起、网络电信诈骗1起），破案率116%。抓获犯罪嫌疑人8人，刑事拘留6人，起诉1起5人，提请批准逮捕2起6人，批准逮捕1起5人，批捕率83.3%；抓获网上在逃人员1名，解救被拐妇女1名，移交犯罪嫌疑人3名，成功制止一起网络电信诈骗案件并制止汇款5万余元，追回财产11万余元，确保曲水县社会稳定。到五乡一镇开展刑侦基础调查工作，对辖区内43名刑嫌人员进行摸排建档，在位情况良好。共受理各类治安案件6起，查处6起，查处率100%；处理违法人员9人，其中罚款2人，行政拘留7人。曲水县辖区内共发生各类交通事故172起，其中死亡事故3起（死3人），一般程序事故9起，简易程序160起，直接经济损失达23.06万元。（注：死亡事故同比2015年上升50%，伤人事故上升56%，简易事故上升100%，一般程序上升35%，2016年各类交通事故发案率总体上升71%）。

【开展道路交通专项整治行动】年内，曲水县公安局交警大队主要对无证驾驶、醉酒驾驶、超员、超速、超载、摩托车、拖拉机违法载人行为进行严格查处。并通过开展雷达测速、交通安全宣传、排查事故黑点、24小时不间断巡逻等工作方式，竭力消除各类交通安全隐患，为辖区群众营造良好的交通出行环境。共上路检查363余次，出动警力2400余人次，检查站共发放限速单135万张，共查处各类交通违法行为1042起，其中超座78起，违法载货56起，违法载客22起，超速392起，未年审67起，未系安全带51起，不服从交通管理161起，其他各类违章215起，收缴行政罚没款39.66万元。

【社会面清理清查专项行动】曲水县公安局以“防范第一，处置高效，不出事”为核心，以做好全县重点敏感部位、重点路段、人员聚集地段等治安复杂区域的安全防范工作为重点，以开展军警民联勤联防工作为手段，充分调动基层治保组织力量、民警力量及“红袖标”工程力量投入到全县社会面防控工作中。加大便民警务站工作力度，形成防控全时化、警力街面化、覆盖网格化、服务便捷化的社会面防控体系。年内，各派出所、便民警务站采取机动与徒步相结合的方式，共出动警力6562人次，警车1158台次，共清查出租房屋10654家次，企事业单位1351家次，重点场所772处次，加气站193家次，加油站772家次，网吧386家次，招待所1351家次，茶馆10229家次，商铺12545家次，娱乐场所386家次，涉爆单位386家次，流动人员72568人次。

【开展矛盾纠纷排查化解工作】 曲水县公安局组织民警到辖区机关、企事业、社会各阶层对可能引起上访、请愿的苗头进行全面的摸排和梳理，做到了排查不留死角、控制不留盲点、预防不留漏洞，力争提早发现、提早处置，将矛盾纠纷化解在萌芽状态，处置在当地、处置在源头。

【散装成品油管理】 曲水县公安局治安大队、各派出所适时深入各涉爆单位开展安全大检查，强化管理措施，整改安全隐患，专门从就近的便民警务站安排专人认真做好加油实名制登记和监管工作，严格把关“三证”，做好先登记后加油，坚决杜绝无证加油现象的发生。

【治爆缉枪专项行动】 紧紧围绕“治爆缉枪”“危爆物品安全大检查、大整治”“安全生产大检查”等专项行动为主题，由治安大队牵头对辖区内各施工单位、危爆单位、加油站、加气站等重点要害部位开展“地毯式”安全大检查，及时发现和填塞漏洞，消除隐患。各乡镇派出所适时开展主动上缴危爆物品宣传力度，严厉打击非法私藏、生产、运输、销售民爆器材等违法犯罪活动，全面清缴和挤压危爆物品的社会存量。年内，共检查涉爆单位103家余次。

【法制宣传】 开展法制宣传进校园活动，为进一步提高青少年学生的法律意识和法制观念，预防在校学生违法犯罪，交警大队、派出所深入曲水县中学、南木乡中心小学、才纳乡中心小学、曲水县完小、其奴小学开展法制进校园主题宣传活动，主要宣讲《中华人民共和国未成年人保护法》《中华人民共和国道路交通安全法》《中华人民共和国治安管理处罚法》等相关法律法规。年内，共开展法制宣传进校园活动15余次。

【“护城河”工作】 聂当一级检查站按照戒备等级要求，以“逢车必查、逢人必检、逢物必查、违法必处、逢疑必检”的原则开展各项检查工作，进一步加大对过往车辆、人员、物品的盘查检查力度。年内，共检查进拉车辆695238辆，人员1095863人，共收缴散装柴油152公升、汽油16公升，管制刀具26把，办理一卡通63张。

【实有人口服务管理】 曲水县公安局户籍科加大二代证采集工作力度，以“不漏一户、不漏一人”的工作要求，将二代身份证采集覆盖率达到100%。对全县范围内所有户数逐一进行一次梳理，并依照相关户籍管理工作，严格办理户籍年龄、姓名更改等问题，严格审核迁入、迁出、新生儿上户、招商引资上户，死亡、参军注销等户籍管理工作，实行制度化、政策化审批机制，杜绝办理关系、人情事项。年内，共采集人像2707张，新生儿上户436人，共办理死亡注销109人，市外迁入274人，迁出市外190人，主项变更25人，补录17人，重户注销3人。

【健全基层组织，抓好发展党员工作】 针对内设机构设置调整的情况，依据党章要求，相应对各基层组织进行调整、补充、完善，严格党章要求健全基层组织，做到党的基层组织在曲水县公安局全覆盖。党员发展工作是党组织的重要工作内容，各级党组织认真研究发展计划，坚持个别吸收的原则分批分期进行，成熟一个、发展一个，并按照党章规定的党员标准和发展党员的相关工作程序层层严格履行入党手续，切实把好发展党员入口关。截至年底，吸收入党积极分子6人，发展预备党员10人，发展正式党员15人。

【优化整合警务模式】 曲水县公安局党委始终以“全心全意为人民服务”的工作理念，将原有机关警力中80%的警力下沉整合到基层，确保了基层警力得到充实，机关人员得到精减，队伍活力得到激发。在警力整合下沉后，为实现源头治理，挤压不法分子的生存空间，各派出所会同基层治保力量，平均每日投入50余人次，车辆8余台次，在辖区内全面开展“地毯式”“拉网式”清理清查。

【开展地理信息采集工作】 曲水县公安局按照属地管理原则，灵活开展各项基础信息采集工作。以“点房知人、点人知房、知人晓情”的工作要求，以“谁采集谁录入、谁录入谁负责”为理念，实现全警采集、全警应用，确保各项数据采的实、采的准，采集过程标准，录入和标注规范。截至年底，全县五乡一镇派出所共采集信息8470户34243人，网上录入1325户。

【精准扶贫】 曲水县公安局党委立足实际，以集全警之力、齐全警之智，局党委班子成员带头到扶贫对象家中，嘘寒问暖，共同探讨如何脱贫、如何致富，听群众呼声。年内，共慰问70余次，看望贫困户26家，慰问金50000余元，受帮助群众达153人。同时，在曲水县达嘎乡、才纳乡扶贫搬迁点设立2个社区警务室，确保社区平安，密切警民关系，夯实基层基础工作。

【“两学一做”学习教育】 曲水县公安局党委把开展“两学一做”学习教育作为一项重大政治任务，尽好责、抓到位、见实效。2016年5月，召开曲水县公安局开展“两学一做”学习教育动员部署会，并结合实际作出部署安排，加强具体指导，以党支部为单位，层层落实责任，制定了《曲水县公安局党委深入开展“两学一做”学习教育方案》。基层7个党支部要求所属全体党员积极参与、共同学习、共同进步，结合实际制订学习教育计划。通过学习《中国共产党章程》《中国共产党廉洁自律准则》等党内法规、邀请党校教授授课、开展答题活动等方式，推进活动向纵深发展。年内，曲水县公安局党委及各党支部组织集中学习10余次，个人自学110余人次，撰写学习笔记110本。

【公安改革】 曲水县公安局积极推进人民警察管理制度改革，提升公安队伍整体素质和落实从优待警政策，根据人社部发〔2016〕11号《关于调整人民警察警衔津贴标准的通知》要求，政工部门及时对全局公安民警警衔核算工作，目前已完成民警警衔核算工作并已下发至每月工资上。狠抓规范管理，增强民警责任心。着力提升民警的责任意识、担当意识，全力推进公安工作提档升级。县公安局专门从办公室、政工部门抽调人员，派遣到县组织部对全局民警档案进行统一整理规范，补充档案欠缺内容，更新民警学历信息，确保档案齐全、内容准确。把爱警暖警作为一项工程来抓，使民警充分感受到组织的关爱、家的温暖。将政治表现好、工作成绩优、业务能力强的民警提拔任命到各个业务部门。

【队伍管理】 2016年，曲水县公安局通过制定《曲水县公安局队伍管理办法》《曲水县公安局警用车辆使用管理规定》等相关规章制度，为民警的思想和行为套上“紧箍咒”。通过观看《祸起贪欲》等活动，提高民警拒腐防变的能力。

（丁卓玛）

【领导名录】

县委常委、政法委书记、公安局局长

赵宏忠（7月任）

政委、副局长

普 顿

公安局副局长、聂当检查站站长

冯建华

副局长 李雪松

扎西次仁

次旦桑珠

曲水县人民检察院

【概况】 曲水县人民检察院下设曲水县达嘎乡、

空港新区派驻检察室。现有编制数17人，实有13人，其中，副县级1人，副科级2人，副主任科员3人，科员6人，工人1人。

【维护社会和谐稳定】 全力做好涉稳核心工作。落实各项维稳工作措施，敏感节点及时制定维稳方案及应急处突预案，做好院内及一线指挥部带班、值班工作，全年共投入检力1449人次，参加常态化值班、寺庙管控、武装巡逻等工作；依法打击各类刑事犯罪，保障人民安居乐业。依法严厉打击故意伤害、“两抢一盗”等刑事犯罪，受理公安机关提请批准逮捕案件3件7人，批准逮捕2件6人，不批准逮捕1件1人；受理审查起诉案件5件9人，依法提起公诉2件6人，不起诉3件3人。开展派驻检察室工作，坚持每周派2名干警前往达嘎乡派驻检察室，收集该乡涉检信息；按照市委及县委领导的指示要求，4月19日正式挂牌成立空港新区派驻检察室，截至年底，已受理该区案件3件3人。

【查办预防职务犯罪工作】 2016年，曲水县人民检察院经拉萨市检察院指定管辖，办理贪污贿赂案件1件1人，拉萨市中级人民法院对被告人以受贿罪判处有期徒刑3年，缓刑5年，并处罚金人民币30万元，该案为国家挽回经济损失44.5万元。走访工程项目及涉农有关的单位及各乡镇等17家单位，对惠农政策落实、投资800万以上工程项目进行跟踪预防监督，对扶贫开发领域的重点项目、重点环节开展检查监督。

【强化法律监督职责，维护公平正义】 2016年，曲水县人民检察院对1起多人盗窃案开展捕后监督；提前介入1起涉嫌受贿案件，向侦查机关提出补正瑕疵证据建议2条，补充旁证建议23条；将公安机关在侦查活动中存在的20余项常见问题书面提交公安局领导；通过出庭支持公诉，对刑事审判活动进行监督。对曲水县辖区7名社区矫正人员开展2次监督检查；成功督促县法院对1名违反缓刑程序人员作出撤销缓刑并收监的裁定；开展“基层民事行政检察工作推进年”专项活动，查阅法院民事行政案件卷宗60件，庭审旁听6次。

【服务全县经济社会发展】 2016年，曲水县人民检察院派1名副检察长为队长，到聂当乡德吉村开展各项驻村工作，高度重视精准扶贫工作，县检察院领导多次到对口扶贫点聂当乡德吉村，摸底调研，核准底数，精准识别，精准施策，确保帮扶村同全县一道实现精准脱贫。着力建设达嘎、才纳两处扶贫搬迁点，作为精准扶贫工作亮点，多次开展物资交流展销会，到乡村开展10余次法制宣传，向群众发放宣传资料2000余份。

【落实从严治检，加强队伍建设】 2016年，曲水县人民检察院开展“两学一做”学习教育，全年组织干警集中学习42次，集中讨论5次，讲党课、讲业务6次，每人撰写心得体会5篇；向县委书记、组织部长汇报沟通，新提任1名党组成员、副检察长，健全了领导班子；完善党组议事制度，凡涉及人财物等重大事项及重要部署，均通过党组会议集中讨论决定。提升队伍素能，加强培训力度。派出9人次到北京、林芝检察官学院培训，派出3名干警到区、市纪检、市巡查组协助办案，有效提高了业务能力。严格落实上下班、请销假、签到等制度，强化队伍日常监督和管理，打造过硬检察队伍。在区人大、市院、县委的考评、调研等工作中，受到高度肯定。提升检务保障能力。业务技术楼改造完成后，院领导多次向县委汇报协调解决审讯室改造及信息化建设所需资金223.6万元；为加强一级戒备等敏感时段集体作战效率，向县委领导汇报，协调沟通相关部门，将待建18套公租房改为干警备勤房在县检察院修建；拆除原有活动板房，新建值班室，并购置了空调等设备，有效改善干警冬季值班条件。2名干警参加第二批检察官入额考试，接受市检察院对3名党组成员入额考核评定。

【检务公开】 坚持把检察工作置于人大监督之下，主动向人大主任及其常委会汇报工作5次，报送工作动态信息190期；开展“检察开放日”活动，邀请乡人大代表、政协委员、群众代表来我院参观、座谈，主动听取意见建议；推进阳光检察，开通检察微信、微博、客户端，发布信息，自觉接受监督。

（张高洁）

【领导名录】

党组书记、检察长

王　慧

党组成员、副检察长

王　帆

尼玛卓嘎

曲水县人民法院

【概况】 2016年，曲水县人民法院全年共受理各类案件200件，审执结200件，结案率100%，其中刑事案件3件，民事案件162件，执行案件35件。

【依法履行审判职能，促进法治曲水建设】 2016年，曲水县人民法院共受理刑事案件3件，审结3件，判处罪犯7人。坚持宽严相济刑事政策，该严则严、当宽则宽、罚当其罪，依法审结刑罚变更案件1件1人，执行原判刑期三年，依法审结故意伤害案件1件1人，判处有期徒刑三年零两个月。依法审结盗窃案件1件5人，其中2人判处有期徒刑一年五个月，2人判处有期徒刑十个月，1人判处有期徒刑六个月。依法适用量刑规范化程序审理刑事案件，确保审判过程更加公开透明，量刑幅度更加均衡公正，案件服判息诉率达100%；依法审理民商纠纷。共受理各类民商事案件162件，结案162件，结案率100%，共调解撤诉101件，调撤率62.3%。坚持平等对待各类市场主体，保护诚实守信，维护公平竞争，审结民间借贷、买卖、租赁等合同类案件81件，妥善处理家庭、婚姻等传统民事案件14件，加强农牧民群众、外来务工人员合法权益保护，受理涉及侵权、追索劳动报酬类案件67件；着力破解执行难题。共受理各类执行案件35件，执结35件，执结率100%，执行收案总标的1176.05万元，已结案件中，执行和解8件，自动履行10件，终结本次执行程序15件，终结执行2件。借助全市法院执行攻坚战活动的契机，利用失信人员名单、司法拘留等方式加大对被执行人威慑力度，对2名被执行人采取了司法拘留，积极前往工商、银行等部门查控被执行人财产，不断提高执行工作质量和效率。加强对确有困难的当事人执行救助力度，共对2起执行案件进行执行救助，发放执行救助金7.5万元。

【延伸审判职能，服务工作大局】 2016年，曲水县人民法院“车载流动法庭”巡回办案次数达83件172次，行驶里程达12781余公里，做到让农牧民群众少跑路、少花钱、少受累。坚持“有案办案、无案法宣”的工作原则，结合“法律七进”工作要求，通过宣讲、播放警示片、发放法宣材料等形式开展法制宣传教育工作。到“五乡一镇”、主要街道、学校、企业等开展法制宣传83次，发放宣传材料2万余份，受教育群众2万余人。深入开展“强基础惠民生”工作。2016年共派出3人次参加第五批驻村工作，进驻1个村委会开展工作。紧紧抓住“5+2”工作任务，通过申请短平快项目资金、自筹资金等方式，为当地村委会、农牧民群众解决了文化室改造、打麦场等一系列实事，共涉及资金余20.6万元，充分发挥了驻村工作队的职能作用。深入开展“诉调对接”工作。继续与公安、劳动、民政、安监、信访等部门按照《矛盾纠纷排查调处联动机制》开展“诉调对接”工作，主要针对交通事故人身损害赔偿、劳动合同纠纷及上访事件等形成整体合力，对及时、有效处置各类矛盾纠纷起到积极作用。已结民事案件中66件是通过该机制解决。加强人民陪审员工作。按照《全国人大常委会关于完善人民陪审员制度的决定》和上级法院关于人民陪审员倍增计划的要求。截至年底，有人民陪审员22人，所有人民陪审员都经过了县人大常委会正式任命，2016年人民陪审员参与庭审案件20件，参与矛盾纠纷化解上百余件。

【全面落实维稳措施，促进平安曲水建设】 始终牢固树立“稳定是根本大局”的意识，以实现“三不出”“三无”为工作目标，以“反暴恐、反自焚、防自焚”为核心，以“四个切实防止”和“五个严防”为重点，以落实自治区十项维稳措施为保障，以创新社会管理为手段，以严格属地管理、严明维稳责任为关键，坚决确保曲水县社会局势持续稳定、全面稳定、长期稳定。充分发挥人民法院在维稳工作中的职能作用，妥善处理各类社会矛盾纠纷，充分发挥“诉前联调”“法官包乡”等机制的作用，及时准确的向县委、政府做好请示、汇报工作，做到“大事化小、小事化了”，努力把矛盾纠纷解决在萌芽状态。严格按照县委、政府的安排，不断完善维稳应急预案、强化24小时值班带班制度，全力参与“三大节日”“3·14”“3·28”西藏百万农奴解放纪念日、雪顿节等专项维稳工作。共出动干警256人次，车辆89次。

【加强联系协调，夯实基础建设】 2016年，曲水县人民法院“法院改造”项目通过县长办公会研究同意。项目中涉及审判办公楼外观改造、大法庭改造、附属设施等，按照“统筹规划、节约资源”的原则经县委、县政府研究后广电局“县级影院”建设项目也将在此项目中一并投入建设，项目共涉及资金219万元，项目已经完成招投标工作，进入施工阶段。“诉讼服务中心”建设。“十三五”期间将新建诉讼服务中心，规模为850平方米，中央投资306万元。

【改进司法作风，强化队伍建设】 加强思想政治建设。结合“两学一做”学习教育，深入学习贯彻习近平总书记系列重要讲话和中共十八大、十八届三中、四中、五中、六中全会、中央第五次、六次西藏工作座谈会、区党委八届五次、六次、七次全委会、全国、全区、全市法院工作会议精神，深刻领会最高院周强院长在藏调研时的重要讲话精神、区高院索达院长在全区法院工作会议上的重要讲话精神。采取召开座谈会、集中学习、个人自学、观看影片等形式，进一步提高全院干警宗旨意识。突出问题导向，坚持统筹兼顾，认真查摆、整改突出问题，努力将学习教育转化为推动法院工作全面发展的动力源泉。共开展学习30余课时，组织交流发言15次，观看教育影片5 次，撰写心得体会15篇，向当事人发放监督卡500余份，与基层农牧民群众结对38户123人，为结对户办实事75件，投入资金2.1万元。加强司法廉洁建设。坚决贯彻执行党员干部廉政准则、中央“八项规定”、区党委“约法十章”“九项要求”、最高院“六项措施”、市委“八项要求”，通过层层签订党风廉政目标责任书，观看廉政警示教育片，设廉政监督员等形式，不断加强对干警的监督、管理，强化组织纪律观念，提高干警拒腐防变能力。

（郭凤田）

【领导名录】

党组书记、院长
德　吉（6月免）
米　玛（7月任）
副院长　伟　色
贡嘎旦增
马洪武

曲水县司法局

【概况】 2016年，曲水县司法行政工作坚持以中共十八大和十八届四中、五中、六中全会精神为指导，全面推进依法治国。紧紧围绕全县的中心工作，以维护社会稳定为首任，以夯实基层基础为重点，以强化队伍建设为保证，充分发挥法律保障、人民调解、法制宣传、法律服务四大职能作用，以提高服务质量为中心，为维护社会稳定，促进经济和社会各项事业跨越式发展做出了积极贡献。

【落实“谁执法谁普法”责任制】 按照市局部署要求，结合曲水县实际，研究制订《曲水县实行国家机关“谁执法谁普法”责任制工作任务分解方案》，2月，以县政府的名义印发全县各单位，明确了全县普法依法治理工作的总结目标，细化各相关单位的工作目标任务，为开展好“七五”普法工作奠定了基础。

【法制宣传活动】 2016年，曲水县按照谁执法谁普法工作责任制，由县公检法司、环保、卫生、消防、质监、妇联、人社等单位，在县城集中开展学雷锋日法制宣传活动。各相关单位联合，采取文艺汇演、集中宣传等形式，开展综治宣传月、“9·16”“安全生产月”“防灾减灾日”“反家庭暴力法”等主题宣传活动，提高全县公民的民族团结意识和依法维权意识。县各普法成员单位和执法部门按照谁执法谁普法责任制，采取下乡宣传、法制讲座等形式，结合工作实际，开展特色法制宣传活动，提高普法依法治理工作的多样化和覆盖面。结合民族团结进步宣传月，9月10日曲水县“首届三有村集市”大型普法宣传活动，并通过悬挂横幅、张贴宣传海报、固定展板等方式向广大农牧民群众、商贩开展法律咨询、法制宣传教育工作，并发放《拉萨市民族团结进步条例》《中华人民共和国道路交通安全法》《城乡规划法律法规宣传手册》等宣传资料和物品，受到了现场群众的好评。

【开展“惠寺利僧”政策法规及法制宣传活动】 8月23日，县民宗局、普法办到全县各寺庙开展了“惠寺利僧”政策法规宣讲活动。县司法局、卫生防疫、人社、民政等相关单位结合自身工作实际分别向寺庙僧尼宣传讲解宪法以及如何预防传染疾病、卫生防治措施，以及医疗保险、低保、城乡医疗救助等与广大寺庙僧尼的个人切实利益息息相关的政策法规。并发放《中华人民共和国宪法》《宗教事务条例》《拉萨市民族团结进步条例》以及卫生防疫宣传手册等宣传资料共计800余份（册），切实提高广大僧尼的爱国意识、团结意识和法制意识。

【人民调解规范化建设】 按照市局要求，曲水县各乡镇司法所按照整改意见书的内容，逐项完成整改工作。通过整改活动，曲水县现有各级各类人民调解组织38个，调解员240人，其中乡镇人民调解委员会6个、调解员44人，村人民调解委员会17个、调解员94人，企业人民调解委员会9个、调解员67人，专业性行业性人民调解委员会6个、调解员35人。为深入落实人民调解委员会规范化建设工作，夯实人民调解工作基础，按照市局部署，年内曲水县开展调研、督导活动，及时掌握了解辖区内各调解委员会规范化建设工作落实情况。通过调研，曲水县各乡镇、村委会调委会场所设置率达到100%、企业调委会场所设置率95%；各级调解组织基本实现有标牌、印章、标识、徽章，做到建立健全各类规章制度并上墙。

【规范人民调解工作】 2016年，县司法局按照市局基层科要求，规范了人民调解工作十项制度，并及时做好十项制度的藏文翻译、印制及发放等工作，确保了各级人民调解委员会在调处各类矛盾纠纷时有章可循，保障了基层人民调解工作扎实有效开展。并通过前期督导工作时发现的问题和基层调解组织的实际困难，从人民调解经费中出资11900元，为17个行政村调解组织统一购买发放了文件柜，为基层人民调解组织的规范化建设奠定保障。

【基层人民调解员培训】 2016年，曲水县两次邀请市司法局基层副科长米玛次仁为全县专业性、行业性人民调解员开展业务培训，共13人参加培训。培训采用集中授课方式，向专行调解员讲解了人民调解卷宗制作、人民调解常用方法与技巧等重要内容。此次培训对全县专业性、行业性人民调解员在开展好各类矛盾纠纷调处具有很强的指导性。

【开展回访再教育活动】 为确保3月重要时期、“萨嘎达瓦”、两会、雪顿节、藏博会、春节、藏历年等期间曲水县社会局势和谐稳定，年内县司法局联合各乡镇，先后在全县范围内开展对刑释解教人员、社区服刑人员的回访再教育专项活动14次。通过深入村组、户等形式，重点排查回访了目前在册刑满释放、解除劳教、2008年拉萨“3·14”打砸抢烧暴力事件涉案重点人员和社区服刑人员近期思想动态和生产生活情况。并对辖区内刑释解教人员和社区服刑人员逐一进行了思想教育，坚决不参与非法活动和影响社会治安稳定的各类活动，确保在敏感时期不出任何问题。

【落实帮教政策，解决实际困难】 为贯彻落实好安置帮教政策，年内县司法局通过排查了解，对茶巴拉乡、聂当乡3名刑释解教人员开展了系列帮扶活动，结合各自实际困难，3月，茶巴拉乡党委政府为刑释解教人员达某解决了房产证难办问题，使其餐馆顺利开业，县司法局也在回访中要求达某依法诚信经营、安心生活，并为其送去了1000元的扶持金。4月，曲水县开展服刑在教人员未成年子女排查活动，到各乡镇、村组核实情况，对生活条件困难的未成年子女家庭开展送温暖活动，为服刑在教人员家属解决了1500元的生活补助，为服刑在教人员安心改造和使其未成年子女身心健康成长起到了重要作用。

【按照规定程序及时做好必接必送工作】 在接到《刑满释放人员通知书》《出监（所）鉴定表》后做到了及时核实登记，将通知书转发到各乡安置帮教工作小组以及刑释解教人员家属，并一同赴监狱接回刑满释放人员并登记造册，建立档案，一人一档一卷，指导并协助村（居）委会针对帮教对象，成立帮教小组，明确帮教责任人，签订责任书，落实责任制，切实做到“帮教人员、帮教对象、帮教措施”三落实。

2016年，县司法局社区矫正负责人到南木乡司法所为社区服刑人员举行矫正期满解除仪式，乡司法所、综治办工作人员、解矫对象及监护人、乡派出所人员参加仪式。按照《社区矫正实施办法》的规定，为社区服刑人员登记造册，建立规范的矫正档案，成立社区矫正小组，实行动态管理。社区服刑人员矫正期满，经司法所评估鉴定，曲水县矫正工作领导小组办公室审核，依法解除对社区服刑人员解矫后列入安置帮教序列。

【法律援助】 2016年，曲水县将法律援助工作与普法宣传教育紧密结合，利用综治宣传月、三八妇女节、等时机，向广大群众和妇女儿童宣传发放《法律援助条例》、妇女、老人、未成年人权益保障法等法律法规宣传资料2000余份，解答有关经济、土地承包、婚姻家庭、损害赔偿等各项矛盾纠纷800余人次，使全县广大农牧民群众更深入地了解法律援助制度，掌握法律援助知识，扩大社会影响。截至年底，县法律援助中心共受理法律案件34起，（其中办理法律援助案件26起，代写文书3起，法律咨询5起）。案件涉及婚姻纠纷、财产纠纷、抚养纠纷、农民工工资纠纷等民事纠纷；受援人共达108人，挽回受援人经济损失达596479元。

（旦增卓嘎）

【领导名录】

局　长　次仁多吉

副局长　则 里 海

经济管理

曲水县发展和改革委员会

【概况】 2016年，曲水县实现地区生产总值13.30亿元，同比增长17.5%，完成年度计划的100.08%。全社会固定资产投资完成37.56亿元，同比增长28.8%，完成年度计划的100.03%；社会消费品零售总额2.78亿元，同比增长13%，完成年度目标任务的100.18%；全年旅游人次达28.75万人次，同比增长15.37%，完成年度目标任务的100.31%；旅游收入1509.73万元，同比增长18.41%，完成年度目标任务的100.25%。

【项目建设】 2016年，曲水县开复工项目共273个，其中复工项目50个，新开工项目223个，完工项目199个；总投资94.53亿元，完成投资36.78亿元，完成目标任务的100.03%。复工项目完工率为84%，新开工项目完工率为70.4%。推进项目管理。重新修订《曲水县政府投资项目管理办法》，制订项目建设流程图，发放给项目单位，规范项目单位程序及管理。完成全县固定资产投资目标任务的分解工作，并与项目单位签订目标责任书。全面开展项目稽查工作，对全县项目进行全方位把控，对项目的各个环节进行稽查；主动作为，高效服务。充分发挥项目中心专业队伍优势，指导项目单位办理项目手续，开展设计项目对接会、组织招投标等。年内，共评审项目71个，固定资产节能备案项目88个，召开项目对接会20余次；年内，共有援藏项目11个，总投资33375万元。其中援藏投资23055万元，县级配套10320万元。全年安排援藏资金6010万元。

【旅游服务业】 挖掘旅游潜力，打造秀色才纳AAA级景区，让游客尽享诗意田园之乡村风光。利用优美自然环境，引进梅花鹿、鸵鸟、孔雀、珍珠鸡等动物，打造西藏拉萨净土健康动物保护园；全力推进旅游基础设施建设。加快曲水县现代农业示范基地建设项目二期、曲水县俊巴渔村民族特色产业、拉萨净土健康动物保护园等项目建设。投融资近25亿元用于才纳乡精准扶贫易地搬迁点、中藏药材种植区、奶牛养殖基地、玫瑰种植基地等项目，以推进产、销、购、娱为一体的才纳净土健康产业园建设，形成拉萨近郊市民休闲体验观光园；多渠道宣传旅游工作。充分利用报纸、电视、微信等媒体，加大宣传促销力度。积极组织企业、景区参加拉萨市“乡村旅游”推介会和藏博会，并利用景区策划专项活动，秀色才纳景区举办了首届郁金香文化节、唐菖蒲节，西藏拉萨净土健康动物保护园举办了单车骑行比赛，宣传净土健康产业理念，挖掘健康曲水生态旅游资源，展现旅游对外形象；从全县贫困户中筛选了12名旅游厕所保洁员，既能促进贫困户增加收入，又能确保旅游厕所干净整洁，优化曲水县旅游环境。并根据实际需求统计各乡镇需建厕所，上报拟建57个厕所；加强行业监管。认真对全县8个旅游景点、6个旅游厕所、1家旅馆、30余家餐馆进行了检查，共出动检查人员30人次，规范了旅游市场秩序，改善旅游环境，提高旅游服务质量，确保游客满意度和游客纠纷调解率均达到100%。并在五一、雪顿节、汛期等重大节日及重要时段加强安全检查，重点加强道路交通、食品卫生、消防设施以及游览车的安全隐患排查，确保全年未发生旅游安全事故。

【交通状况】 按照区交通厅的统一安排部署，2016年为全区农村公路普查年，交通局明确专人专职负责，学习专业软件，到每条农村公路，采集公路沿线的标示标牌、桥梁涵洞、村庄寺庙，总计采集里程383.82公里，列入养护里程175.83公里，圆满完成该项目工作；公路建设顺利完成。曲水县农村公路建设项目总计9个，总投资8589万元，总里程67.39公里。主要建设达嘎乡其奴村2、5、6、8组公路工程、聂当乡德吉村2、3、6、7、9组公路工程、聂当乡热堆村1组、6组乡村道路建设、茶巴拉乡水库至牧业组项目、茶巴拉乡色麦村2、4组公路工程等农村公路；开展上争工作。积极开展下一年上争农村公里前期手续，总计9条，总投资22871万元，建设总里程119.2公里；8月14日，曲水县农村客运开通运营，以曲水县农村客运有限责任公司为运营主体，开通三条线路，购买3辆19座客运车辆，实现全县乡镇通车率为100%，得到沿线农牧民的广泛好评。给30名自愿从事农村公路养护工作的贫困人员设立了工作岗位，推进精准扶贫攻坚工作。

【商务工作】 为确保曲水县全年农牧民碘盐配送率达到100%，及时上报农牧民食用碘盐配送计划，计划配送碘盐180.576吨，实际配送碘盐180.576吨；认真做好家电家具补贴工作。组织各乡镇商务负责人召开专题会议，对曲水县家电家具补贴政策及具体工作进行了详细的安排，同时制订《曲水县家电家具补贴方案》。要求各乡镇收集农牧民购买家电家具时的票据和相关证件，商务局对各乡镇的补贴资料进行详细的审核，截至年底，完成家电家具补贴金额313.48万元。根据《关于印发商务局2016年“安全生产月”和“安全生产拉萨行”活动方案的通知》精神，制订《曲水县商贸领域安全生产月活动实施方案》，协助县安监局组织曲水县安全生产月活动，在商贸市场、广场等场所悬挂关于安全生产月口号的横幅，向群众发放安全生产知识手册460册。通过对全县范围内开展全民、系统、彻底的安全生产大检查，防范和消除各类安全生产隐患，促进事故隐患的及时整改，在商贸领域未出现大小事故，为曲水县创造了良好的安全生产形势。结合曲水县发展电子商务基础条件和电子商务发展现状，成功申报电子商务进农村综合示范县，并派专人到内地参加电子商务培训，通过开展曲水县电子商务进农村综合示范工作，促进曲水县电子商务网购网销得到快速发展。

【新型城镇化建设】 9月，国家发改委城市和小城镇中心副主任陈洪宛一行对曲水县新型城镇化建设进行综合评估，通过召开座谈会、现场调研等形式，了解曲水县农村改革试验区新成果、小城镇建设、精准扶贫工作、旅游产业综合发展等相关情况，并对曲水县新型城镇化综合试点给予了高度评价。

【市场管理】 为适应现阶段市场工作的需要，从上年统一停止收费许可证年度审验工作之后，按要求建立行政事业性收费目录清单制度，对收费单位收费目录清单进行审核上报，加强对收费单位收费行为的监督，对不合理的收费进行了更正，对不符合规定的责令其业主限期进行了整顿；加强市场管理力度，特别是节目期间监管力度，组织实施了物价管理检查，对曲水县范围内各类商店明码标价进行规范。价格认定行政权力下放之后，部门领导高度重视，9月，选派物价工作人员参加全区价格认定培训，提高工作人员业务能力，作出的价格认定结论，经提出机关确认后，作为纪检监察、司法和行政工作的依据。年内，共作出物价评定1起，涉及金额200元。

【机关效能工作】 认真贯彻落实“两学一做”活动精神，制定全年学习计划，共开展理论学习20余次。并加强业务技能学习，增强机关党员干部运用科学发展理论指导实践的自觉性，提升服务科学发展的能力。以开展效能建设为抓手，改进工作作风。规范行政行为，简化审批程序，缩短审批时限，提升机关效能；抓监管，确保实效。加强廉政建设教育，办公室及时传达曲水县纪委、监察局下发的文件，组织单位工作人员深入学习认真讨论，通过在廉政建设上采取的一系列措施和加强监督检查，使党风廉政责任制得到落实。

【社会治安综合治理】 按照曲水县社会治安综合治理目标管理责任书的要求，结合实际，制订《曲水县发改委2016年社会治安综合治理实施方案》，确定了责任人，行动上由党政一把手亲自过问、亲自抓，年内无重大治安案件发生。同时，做好值班带班工作，特别是在元旦、春节、藏历年、五一等敏感日及重点节假日期间，制订值班表，并将安排意见上报有关单位，做到带班领导在位，值班人员到位，确保维稳工作措施落到实处，切实维护了社会治安稳定，年内无一起入室盗窃案的发生。

（刘润芹）

【领导名录】

主　任　达　琼

副主任　格桑次列

曲水县财政局

【概况】 曲水县财政局为县政府主要职能部门，下设有办公室、行政财务、公检法财务、农口财务、卫生财务、住房公积金办公室、基建财务、社保财务、教育财务以及国有资产管理工作职责。全系统共有职工干部11人，有10人为党员，本科以上学历8人，其他学历2人。

【财政收入】 2016年全县财政总财力为100128万元，较上年增加14295万元，增长16%。全县地方本级财政一般预算收入完成18724万元，比上年增加3859万元，增长25%，其中：税收收入完成17793万元，比上年增加4726万元，增长36%；非税收入完成1051万元，比上年减少747万元，降低41%%。上级财政补助收入78268万元，比上年增加7701万元，增长10%。累计结余为41万元。政府性基金收入2513万元，主要是土地出让金收入，无结余。国有资本经营收入120万元，无结余。

【财政支出】 全县财政一般预算支出完成98904万元，比上年决算数增加17977万元，较上年增长22%。其中：一般公共服务19930万元；公共安全5798万元；教育15705万元；科学技术25万元；文化体育与传媒993万元；社会保障与就业6449万元；医疗卫生5558万元；节能环保649万元，；城乡社区事务754万元；农林水事务29511万元；资源勘探电力信息等事务10564万元；商业服务业等事务1500万元；国土气象事物支出254万元；住房保障支出1128万元；其他支出86万元。

【财政工作】 2016年，财政坚持以人为本，着力加大以民生为重点的社会事业投入，努力使全县人民“学有所教、劳有所得、病有所医、老有所养、住有所居”，实现改革发展成果由人民共享。全县用在与人民群众直接相关的教育、医疗卫生、社会保障与就业、农林水事务、住房保障等方面的民生支出达到了73012万元，占全县整个财政支出的70%。

为推进政府预算公开工作，按照《中华人民共和国预算法》的相关规定，县财政局运用拉萨市政务网对全县除涉密单位以外所有预算单位2015年决算、2016年预算和“三公”经费进行公开，公开率均达100%。

2016年5月，县财政局按照市财政局关于推进国库集中支付改革要求，曲水县作为国库集中支付改革试点县正式启动，按照试点要求，县财政局已设立国库集中支付中心，并设置了相关岗位，同时在目前代理行的国库管理制度不便和银行结算制度不便的条件下，利用会计集中核算的基础，已完成财政零余额账户和法院、公安两家预算单位零余额账户开设工作，为做好曲水县国有资产清查工作，规范国有资产管理，2016年3月，县财政局委托北京百汇方兴资产评估有限公司对全县2015年12月31日前经机构编制管理部门批准成立的、执行行政事业单位财务和会计制度的各级各类行政事业单位、社会团体进行资产清查工作，以摸清行政事业单位“家底”，截至年底，因国土局正在进行全县土地红线图测绘无法进行清查，全县其他房产、设备等已全部清查完毕。

2016年，县财政局联合县纪检委（监察局）委托西藏博瑞会计事务所对22个行政事业单位及国有企业开展了经济责任审计工作，针对审计过程中发现的问题及整改意见，力促领导干部切实增强法制观念，警示和教育所有在职党员领导干部，促进预防职务犯罪工作。

2016年盘活各类沉淀资金638万元，对于已收回资金统筹用于教育、水利、扶贫、民生等重点项目，提高了财政资金使用效益。

（陈斐雨）

【领导名录】

财政局局长　万诗亮

曲水县国土资源规划局

【概况】 2016年，曲水县国土资源规划局核定行政编制4名，加挂不动产登记局牌子，核定不动产登记中心事业编4名，领导职数2名。

【耕地保护】 2016年，曲水县国土资源规划局贯彻落实耕地保护目标责任制，与五乡一镇层层签订耕地保护责任书，将耕地保护工作与各乡（镇）年度考核相挂钩，切实加强耕地资源的监督保护，实现了耕地保护特别是基本农田保护工作一级抓一级，齐抓共管的良好局面，确保曲水县耕地保有量和基本农田保护率达标。

严格执行占用基本农田的审批制度，切实实行基本农田“五不准”制度，做好审批把关工作。对非农建设确需占用耕地的，按照相关规定及时报送农用地转用审批手续，做到先报件后用地；对可占或不可占用耕地的项目一律不占用耕地；对不符合规划用途的，坚决不予办理农用地转为建设用地手续；对“两高一资”项目不予以办理相关用地手续。

2016年才纳乡才纳村境内实施土地开发项目，开发土地面积2697亩。后期又申请立项开发土地3600亩。均顺利通过拉萨市组织的验收。

开展全县征地补偿费用管理大检查，采取“三严”严格征地管理。即严格控制征地规模；严格依法按规划计划、按程序征地；严格征地审核和征地补偿安置监督。认真督促落实法定的征地补偿和安置措施，解决征地安置补偿费用拖欠、挪用、截留问题，抓好征地补偿费的清欠工作，建立征地情况和补偿标准公告制度。

【项目管理】 根据《建设项目用地预审管理办法》，依法对建设项目涉及的土地利用事项行审查，严把项目用地初审关，严格执行国家建设项目用地控制指标的有关规定，引导项目用地选址尽量不占或少占耕地，使新建项目占用耕地面积大大减少。2016年，共提交74个建设项目用地和选址的初审请示，审核办理17个项目“三证一书”共计51本。

【农村宅基地制度改革】 2016年，曲水县农村宅基地制度改革试点工作稳步推进，在全面完成6816宗农村宅基地使用权的确权颁证工作基础上，2016年与银行机构对接农村集体土地使用权证贷款事宜，2016年3月29日，西藏曲水县农民住房财产权（含宅基地使用权）抵押贷款发放仪式在南木乡政府院内隆重举行，为江村、南木村、德吉村、才纳村、曲水村首批19户农户发放263万元农民住房财产权（含宅基地使用权）抵押贷款。根据《曲水县支持农民住房财产权（含宅基地使用权）抵押贷款意见》，为切实减轻广大农牧民负担，曲水县农民住房财产权（含宅基地使用权）抵押登记费用不予收取，其他费用也一律不得收取。同时，研究确定《曲水县农村宅基地有偿使用、流转和退出审批管理暂行办法（试行）》，为强化农宅管理提供有效依据。

【不动产统一登记】 2016年，县国土局加挂不动产统一登记局牌子，成立不动产登记中心。参加不动产统一登记业务培训，迁入不动产登记工作专线，建立导询、登记、收费发证“一站式”服务平台，制定《曲水县不动产登记一次性告知制度》《曲水县不动产登记档案保密制度》及《曲水县不动产登记中心首问负责制度》等6项制度，并实现制度上墙。编制藏汉双语的不动产登记工作知识宣传册及办事指南，悬挂藏汉双语宣传栏，采取通俗易懂的本地语言（藏语）进行下乡入村宣讲。根据不动产登记发证方案，9月22日，曲水县首本不动产权证颁发，标志着全县不动产统一登记工作全面开展。

【划定永久基本农田，完成系统数据入库】 根据区、市相关工作要求，开展县城周边及全县永久基本划定工作。完成了动员部署、资料搜集和初步分析、外业调查、取证核实等系列工作。7月25日，通过拉萨市国土资源局组织的评审。划定结果：城市周边内划定永久基本农田0.4751万亩，城市周边基本农田保护率达到55.92%，超过自治区国土厅50%的范围要求；全县域划定永久基本农田9.2958万亩，其保护率达到83.27%，相比土地利用总体规划任务量9.1407万亩，超出0.1551万亩，达到了《基本农田划定规程》百分之八十保护率的要求。

【执法监察】 按照拉萨市人民政府关于批转《拉萨市2015年度土地矿产卫片执法工作方案》的通知要求，结合曲水县实际，制订并分发《曲水县2015年度土地矿产卫片执法检查工作的实施方案》，顺利完成图斑的查出和在线系统录入等工作。曲水县2015年度土地卫片数据共涉及114个图斑。

为营造舒适优美的发展环境和人居环境，县国土局依据《中华人民共和国城乡规划法》等有关法律法规规定，制订《曲水县违章建筑综合整治工作方案》，明确治理目标、整治范围和方法步骤，加大对两个工业园区、318国道沿线、县城规划区内、旅游景点等违章建筑的清理整治力度。

加大对全县范围涉及用地的矛盾纠纷排查力度，及时解决群众之间、企业与群众之间出现的问题，将矛盾纠纷化解在萌芽状态，解决了聂当乡2宗权属纠纷案件，维护了农牧民群众的根本利益。

【安全生产】 2016年，曲水县把安全生产放在首位，采取有效措施，积极排除安全生产隐患，严防安全生产事故发生，以切实的行动来创造全县的安全环境。同时制订《曲水县国土局关于开展矿山安全生产专项检查的实施方案》，向各采矿企业下发了《关于进一步加强矿山安全生产工作的通知》，并定期对全县境内的矿山领域进行拉网式的实地大排查，落实企业主体责任，推动曲水县安全生产工作又好又快发展。

【地质灾害防治】 年内，编制并实施了《曲水县2016年度地质灾害防治方案》《曲水县地质灾害应急预案》等规范性文件，明确了2016年度汛期地质灾害防治的主要任务、责任分工和保障措施，向各乡镇下发了《关于及时上报全县范围地质灾害情况的通知》，建立健全了县、乡、村群测群防体系，严格执行汛期灾情速报、预警预报、应急处理等制度。印发了藏汉双语的“崩塌、滑坡、泥石流等地质防灾避险明白卡”，及时发放到农牧民群众手中，并现场为当地百姓进行了地质灾害防治知识的宣传与解答。“地灾避险明白卡”中包含了农牧民群众家庭基本情况、所在区域地质灾害的类型、疏散路线、防治机构、防灾责任人、本住户注意事项等，以确保地灾发生后第一时间安排疏散人员和物资，保障每户农牧民群众的生命财产安全。

2016年，全区雨量偏多，县国土局制定相关制度，建立健全地质灾害县、乡、村三级群测群防体系，落实汛期24小时值班制度，坚持“每日一报”制，加强对全县重大地质灾害隐患点和地质灾害易发区的监测。为乡村群测群防人员发放雨衣、雨鞋、手电筒、帽子等实地监测装备，在各地质灾害隐患点设立藏汉双语警示牌共计16处，做到汛期期间地灾能早发现、早防治。全年全县境内未出现人员伤亡或重大财产损失。

【土地法律法规宣传】 为保障农民权益，增加农牧民群众土地法律法规的意识，县国土局利用6.25土地宣传日，开展国土资源工作和法律法规的宣传。利用征地工作、不动产登记工作和宅基地工作为契机，到五乡一镇举办法律宣传活动，共举办法律宣传活动6次，发放宣传资料2000份，宣传画100份，宣传扇子300个，多次利用国土资源专栏和LED显示栏播放国土知识。

【党风廉政建设】 根据县委、县政府开展党风廉政建设工作的要求，县国土局与县政府签订了《党风廉政建设责任制责任书》，切实加强对本部门党风廉政建设工作的领导，并把党风廉政建设工作纳入国土资源管理目标责任制，与国土资源各项目标任务一起部署，一起检查、督促，一起抓落实，卓有成效地开展了党风廉政建设工作，加强了干部队伍思想政治建设。

（曾 娟）

【领导名录】

局 长 德庆曲珍

曲水县统计局

【概况】 2016年4月，曲水县统计局成为单独的县直部门。下设有办公室，农普办公室，经济调查办公室，具有上报全县农牧业、工业、能源、固定资产投资、劳资、社会消费品零售业、综合核算等各专业年报、季报和月报工作职责。全系统共有干部职工7人，3人借调，有4人为党员，本科及本科以上学历6人，专科学历1人。

【常规工作】 组织开展国民经济核算、农业、工业、建筑业、投资、服务业、批发零售和住宿餐饮、住户、人口、就业、能源等12项常规统计报表工作，取得丰富详实的统计信息，全面反映全县经济社会发展状况，注重抓好对基础统计报表的审核把关，注重年度、季度、月度数据衔接，注重抓好统计台账、原始记录的完善和保存，统计数据质量控制体系逐步建立，较好地维护了政府统计数据的权威性和公信力。

【制度建设】 为推动统计工作有序开展，保障统计数据质量，制定详细档案管理制度、固定资产管理制度、保密工作制度、会议制度、廉洁从政制度、统计调查工作制度、统计数据质量管理和责任追究制度等一系列管理和业务制度。

【统计服务】 着眼评估长效机制建设，制定科学、规范、可操作性的评估方法和规章制度，消除实事评估与经常性统计工作两张皮的现象。建立完善的基础资料库，加强了对责任单位的跟踪调度、规范指导、科学评估。坚持统计系统内部与责任单位、人民群众外部评估相结合，确保考核数据准确、可靠。同时，加强与发改委、工信局、农牧局等部门联系，全面掌握各项指标进展情况，及时反映经济建设中存在的主要问题。深入开展了创城、妇女儿童“两纲”监测等多项考核监测工作，取得十分明显的成效，获得一致好评。

【统计法制建设】 抓好执法、普法的同时，着力提高统计公信度，增强社会公众对政府统计的了解和支持。充分利用法制宣传月和相关广告宣传方式开展广泛的社会动员和宣传发动工作，大力宣传统计的重大意义和具体工作要求，加大统计法制宣传力度，努力营造良好的社会氛围。健全制度，严格监管。按照统计的具体要求，建立健全了统计数据质量管理责任制，明确了统计部门的工作职责和义务，对辖区范围内和本部门统计数据进行严格管理、监督、检查和评估，严禁出现弄虚作假行为。加强执法，依法统计。加强统计执法检查，加大统计执法力度，对拒报、迟报、虚报、瞒报和篡改统计数据等违法行为按照有关规定进行严肃查处，并追究其法律责任，为曲水县统计工作提供了有力的法律保障。

【全国第三次农业普查工作】 2016年，县统计局在县委、县政府高度重视和各有关部门、乡（镇）的配合努力下，以高度的责任感、严谨的科学态度和一丝不苟的求实精神，精心做好各项工作，确保工作顺利开展。县第三次全国农业普查各项工作按预期目标整体推进，完成前期准备工作。

（钱兴贤）

【领导名录】

局　长　邱新虹

曲水县工业和信息化局

【概况】 曲水县工业和信息化局于2010年9月成立。主要职责：贯彻执行国家、自治区、拉萨市工业和信息化发展的方针政策，拟订并组织实施曲水县工业和信息化、发展战略、规划产业政策，监测、分析全县工业运行情况，审核工业项目落户。截至年底，共有4名行政工作人员，3名工人。

【工业经济】 2016年，全县工业经济完成工业销售产值155400万元，同比增长23.8%；工业增加值64000万元，同比增长20.7%；工业税收10100万元，同比增长14.8%。完成工业投入161000万元，同比增长11%。利税超千万企业1家，即西藏高争民爆股份有限公司。全县工业企业新吸纳了600余名区内农牧区剩余劳动力就业，直接为当地群众新增收入1800余万元。

【企业入驻】 2016年，曲水全县注册企业共有178家。其中，实体企业有78家（矿业5家、建筑建材28家、食饮品业16家、民族手工业4家、医药业2家、生物科技种植业7家、再生资源利用3家、其他行业12家），已初步形成了以新型建筑建材行业、民族手工业、净土健康产业及再生资源循环利用为主导的产业集群。

【招商引资】 2016年，县工信局将高新技术、资源循环利用、净土健康产业等国家、自治区重点扶持项目作为重点招商对象，除积极参加市局组织的“昆交会”“雪顿节”“藏博会”等招商活动外，自主到北京、上海、山东、四川等地开展针对性的自主招商活动10余次。

全年招商引资共接待外来投资企业和客商100多家，洽谈项目60余个，招商引资成功签约项目13个，招商引资实际到位资金达119520万元，同比增长9.6%。成功引进华宝香精股份有限公司拉萨净土健康食品项目，完成了茶巴拉光伏产业园的系统规划并引进3家光伏企业，新增上市公司西藏高争民爆股份有限公司1家。

（解　波）

【领导名录】

局　长　卓　嘎

副局长　杨鹏涛

曲水县安全生产监督管理局

【概况】 曲水县安全生产监督管理局（以下简称“县安监局”），独立挂牌成立于2010年10月。主要职责：贯彻执行国家、自治区、拉萨市安全生产监督管理的方针政策，依法行使安全生产综合监督管理职权，监督管理全县辖区内的工矿、危险化学品和烟花爆竹、县直工矿商贸企业或单位安全生产工作。县安监局核定编制3名，实有在岗人员5名，中共党员5名。

【强化组织领导安排部署工作】 2016年，全县组织召开2016年曲水县安全生产工作会议，安排部署2016年工作重点，与各乡（镇）、企业签订了安全生产目标责任书，层层落实安全生产责任。先后印制《曲水县安全生产“党政同责、一岗双责”实施办法》《曲水县安全生产委员会实施细则》等重大制度，保障安全责任落实到位。

【行政执法依法治安】 2016年，县安监局开展两节期间安全大检查、春季复产检查验收专项行动、“五一”期间安全生产大检查大排查大整治行动，“藏博会”“雪顿节”“十一”期间安全检查，主汛期安全检查，道路交通安全检查、冬季安全生产大检查等执法检查，一一制定检查工作方案，监管执法部门秉着不走过场、不留死角的态度，彻底排查安全管理方面存在的突出问题和薄弱环节。同时开展了安监部门执法、消防部门执法、公安交警执法、公安治安执法等专项执法检查，全面依法推进。检查143次，检查人员279人，检查企业475家，检查隐患58项，已完成整改46项，整改率79%，累积下发各类执法文书22份。

【开展安全检查排查治理隐患】 2016年，县安监局共开展非煤矿山、危险化学品、道路交通、建筑施工、烟花爆竹、工贸和特种设备、校园安全、食品药品、旅游安全、职业卫生监管等领域检查450余次，发现安全隐患近100处（起），均及时进行了整改，整改合格率100%。

【强化宣传培训提升安全素养】 在综治宣传月、防灾减灾日、安全生产月、综治宣传周、平安西藏宣传日、民族团结进步节之际，以设立法律咨询点、悬挂横幅、LED电子屏、微信公众平台“曲水在线”、企信通短信宣传平台、警示教育片及事故警示视频等，深入基层、深入企业进行广泛宣传，并举办了第五届安全生产年文艺比赛、安全知识竞赛、安全寄语征集、干企结对帮扶等活动，参与人次达2万余人，取得良好效果。

【监管队伍和企业负责人培训取证工作】 2016年，县安监局组织参加各类安全生产监管业务培训和企业负责人和安全管理人员取证培训，参加的培训有：非煤矿山安全生产业务培训、北京市安全生产监管培训班、工贸企业有限空间作业安全生产业务培训班、危险化学品年度安全监管工作暨业务知识培训班、县（区）行政主要领导、村委会主任参加安全生产教育培训班、工贸行业、危险化学品行业业务知识培训班、事故直报联网直报培训班等，提升企业负责人安全管理能力，学习内地企业安全措施建设经验，增强曲水县企业安全生产本质水平。

【“两学一做”活动】 2016年，县安监局、县民政局联合党支部及时成立学习领导小组，制订《安监民政联合党支部开展“两学一做”学习制度》《安监民政联合党支部民主生活会制度》，在机关大楼制作“两学一做”学习教育专题展板2块，定期更新学习教育工作内容和宣传标语，派4名党员参加全县“两学一做”知识竞赛答题比赛，集中学习中央第六次西藏座谈会精神、《习近平总书记系列重要讲话读本》《中华人民共和国安全生产法》《中华人民共和国婚姻法》等法律法规，完成学习笔记24篇，自学笔记24篇。

【精准扶贫】 2016年，县安监局制定一系列切实可行的帮扶措施，落实大病求助资金、以业脱贫、以教脱贫求助方式，使贫困家庭享受到了实实在在的好处。开展走访慰问精准扶贫家庭走访达10次，累计帮扶资金8893元。

（邹晓玲）

【领导名录】

局　长　达　瓦（藏族）

副局长　达娃卓玛（女，藏族）

曲水县国家税务局

【概况】 曲水县国税局位于曲水县沿河路38号，占地面积1.61万平方米，担负着全县辖区内各项税种的征收管理。曲水县国税局在册干部8人，征管总户数953户，企业338户，个体工商户615户，一般纳税人有42户。

【税收收入】 2016年，曲水县国税局共组织各项收入48977.13万元，比上年同期增收13644.79万元，增长38.62%，完成全年计划参考数的102%。其中：税收收入47829.38万元，比上年同期增收13197.73万元，增长38.11%；其他收入1147.75万元，比上年同期增收447.06万元，增长63.8%。

2016年各税收收入分税种增减情况统计表

税种＼增减比例	2016年	2015年	增（减）额	增减（%）
总计	48977.13	35332.34	13644.79	38.62
一、税收收入合计	47829.38	34631.65	13197.73	38.11
增值税	22462.03	11045.67	11416.36	103.36
营业税	490.38	2806.43	−2316.05	−82.53
企业所得税	9542.98	6319	3223.98	51.02
个人所得税	13200.42	13174.16	26.26	0.2
资源税	63.01	27.05	35.96	132.94
城市维护建设税	1608.65	969.77	638.88	65.88
印花税	307.09	213.13	93.96	44.09
城镇土地使用税	1.08	0.84	0.24	28.57
车辆购置税	153.74	75.6	78.14	103.36
二、其他收入合计	1147.75	700.69	447.06	63.8
教育费附加	688.27	415.62	272.65	65.6
税务部门罚没收入	0.63	7.99	−7.36	−92.12
地方教育附加	458.85	277.08	181.77	65.6

增值税趋于主体地位，个人所得税次之，企业所得税第三。截至年底，流转税占总收入的比例为46.86%，所得税税占总收入的比例为46.44%，其他占总收入的比例为5.62%。

级别＼增减比例	2016年	2015年	增减额	增减比例
总收入	48977.13	35332.34	13644.79	38.62
其中：中央级	30004.3	21551.05	8453.25	39.22
自治区级	700.87	421.03	279.84	66.47
地（市）级	18.9	8.11	10.79	133.05
县级	18253.06	13352.15	4900.91	36.7

【按预算级次分增减情况】 中央级占主体地位，县级次之，自治区级收入第三。截至年底，中央级完成收入占总收入的比重为61.26%，县级收入占总收入的比重为37.27%，自治区级收入占总收入的比重为1.43%，地市级收入占总收入的比重为0.04%。

2016年，其他有限责任公司入库税款33026.76万元，占总收入的67.43%；股份公司入库税款6444.59万元，占总收入的13.16%；私营企业入库税款8519.86万元，占总收入的17.4%；国有企业入库税款165.99万元，占总收入的0.34%；集体企业入库税款20.63万元，占总收入的0.04%；其他企业入库税款443.39万元，占总收入的0.9%；个体入库355.91万元，占总收入的0.73%。

年内，增值税累计入库22462.03万元，比上年同期增收11416.36万元，增长103.36%。西藏誉衡阳光医药有限责任公司本年缴纳西药批发行业增值税6645.52万元，比上年同期增收2794.1万元，增长72.55%，恒信玺利实业股份有限公司、曲水顾家寝具有限公司、曲水迪柯尼商贸有限公司、曲水顾家智能家居有限公司本年缴纳共计税款5113.28万元，以上四家企业属于新注册企业，属于净增收。

营业税累计入库490.03万元，比上年同期减收2316.05万元，下降82.53%。

企业所得税累计入库9542.98万元，比上年同期增收3223.98万元，增长51.02%。西藏誉衡阳光医药有限责任公司本年缴纳西药批发行业企业所得税2534.54万元，比上年同期增收1462.4万元，增长136%；曲水顾家寝具有限公司、曲水安凯投资管理有限公司、西藏恒信凯鸿经贸有限责任公司、曲水迪柯尼商贸有限公司四家企业、西藏嘉汛文化发展有限公司、西藏涪展实业有限公司、西藏璞提文化传播有限公司本年缴纳企业所得税共计1892.37万元，以上企业为本年新增企业，属于净增收。

个人所得税累计入库13200.42万元，比上年同期减收26.26万元，增长0.2%。

车辆购置税累计入库153.74万元，比上年同期增收78.14万元，增长103.36%。

【纳税服务】 强化服务意识，完善纳税服务制度。要求全局上下牢固树立依法服务、以纳税人需求为导向和注重实效的服务意识。强化纳税咨询和辅导，建立健全纳税人疑难问题处理机制，促使纳税人自觉提高遵从意识。积极组织税收宣传月活动，通过组织干部在县城繁华地段悬挂税法宣传横幅，设立宣传点，为纳税人提供税收法律解答，利用办税大厅的宣传栏，宣传税收政策，扩大税法宣传的辐射面和影响力，有效促进纳税遵从度的提高。利用手机短信方式对所辖管户发送了纳税申报的温馨提醒，提醒纳税人按期申报纳税和税法宣传等服务，有效避免了纳税人因逾期申报而受到国税部门的处罚。为进一步提高办税服务效率，更好地为纳税人提供纳税服务。年内，县国税局将工作能力强、综合素质好的干部充实到大厅岗位，为纳税人全面展现出了“一窗式受理，一站式服务”的工作方式，以热心、热情、微笑服务为宗旨，实现了“一窗通办”的全功能化要求，使县国税局办税服务效能建设切实得到加强，并得到了广大纳税户的一致好评。

【税收征管】 改进税收管理方式，加强征管基础建设，提升税源专业化管理水平。从预防、预警、核查和内部管理四个方面入手，积极贯彻落实相关管理制度，切实加强税收征管。加强户籍管理，深化外部信息共享，落实税收管理员制度，夯实征管基础。深入推进依法治税，整顿规范税收秩序，营造良好的税收法治环境。开展税收执法督查，自觉接受外部监督，切实提高税收执法水平。深入开展“五五”普法工作和税收宣传活动。

【党风廉政建设】 完善惩防体系，强化宣传教育，推进党风廉政工作。全面加强廉政风险防范管理工作，认真查找廉政执法风险点，健全预警防范机制，降低廉政执法风险系数。深入开展以理想信念、思想道德、法治纪律为主要内容的廉政教育，巩固廉政建设成果。认真贯彻全区税务系统党风廉政建设会议和拉萨市国税局系统纪检监察工作会议精神，严格执行党风廉政建设目标责任制，加强“两权”监督和执法监察，建立严密有效的权力运行监控机制和内部约束机制。丰富活动载体，加强制度建设，深化党建工作，深入开展创先争优强基础惠民生活动，深化党建工作，提升国税部门形象。

【干部队伍管理】 推进人才兴税战略，强化干部能力建设，提升队伍整体素质。加强班子思想、组织和作风建设，不断优化班子结构，提升班子整体素质。加强教育培训，努力提高干部队伍的整体素质。开展评先评优活动，发挥先进典型的示范作用，营造比学赶超、创先争优的浓厚氛围，进一步激发干部的活力。加强组织领导，细化维稳措施，切实做好维护稳定工作。严格落实各项维稳制度，加强组织领导，制定和完善处突应急预案，细化维稳措施，加强安全检查。

（巴桑卓玛）

【领导名录】

局　长　向春海

副局长　徐宝庭

曲水县工商行政管理局

【概况】 2016年，个体工商户达到929户，同比增长22.2%；从业人员2028人，同比增长29%；注册资金3609万元，同比增长74.7%；其中新增135户、注册资金1320万元、从业人员384人。企业到达272家，同比增长88.9%；注册资本17.3亿元，同比增长193.2%；投资人数424人，同比增长43.2%；雇工人数3227人，同比增长96.6%；其中新增114户、注册资本9.1亿元、投资人数158人、雇工人数1359人。农民专业合作社达到155家，同比增长23%；出资总额1.2亿元，同比增长27.4%；成员总数1951人，同比增长9.7%；其中新增25户、出资总额1715万元、成员152人。

【思想政治建设】 2016年，县工商局制定学习计划，坚持每周四下午为集中学习时间，深入学习党的十八大、十八届三中、四中全会、五中、六中全会、习近平系列重要讲话精神和中央第六次西藏工作座谈会精神。集中学习32次，专题讲座6场次、参加市局、县委县政府有关会议36场次，撰写心得体会23篇。通过学习，培养干部的政治意识、大局意识、责任意识和服务意识，大力倡导和衷共济的团队精神，营造和谐的工作环境。在巩固“党的群众路线教育实践活动”和“三严三实”及“忠诚干净担当”教育实践活动成果基础上，认真开展“两学一做”。结合“三会一课”聘请中共曲水县委党校教师专题讲座2场，参加县“两学一做”专题讲座3场，开展集中学习7场，座谈讨论4次，撰写心得体会14篇。按照《拉萨市工商局2016年重点工作任务分解表暨考核细则》进一步细化分工，对涉及的工作责任到人头，拟制了《曲水县工商局重点工作实施方案》，定制贯彻落实重点工作的措施，明确了目标任务和完成时限，为完成年度工作奠定了基础。围绕敏感时段，及时安排部署，强化单位内部安全防范。严格执行值班带班制度，实现“三不出”目标。落实廉洁从政相关规定，纯洁队伍作风。抓好党支部专题学习，用制度管人管事。

【商事登记注册】 为贯彻落实国务院商事登记制度改革会议精神，按照市局统一部署，县工商局确立了能宽则宽、能放则放、能简则简、能快则快、能优则优的原则，着力推动工商注册制度便利化，全面激发了投资创业热情和市场活力，释放改革红利，各类市场主体蓬勃发展。自启动“三证合一、一照一码”登记改革后，统一明确申请条件，整合简化文书规范，实行“一套材料”和“一表登记”申请，在“一窗受理”窗口公示申请条件和示范文本；累计发放“三证合一、一照一码”254户，其中新设立132户，换发执照122户。按照全面实施“五证合一、一照一码”登记制度改革时间节点，于28日上午9时为辖区内的经营户颁发了第一张“五证合一、一照一码”营业执照，成为曲水县商事制度改革的见证者。12月1日，个体工商户“两证整合”登记制度改革正式实施，县工商局采取有力措施，有序推进“两证整合”工作顺利开展。

【监管工作】 2016年，县工商局在登记大厅摆放《告知承诺书》，在办理登记注册时，窗口人员口头告知申请人需承诺的内容。通过《告知承诺书》，提醒各类市场主体其拟从事的事项中“如有需要获得有关部门批准的，应当尽快到相应审批部门办理审批，方可开展经营活动”。通过《告知函》，将须取得后置审批后，方能从事相关经营活动的市场主体登记注册基本信息告知相关部门。已向2个行政审批部门推送2项审批事项，共发放“后置审批事项办理承诺书”16份，“先照后证”告知书16份。制定《曲水县工商局开展2015年度商事主体年报信息抽查工作实施方案》，明确抽查时间、对象、内容及相关纪律。建立了执法检查人员名录库和抽查对象名录库，结合辖区实际分别采取书面检查、实地核查、网络监测、邮寄专用信函等方式依法依规进行检查。列入经营异常名录的私营企业3户，标记经营异常状态的个体工商户10户。

【招商引资】 为促进县域经济持续健康发展，曲水县工商局从登记注册环节入手，竭力服务于招商引资工作大局。共考察、调研、座谈企业49家。实行现场指导，一站式服务，从名称预先核准到书面材料填写，从网上登记用户名注册、如何填写申请书到退件后如何修改进行现场演示。窗口工作人员还根据注册资本认缴制的要求，制定新的公司章程和股东会决议（决定）模版，放在外网电脑的桌面上，方便申请人制作规范的自备文书，减少申请中不必要的失误，尽量缩短申请人申办时间，确保方便快捷。在登记窗口开设招商引资企业绿色通道，全面落实政务公开、服务承诺、首问负责、一次告知和限时办结等制度，本着能宽则宽、能简则简、能快则快的原则，在企业名称、经营范围、出资方式的核准和材料提交等方面尽可能地降低准入门槛，放宽条件，简化登记程序，缩短办照时间，提高登记工作效率。对县党委政府确定的重点项目实行提前介入、专人负责、全程跟踪，坚持做到急事先办、特事特办，根据企业的需要，实行预约服务、延时服务、加班服务，对主要登记材料已提交并符合要求的，做到当天受理、当天审核、当天发照。对法律法规规定需办理审批的项目，如企业承诺在办理审批前不生产、不经营，按照“先照后证”“双告知一承诺”制度规定给予积极的支持，从而促成项目的落成；对申请人提供的登记材料不全的，非关键性材料缺失或有误的，预先受理、审查、登记，待材料补正后及时发照；对工商部门职责范围内无法解决的问题，及时向当地政府汇报，争取得到支持，协调解决，促成招商引资项目尽快落成。

【法制工商建设】 采取集中学法和自学法律法规相结合，形成学法懂法用法的良好氛围；同时以案学法，提高执法水平，加强数据分析，为上级部门提供决策依据。同时加强在经营者和群众中广泛开展法制宣传活动，提高商户守法经营意识；明确执法权限，完善执法程序，加大执法监督检查的力度；严格坚持案件“查办、审查、定案”三分离制度。旧法规不断地修改，新法规陆续出台，对执法主体的执法水平要求也越来越高。对已修改成形和新出台的法律、法规组织全局人员及时学习，不断充实和丰富全局人员的执法理论知识，打牢了理论基础，强化了业务技能，提高了行政执法的能力。严格办案程序，准确把握自由裁量权，文明执法，严厉打击违法经营行为，规范辖区市场主体经营行为。年内，共查处立案8件，结案率100%，其中2件户属户外广告案件，6户属于无照经营案。

【规范直销打击传销】 在日常监管上，围绕重点人群、区域、场所，进行全面细致的调查摸底，坚决取缔拉人头、收取入门费和利用互联网等形式的传销活动。依托“12315”申诉举报网络体系、“一会两站”消费维权网络及相关部门的密切配合，组成内外联动、纵横交错的工作体系，以明察暗访的方式严查严打。利用各种媒体广泛宣传，加强人民群众防范传销的意识。2016年4月13日，县工商局对辖区内的涉嫌参与传销人员赤某，采取进村入户面对面方式的排查，并采取了相应的管理教育措施。

【消费维权工作】 紧紧围绕新《消法》，积极维护消费者的合法权益。针对消费热点问题，在县局LED电子显示屏以滚动字幕的形式连续发布10期消费警示，提醒广大消费者增强消费维权意识，悬挂横幅30条，利用LED播放公益广告15条；设立咨询服务台3处，发放藏汉文宣传材料800余份，回复群众咨询70余人次。以“一会两站”建设和“12315”“五进”为重点，充分发挥“12315”维权作用，在全县范围内的超市、乡镇设立10个消费者维权联络点，联络员21名。1—10月份，共受理消费者咨询4件，案值15.6万元，为消费者挽回经济损失15万元。

【市场秩序规范】 为维护曲水县农牧民春耕备耕的生产安全，县工商局多措并举，提前谋划、迅速部署，结合春耕生产实际开展了红盾护农保春耕农资市场专项行动。以种子、肥料、农药、农机具、农用薄膜为重点，严厉打击制售假冒伪劣农资等坑农害农违法行为。充分发挥“12315”申诉举报中心和“一会两站”的作用，切实维护农民群众的合法权益。检查中，发现2户进购的家用薄膜没有进货单，责令限时补齐。2016年1月，雪顿节及藏博会期间，对辖区内的加油站、选矿厂、气罐检测站等高危行业开展了3次专项检查。共检查加油站12户次、选矿厂3户次、气罐检测站3家次，其中两家加油站因公路维修、设备更新等原因暂停营业；一家加油站超经营范围经营，已责令限期整改；选矿厂因安全生产许可证、环保评估等手续过期，已要求其暂停营业，限期整改。为维护旅游消费者的正当合法权益，组织开展了3次旅游市场集中整治行动。专项整治中，共检查各类市场主体338户次，检查旅游纪念品商店10户次，土特产经营户21户次，旅行社9户次，景点1个，旅游合同数27份。县局对辖区内出版物集中销售的场所、城乡结合部等进行了全面检查。查看经营主体证照是否齐全、是否落实索证索票制度，是否存在销售非法出版物，严禁销售和传播“藏独”反动宣传品及非法政治性出版物。检查网吧6家次、音像制品店5家次、打字复印店4户次、娱乐场所12家次。为贯彻落实县长在城区综合整治现场办公会的指示精神，4月13日，曲水县工商局规范了影响市容市貌的广告牌和标语的悬挂，努力塑造曲水良好的城市形象。通过清理规范，使曲水县城的环境和形象得到了提升，为广大人民群众提供一个整洁温馨的文明城市环境奠定了基础。截至年底，共摘除违规标语条幅6条，拆除破损广告牌匾2块，清除喷涂广告3处，街面景观秩序明显提升。在全县范围内重点检查了粮油、肉类、蔬菜类、豆制品、奶制品、水产品、饮料、散装食品。抓住运输、仓储、保管、销售4个环节不放松，切断假冒伪劣食品流通渠道，摧毁假冒伪劣食品集散地。年内，共出动执法人员80人次，检查食品经营户275户次，当场查扣过期食品5（袋）。县城经营食品的批发市场、集贸市场、超市已100%地建立进销货索证索票制度，乡镇、街道和社区食杂店100%的建立食品进货台帐制度。为维护2016年三考期间食品市场秩序和消费者的合法权益，确保曲水县考试期间广大师生的饮食安全，营造放心的食品消费环境，县工商局采取有力措施强化食品市场监督管理。共检查食品经营户50户次，音像制品经营户6户次，网吧经营户4户次。检查中发现2包过期方便面，责令下架退市。

【社会信用体系建设】 按照国务院《企业信息公示暂行条例》，认真组织学习“一条例五规章”，并及时通过下路段、进企业、发宣传单等方式宣传年度报告报送信息，做到企业、个体工商户人人皆知；集中人力物力加班加点，指导和催报市场主体报送2015年度信息年报公示，促使年报工作得以顺利进行。截至年底，个体工商户公示年报率98.45%，企业信息公示年报率98.18%，农牧民专业合作社信息公示年报率100%。通过加强组织领导，明确职责分工，采取有力措施，确保按时、按质、按要求完成企业、个体、农专社年报公示信息抽查工作；充分利用微信公众号、QQ群、LED、短信等载体，广泛宣传年报公示信息抽查的目的、意义及失信后果，扩大年报抽查工作的社会知晓度和影响力，提高企业信用意识，力促在全社会形成“企业自治、行业自律、社会监督、政府监管”的良好氛围；抽查工作以实地核查为主要方式，结合“僵尸户”企业清理吊销工作，采取书面检查、实地核查、网络监测等方式，将在检查中发现的市场主体年报公示信息或逾期公示的即时信息可能隐瞒真实情况、弄虚作假以及通过登记的住所或者经营场所无法联系的情形作为监督检查的重点，针对企业的不同违法行为，采取行政指导、责令改正、列入经营异常名录、立案查处等后续监管措施。

【广告监督管理】 为确保曲水县广告市场规范有序，曲水县工商局通过LED显示屏、微信平台等方式广泛宣传新中华人民共和国广告法，扩大社会认知度，形成了广告监管部门主导、新闻媒体有效支撑、社会公众广泛参与的宣传氛围，提升了广告经营者自律意识。以商场、超市、高速公路沿线为重点，对辖区内户外广告发布情况进行了“六查”：是否存在未经登记擅自发布广告行为；广告内容是否涉嫌虚假、夸大；广告是否按照核准登记的广告样件内容发布；是否按照核准登记的期限、形式、数量发布；是否按规定标注登记证号，语言文字是否规范；广告发布的地点、位置是否与登记一致，是否有法律、法规、规章、法定规划明文禁止的形式等问题。以创建全国县级文明城市为契机，联合县卫生、食药、公安等监管部门在全县范围内开展了非法集资广告、房地产广告、招生广告、医疗广告、保健品广告、非法小广告排查清理等专项整治行动。加大对以节日促销等名义发布虚假违法广告行为，将节日期间热销的家电、年货、服装等商品的促销广告作为监管重点，加大对辖区内商场、超市、沿街商铺等经营主体促销广告的监督检查力度，按照新广告法的规定，严格检查有无虚假促销宣传广告，严防绝对化用语在广告内容中出现。

【商标品牌战略】 为树立商事主体品牌意识，提高企业产品在市场上的知名度和竞争力，促进曲水县经济快速发展，县工商局多措并举，开展辖区企业著名商标的申报工作。推荐“远丰”“鑫赛”“金哈达，GOLDENKHADA”“宝雪康”等4枚商标申报第十批西藏自治区著名商标。对符合申报条件的企业建立台帐，做到心中有数。通过电话、深入企业等方式逐一向符合申报条件的企业做宣传动员工作，详细讲解申报知名商标、著名商标的重要性、必要性以及申报所需的条件、流程和方式。对符合条件愿意申报的企业，积极指导其填写申报材料，并密切保持与企业的信息沟通，将申报工作做实做细。主动与县管委会和企业沟通交流，为辖区企业申报知名商标、著名商标的认定工作奠定基础。

【精准扶贫】 为贯彻落实好曲水县委县政府“六个精准、五个一批”的工作要求，县工商局精准扶贫工作组3次到精准扶贫乡村，开展调研慰问活动，全面了解群众在吃水、行路、住房、上学、就医、增收等方面的困难，逐门逐户对贫困农户基本情况详细摸底，完成了其奴村11户、32人的建档立卡工作，为全面落实好扶贫项目提供了详实准确的数据资料。给帮扶贫困户送上了7000元慰问金与大米、面粉、砖茶、食用油等价值3500元的慰问物资，共10500元，其中1户单位扶持，2户重点扶持，8户监测。受到了当地干部和群众的热烈欢迎，也体现了“两学一做”“一树二抓三比四提高”的精神实质。

【非公党建工作】 充分发挥非公党建指导员的作用，在推进个体私营经济组织建立党组织、开展党的工作等方面做了积极努力和有益探索。到所辖非公经济党支部，对2个个体工商户党组织的工作情况、发挥作用情况、党员队伍结构情况和11名党员个人的基本情况，进行了全面详实的调查核实。根据部分党员经商流动变化的实际，对3名已回内地和4名无法联系的党员进行了清理。报请拉萨市个体私营经济协会党委批准，同意对辖区2个非公党支部进行重组，保留曲水县个体工商户党支部，整合沿河路党支部，现该党支部共有党员4名。指导非公党支部开展“两学一做”学习教育，发放学习资料4本，笔记本4本，《习近平总书记重要论述摘编》1本。

【党风廉政建设】 2016年，县工商局认真贯彻落实市工商局和县委2016年党风廉政建设工作有关会议和领导讲话精神，召开党风廉政建设工作动员部署会议1次、专题会议各2次，共签订《党风廉政建设责任书》9份，组织学习党风廉政建设会议精神3场次，开展法律法规教育4场次，警示教育5场次，组织全体干部职工加入了廉政教育微信公众号，向干部职工家属发出“家庭助廉倡议书”10份，与每个党员干部签订了《廉洁家庭承诺书》，制作廉政文化宣传牌4块、警示桌签2个、廉政图片字画4幅。重点落实好工商服务窗口的文明规范化建设和行政执法监督检查，把提高注册窗口服务质量和消费维权服务质量作为督查重中之重。共组织36次对服务大厅登记窗口和市场监管进行效能纪律督查，及时把发现的问题督促进行整改。向被列入重点监管对象和异常名录的市场主体发放调查问卷表55份，回收55份，满意率达95%，还针对收集和反馈的意见建议，进行了综合分析，并扎实有效地进行整改。同时开展了回访督查，兼职纪检监察员通过直接回访（即面对面）和间接回访（电话、信函征求意见）的形式，对新登记注册的企业以及来信来访对象等进行回访。通过“实地走访”活动，共回访企业120余户和个体工商户360余户，征询对工商部门开业登记67个、变更登记37个、注销登记16个、列入异常名录3个的处理情况，目前还没有发现问题，企业个体户回访率为38%。要求窗口工作人员精神饱满、着装规范、仪表整洁、举止端庄、态度热情，坚持“热心、耐心、细心、诚心、公心”“五心”服务，百问不厌、不急不躁、规范用语，文明服务，办事群众来有迎声，问有答声、去有送声。组织了法定和传统节日期间廉洁自律大检查、年报公示工作检查、无照经营治理情况督查、依法行政指导检查、固定资产清查、窗口服务态度督查等，切实保证全局各项重要事项、重点环节检查落实到位。

（贡嘎顿珠）

【领导名录】

局　长　贡嘎顿珠

社会事业

曲水县民政局

【概况】 2016年，曲水县民政局机关核定行政编制5名、事业编制1名，工人2名，其中局长1名、副局长2名（1名副局长专职负责县五保集中供养服务中心），6人为共产党员。

【民生保障】 2016年，充分发挥民政兜底职能，不断健全和完善以最低生活保障为主，以临时救助、医疗救助等专项救助为辅的社会救助体系，并配合精准脱贫工作，切实提高困难群众基本生活。

开展“以保脱贫”工作，政策兜底脱贫人数共计857人，其中，低保730人，五保127人，由于五保对象供养标准达到9300元，远高于脱贫标准，已提前实现脱贫。现有1613名农村低保对象实现了政策兜底全覆盖。凝聚社会力量举行捐款活动，筹得善款701267元，从中列支38.866万元为达嘎乡184户易地搬迁户及才纳搬迁户购置生活用品，推动精准脱贫工作。

按照“应保尽保，进出有序”的要求，严格开展城乡低保工作，执行最低生活保障政策，扎实开展入户核查等专项整治工作，实现了动态管理下的应保尽保。全县现有农村低保480户、1613人，其中1596人为建档立卡贫困户，有城镇低保304户、333人。经3次入户核查，全年正常退出493人，新纳入76人，拟纳入10人，进出依序依规，公开公正，一户一档资料齐全，同时，按季度及时足额发放低保资金，全年共兑现资金465.728万元。加快推进核对中心工作，制订《曲水县城乡居民家庭救助申请表》，实现了不同救助类别使用同一套申请资料，并对接公安、工商、税务等单位数据，完成了低保家庭拥有车辆和工商税务登记情况的清查工作。

坚持党和政府特困群体供养政策，注重五保工作的开展，完善五保集中供养服务中心基础设施，稳步提升服务管理水平和供养质量。全县现有五保对象196人，其中，集中供养173人，分散供养23人，集中供养率88.3%，有意愿集中供养率达100%；紧密结合政策兜底脱贫工作，2016年新纳入五保对象17名，全部实现集中供养；全年按时足额发放和列支供养资金103.641万元。同时，申请成立了五保集中供养服务中心事业单位，除副局长达珍驻点专职负责外，新招聘财会及护理服务人员4名，切实建起了机构、配强了人员，并健全规章制度、强化安全防范、注重医养结合，提高供养质量。

突出“救急难、解民困”的救助特点，开展社会救助工作，完成全年核保工作，共为431名城乡困难群众提供了医疗救助，落实资金220.6万元；为130户因病、因灾、因学等生活困难城乡居民提供了临时生活救助，落实资金29.958万元；加强了街头流浪乞讨人员的救助整治，多次联合曲水镇派出所在城区钉子路口等街道开展乞讨现象排查整治工作，对12名异地流浪乞讨人员进行了劝导，并提供了帮扶救助，落实资金860元；认真审核上报了26名2015年高效特困生一次性教育资助名单和申请材料，并及时发放兑现了资助金6.6万元。

【双拥优抚安置工作】 结合双拥创建新要求和曲水县实际，制订《曲水县双拥创建工作实施方案》和《宣传计划》，在此基础上，大力开展双拥创建宣传工作；进一步推进军地军民结对共建，新建了2个军民共建点，即县人武部与县五保集中供养服务中心、县武警中队与县五保集中供养服务中心，共建内容和活动已全部开展到位；大力开展节日慰问活动，“三大节日”“八一建军节”及士兵退伍期间，县“四大班子”领导走进部队、走进农户，走访慰问了11所驻军部队和12户退役军人、现役军人家属及14名退役士兵，送去慰问金8.88万元，并召开军地座谈会，沟通感情，协调解决困难。在入户核查的基础上，全年向41名60岁以上农村退役军人发放优抚金29.952万元；向2名退伍军人提供了优抚医疗救助，落实救助资金8200元。联合县人武部，圆满完成了2016年度征兵工作；积极协调县人社局，100%完成了7名符合条件退伍军人的安置工作，并向其发放了待安置生活补助3.584万元，同时，向县政法委推荐，为2名退伍军人提供了县政府大门口保安岗位，2015年退役的18人实现了全部就业；组织2名有培训意愿的退伍军人参加了县人社局开展的保安培训班；及时向18名2015年退役士兵发放一次性经济补助和家庭优待金133.2万元。

【防灾救灾工作】 高度重视防灾减灾和救灾救济工作，切实加强自然灾害的预防和处置。在完善县、乡、村三级自然灾害救助应急预案的基础上，协调各乡镇、各村重新调整了自然灾害信息员，并完成了国家自然灾害信息网信息入网工作；加大物资储备力度，采购补充了250套棉衣裤，委托县粮食局代储价值20万元的大米、面粉等粮食物资，为各乡镇集中采购储备了600袋大米等物资，并向偏远易受灾乡和村组调配补充了应急救灾物资；列支10万元，编辑印制7000份图文并茂的防灾减灾知识宣传手册和2000个宣传手提袋，组织各乡镇及国土、安监、水利、卫生、教育、住建、司法等7个单位，开展了防灾减灾日宣传活动，累计悬挂宣传横幅13条、电子屏宣传标语6条，发放14类宣传册、宣传单1300余份，发放水杯、编制袋、围裙等宣传日用品1000余件，发送手机短信1600余条，宣传知识覆盖到近2000户干部群众；加大救灾保障力度，列支56.2万元集中采购了1500袋（桶）大米、面粉、清油和551床棉被、250套棉衣裤等冬春救灾物资，其中，发放到户900袋（桶）和551床，救助受灾群众900户、3612人；同县住建、财政等单位，对7户因强降雨而受损房屋进行了实地勘察和评估，并从县财政自然灾害救灾资金中解决维修资金8.9万元，维修工程基本完成；加强了全县救灾物资储备仓库消防安全工作，完善规章制度，配齐消防设施和安全管理员。

【社会福利】 协助办理了2名未成年人的意愿持证收养，办结率100%。首次将留守儿童关爱工作列入民政救助保障项目，完成了179名留守儿童的信息摸底统计，将协调县教育局等单位出台具体关爱办法。

为使改革发展成果惠及到广大老年群体，5月，制定出台《曲水县寿星老人养老补贴暂行管理办法》，5月17日，在茶巴朗村委会举行了政策启动和补贴发放仪式；全县80岁以上老人每人每月可领补贴500元，6—12月资金已发放到位，314人共领取资金108.1万元；在统计复查的基础上，及时向348名80岁以上老人兑现了2015年寿星老人健康补贴，共计16.56万元；完成了55岁以上老年人信息统计建档工作，共计4642人。在“三大节日”、重阳节期间，以彭飞跃书记为“班长”的县四大班子，先后走访慰问了210名五保、寿星、残疾、空巢老人，送去慰问金11.06万元。先后组织曲水县福利院老年文艺队、雅松民间艺术团等在县五保集中供养服务中心开展了3次大型的文艺演出活动。

开展了主题为“凝聚社会力量、助力精准扶贫”的捐款活动，筹得善款70余万元，全县有988名干部职工、135名教职工10所驻军部队及135个农牧民双联户献出了爱心。正在开展县慈善协会成立前期筹备工作。

【社会事务管理】 加强社会组织管理工作，通过检查，因运转不良作用发挥不明显，注销了茶巴拉乡用水协会，并向南木乡鑫赛瓜果蔬菜合作社提出了整改要求，明确了整改时限，并完成了其合作社年检工作。11月申请成立了社会组织党工委。

狠抓地名普查工作，8月，完成并顺利通过了区市第二次地名普查领导小组的验收。积极开展行政区划工作，以“平安边界”创建活动为抓手，坚持三级联运、齐抓共管的工作方针，组织县国土局、农牧局及各乡镇完成曲水县行政区域边界的界线巡查和纠纷排查工作。

开展婚姻登记、档案保管、信息入网规范化建设工作，共办理结婚登记312对、离婚登记43对，档案资料齐全并实现同步入网，同时完成了2107对婚姻档案资料的补充和信息入网工作。

由于曲水县辖区内只有一处天葬台，位于雄色寺，因仅用于天葬雄色寺僧尼，不对外开放，殡葬管理规范。

【基层政权和社区建设】 2016年，曲水县17个行政村均设有公开栏，“党务、政务、村务、财务”四公开已全面开展，村务监督委员会认真履行职责，做好误工补贴兑现工作，已向各乡镇下拨了村务监督委员会委员误工补贴，共计39.5万元。

在加强曲水村等三个村试点建设的基础上，指导其他15个村设立了一站式服务大厅，提前开展便民服务；继续推进基础设施建设，投资1600万元新建了达嘎、色达、才纳三个村委会办公楼，即将投入使用，茶巴拉等其他村委会建设已在规划中。

【项目建设】 全年实施竣工项目4个，完成资金356.0411万元，分别为县五保集中供养服务中心食堂及大门改扩建项目，总投资196.44万元；县福利院铝合金门窗制作安装项目，总投资39.5978万元；县残疾人综合服务中心设备购置项目，总投资110万元；江曲麻风病康复中心自来水管道改造工程，总投资10万元；已争取项目及资金到位、尚未实施的项目5个，涉及资金1185万元，分别是援藏项目格桑花县福利院旧公寓楼电视购置项目，总投资25万元；援藏项目县福利院提档升级项目，总投资500万元，已完成可研和初设待评审；县社会福利院智能监控设备项目，总投资137万元；县五保集中供养服务中心供暖工程项目，总投资223万元；县慈善超市项目，总投资300万元；正在争取的项目10个，已完成文本申报和项目系统录入工作，其中，7个救灾物资储备仓库项目的前期手续和评审工作已完成。

（胡天仙）

【领导名录】

局　长　琼卓玛

副局长　边巴卓嘎

　　　　达　珍

曲水县人力资源和社会保障局

【概况】 曲水县人力资源和社会保障局共有干部职工13名，其中局长1名、副局长1名，干部职工11名（2名科员、4名工人、5名公益性岗位人员）。

【培训就业】 2016年，人社局围绕经济社会发展大局，全面落实各项就业优惠政策，正确处理扩大就业与经济发展的关系，促进充分就业，稳定就业局势。就业再就业培训246人，合格率90%以上，就业率80%以上，完成全年目标200人的123%。农牧民转移就业培训656人，合格率95%以上，就业率88%以上，完成全年目标550人的119.27%。职业指导607人次、介绍656人次、介绍成功539人，分别完成全年目标600人次、460人次、230人的101.17%、142.61%、234.35%。精准扶贫转移就业164人，完成全年目标164人的100%。开发就业再就业岗位505个，完成全年目标450个的112.22%。实现就业困难人员就业93人，完成全年目标85人的109.41%。实现新增就业1916人，完成全年目标1135人的168.81%。城镇登记失业率控制在2.2%以内。职业技能鉴定270人，完成全年目标230人的117.39%。农民工专项职业技能鉴定40人，完成全年目标30人的133.33%。农牧区劳动力转移就业1.96万人、3.14万人次、实现收入0.88亿元，分别完成全年目标1.5万人、2.7万人次、0.87亿元的130.67%、116.3%、101.15%。创业培训56人、完成全年目标25人的224%，培训合格率100%，创业成功率65.38%，创业带动就业17人。按照基层服务平台建设的统筹规划，通过政策扶持、资金保障、定期督导，全力推进基层服务平台能力建设，充分发挥平台作用，使其真正成为保障和改善民生的重要着力点，同时按要求做好就业相关数据统计，并及时上报统计报表。人社局以高校毕业生就业服务月活动为契机，组织工作人员和乡镇基层服务平台工作人员深入村组、采取登门走访、电话联系等方式，认真、准确地做好离校未就业高校毕业生实名制登记工作，切实掌握离校未就业高校毕业生的底数和就业需求，为其提供有针对性的培训、见习、岗位推荐等就业服务奠定基础。在了解离校未就业高校毕业生求职意愿及就业服务需求后，开展高校毕业生就业创业讲座和创业培训。共登记全县2016年离校高校毕业生236人（其中已就业74人、未就业162人）。开展创业培训30人，完成全年目标10人的300%，创业成功率达30.36%。组织实施高校毕业生见习20人，完成全年目标20人的100%。共有困难家庭高校毕业生22人，已全部就业。

【社会保险】 2016年，企业职工基本养老保险全年参保262人（其中在职227人、退休35人），完成全年目标256人的102.34%；全年征缴基金323.9万元，完成全年目标310万元的104.48%，征缴率达100%。城乡居民基本养老保险全年参保21847人，完成全年目标17642人的123.84%；全年征缴基金170.88万元，完成全年目标168.53万元的101.39%，征缴率达96%；发放60周岁以上3988人1—9月基础养老金545.03万元。城镇职工基本医疗保险全年参保1785人（其中在职1516人、退休269人），完成全年目标1605人的111.21%；全年征缴基金1345.15万元，完成全年目标1185万元的113.51%，征缴率达100%。为2家定点医疗机构办理个人账户基金结算108239.33元，办理保证金结算2652.55元；为18人办理个人账户清户手续，清退个人账户资金103543.41元；为1人办理个人账户支现手续，支现个人账户资金18000元；为53人办理医疗保险转移接续手续。城镇居民基本医疗保险全年参保842人，完成全年目标821人的102.56%；全年征缴基金36.92万元，完成全年目标36万元的102.56%，征缴率达100%。生育保险全年参保1516人，完成全年目标1359人的111.55%；全年征缴基金93.95万元，完成全年目标79万元的118.92%，征缴率达100%。共为77人（其中职工48人、居民29人）提供住院报销服务，支付住院报销款62.98万元（其中职工39.9万元、居民23.08万元）；为54人提供生育报销服务，支付生育报销金额48.78万元。失业保险全年参保853人，完成全年目标800人的106.63%；全年征缴基金156.38万元，完成全年目标71万元的220.25%，征缴率达100%。工伤保险全年参保3556人，完成全年目标2016人的176.39%；全年征缴基金136.11万元，完成全年目标110万元的123.74%，征缴率达100%。受理工伤认定申请9件，成功上报市人社局工伤中心9件，市人社局工伤管理中心作出认定工伤决定9件，工伤认定率达100%，待遇支付40.91万元。

【劳动监察】 2016年，县劳动监察大队认真履行职责，组织开展形式多样的监察执法活动，在日常执法检查中，把打击非法用工行为放在突出位置，劳动者合法权益得到切实维护，有效地抑制全县辖区内劳资纠纷群体性事件的发生，努力构建和谐劳动关系。共受理劳资纠纷案件28起，结案28起，结案率达100%，涉及人数319人，资金450.78万元。督促55家企业缴纳民工工资保证金2288.52万元；清退10家企业民工工资保证金433.06万元。对全县劳动力市场进行6次定期排查，累计检查用人单位73家，监督检查面达100%。

【工资福利】 人社局加强工资信息日常管理，整理完善干部职工工资档案，及时做好调动干部职工调资和转移接续工作。具体完成了全县政府系统干部职工682人2016年正常工资晋升的兑现和发放工作；2016年分类区分职级人数调查工作；271人860份工资原件整理和归档工作；109名在职工人连续工龄追加工作；2015年享受64号文件退休人员及2016年1月之前工资变动审批与补发工作；并按要求及时调整兑现环境监察、林业有毒有害、警察警衔等津贴工作；兑现政府系统干部职工757人的住房补贴125.33万元；按照调资标准，完成全县干部职工调标增资和2016年度年终奖兑现工作。

【人力资源管理】 人社局着眼“人才强县”的工作思路，坚持“人才优先，以人为本”的理念，服务人才，服务社会，为推动全县经济社会快速发展提供有力的人才智力支撑。完成人才统计工作。根据市业务科室要求，顺利完成全县政府系统公务员、事业人员和工人的信息统计录入及花名册上报工作。据统计，全县政府系统在职公务员395人（其中县直机关248人、参照公务员管理5人、乡镇142人），专业技术人员765人（其中高级25人、中级198人、初级230人），115名工勤人员（其中固定工70人、合同制共45人）。稳步实施事业单位岗位设置管理工作。根据事业单位岗位设置工作要求，全县事业单位岗位设置已批复48个单位，671个岗位（其中管理岗位38个、专业技术岗位573个、工勤技能岗位60个）。顺利完成职称评聘工作。共完成35人职称评聘工作（其中副高1人、中级6人、初级28人），同时顺利完成2015—2016年专技人员职称考试合格人员档案整理及证书办理工作。全面完成新录用公务员和专技人员定级或转正工作。按照国家政策要求，对2015年9月新录用的30名专技人员和2015年12月新录用的11名公务员进行了全面考核，经考核后，41名人员均合格并如期转正或定级。加强公益性岗位人员和退休职工的管理工作。全县共有40家单位拥有公益性岗位129人，退休工人98人（其中机关事业单位固定工56人、机关事业单位及企业合同工42人）。

【精准扶贫】 开展技能培训和订单式培训等扶贫专题培训，着重解决贫困人员就业。人社局针对扶贫搬迁户开展1期SYB创业培训，培训扶贫搬迁人员26人，培训合格率100%，创业成功率65.38%，创业带动就业17人；开展1期技能培训，培训40人，动员建档立卡以业脱贫人员16人参加培训，培训结业后，全部推荐至企业就业；开展1期种养殖培训，培训80人，已在合作社就业40人。推进建档立卡以业脱贫工作。通过多种渠道，完成建档立卡就业164人，从事岗位主要为护林员、画师、服务员等。开展扶贫帮扶对象慰问帮扶活动。人社局干部职工经常对12户扶贫对象进行走访、电话慰问，了解其生产生活状况，进行物质帮助与精神鼓励。

【文明创建】 2016年，人社局高度重视窗口单位的作风建设工作，按照上级部门和县委、县政府的部署要求，始终牢固树立以人为本、执政为民的理念，以群众满意为标准，以创建优质服务窗口为目标，以创建全国县级文明城市为契机，加强组织领导，强化督促落实；加强理论学习，坚定服务理念；深入开展自查，建立健全制度；丰富活动载体，规范服务行为，努力打造人社窗口优质服务品牌。

【学习教育】 2016年，人社局精心组织，开展“两学一做”和人社系统干部在线学习教育。共组织“两学一做”集中学习55场次，观影4次，知识竞赛活动1次，领导干部讲党课活动1次，撰写心得体会20余篇，每人每周至少进行5学时的自学，制作更换宣传栏14期。8名干部职工积极参加人社系统干部在线学习活动，干部职工学习均达80个学时。

【信息报送】 认真落实市局、县委、县政府各项工作部署，及时反映人社局工作开展情况，共报送简报信息195期，其中，被拉萨晚报、市局工作动态及“曲水在线”微信公众平台等宣传媒体采纳刊登90余期。报送题为《关于人力资源和社会保障系统窗口单位作风建设》和《曲水县人社局关于就业和服务平台工作》的调研报告共2期。

（卢　曦）

【领导名录】

局　长　昌　珍

副局长　刘　波

曲水县民族宗教事务局

【概况】 2016年，曲水县委统战部认真贯彻落实中共十八届六中全会以及自治区第九次党代会、拉萨市第九次党代会精神，以及习近平总书记“治国必治边、治边先稳藏”的战略思想，广泛团结社会各界爱国进步人士，开展反分裂斗争，大力推进民族团结进步事业，服务曲水县经济社会发展，努力创建团结美丽健康幸福新曲水县。

【依法管理宗教事务，确保宗教领域稳定】 曲水县宗教领域维稳工作始终坚持以“防范第一、高效处置，不出事故”为核心，深入贯彻落实各级维稳会议精神和安排部署。在姜贡曲法会、春节、藏历新年、全国“两会”和“三月敏感月”、萨嘎达瓦、雪顿节、十八届六中全会、自治区第九次党代会、拉萨市第九次党代会等敏感期间，狠抓反分裂斗争、反自焚专项斗争教育工作，进一步增强忧患意识、风险意识和责任意识，坚持警钟长鸣、突出重点、强化措施、严明责任，做到高度重视、整合力量、精心部署、内紧外松，毫不松懈、持之以恒地推进全县宗教领域维稳工作，全面实现宗教领域“三不出”和“三无”的刚性目标，确保了全县宗教领域的持续高度稳定。县宗教领导工作督导检查组，切实负起督促、指导、检查的责任，指导督促寺管会做好各时段维稳工作，制定方案、强化管控、落实措施，突出佛事活动、朝佛人员、寺庙僧尼等管理，突出寺管会维稳工作措施督导检查工作。2016年组织督导检查寺庙工作140余次，全年寺庙管委会“全员在岗”时段达到200余天，“全员在岗”期间除特殊情况外，驻寺干部干警在岗率100%。制订僧尼学习教育计划，按照每周集中学习不少于2次、每次不少于3小时的要求，积极引导僧尼及信教群众真正认清第十四世达赖集团的分裂本质，做到不参与、不从事、不支持、自觉防范和抵制自焚活动，各寺庙的各项学习活动参学率达100%，在一定程度上提高了僧人的爱国意识守法意识。各寺管会积极开展僧尼文化补习班，使僧尼在识字、书写、日常口语等方面有了较大的提高，2016年共开展活动310余次，达7300人次。根据2016年全市藏传佛教寺庙定员僧尼吸收补充工作部署精神，结合各寺庙实际情况和满足信教群众宗教需求，县宗教领导小组全面审核把握全局，层层审核，将12名拟录人员进行文化考试，并已向市民宗局申报待批；依法管理僧尼队伍，坚决清退违规违纪、不守清规戒律、政治立场不坚定的僧尼，2016年共计自动离寺4名，肃清了遵纪守法的宗教队伍。曲水县民宗局针对社会流动从事宗教活动人员定期家访，了解其生活工作情况，送去党和政府的温暖，解决就业问题；另一方面坚持实行“以证管人”，流动从事宗教活动必须“持证入行”，定期接受文化测试和思想考评，开展年度审核工作，确保流动从事宗教活动人员水平和质量。县民宗局规范和加强大型宗教活动管理，根据自治区和拉萨市关于大型宗教活动管理规定，符合国家法律法规和宗教仪轨、有历史惯例的佛事活动有江古寺“姜贡曲”法会和扎西岗寺“顾多”，重大佛事活动圆满完成，特别“姜贡曲”佛事活动管理工作得到区市领导多次视察并得到肯定。

【民族团结】 2016年，县委县政府高度重视民族团结工作，县委第八届六次全委会上明确提出“把民族团结进步事业作为今后五年全县五项重点工作之一来抓”，加强组织领导，全面落实民族团结工作责任。曲水县委、县政府成立全县民族团结工作领导小组，县委书记、县人民政府县长分别任组长和副组长，安排部署创建民族团结进步示范县“七进”工作，挂牌民族团结进步创建活动试点单位市级2家，县级11家，及时组织各乡镇、部门、单位成立近50余个民族团结工作领导小组，形成了党委统一领导、党政齐抓共管、民宗部门综合协调、其他部门各司其职、社会广泛参与的各民族大团结良好形势。落实责任担当，实行民族团结目标管理责任制。立足全局，长远谋划，结合实际制订第26个民族团结宣传月暨拉萨市第5个民族团结进步节活动方案，确立“民族团结进步之花在曲水盛开”的主题，制订各单位、部门、寺庙、企业、学校、乡村、部队、社区等各自任务清单，精心部署，明确责任，突出促进县域经济社会发展、维护民族团结等“五大重点工作”，深入开展民族团结进步进机关、进学校、进部队、进寺庙、进乡村、进企业、进社区等“七进”活动，与五乡一镇已全部签订了民族团结目标管理责任书，形成网格化，推动了全县民族团结工作的制度化和规范化建设。加强典型引导，增强民族团结创建活动感召力。始终坚持典型引路，以点带面，推动全局树立了典型。为进一步推动全县民族事业繁荣发展，8月19日，召开全县民族团结进步表彰大会，表彰8个模范集体，14名模范个人，为模范集体发放奖金共6.4万元，为模范个人发放奖金2.8万元，共计发放奖金9.2万元。曲水镇人民政府荣获自治区2016年度民族团结先进集体、茶巴拉乡农牧民扎桑荣获自治区2016年度民族团结先进个人，县委宣传部等三个集体荣获拉萨市2016年度民族团结先进集体、5名个人荣获拉萨市2016年度民族团结先进集体。搞活宣传形式，为民族团结进步营造良好氛围。全县各乡镇、各部门通过群众喜闻乐见的形式进行宣传，共悬挂宣传标语79条，各类LED显示屏以及各乡镇、部门宣传栏等宣传媒介滚动播放、发布标语、图片、视频等1.2万余次，户外全彩显示屏滚动播放《拉萨市民族团结进步条例》（藏文、汉语版），据不完全统计观看人数已达2000人余次；各乡镇、村委会开展“中秋·我们的节日”“民族团结座谈会”“联谊”“慰问”“环境卫生整治”等形式多样活动达34次，参与人数达4100余人；采取广播电视、标语、编印宣传手册等形式向广大干部和群众宣传党的民族政策和民族知识；各部门在各自宣传栏开设“民族团结进步宣传活动”专栏；“9·17”民族团结进步节上街宣传活动，联合多部门在县城主要人口集聚区宣传民族宗教政策法规，发放各类宣传册15000余张，参加人数达1400人次；县委组织部、各乡镇、团县委、中小学校组织干部、群众、官兵、学生开展各类民族团结进步演讲比赛活动，累计开展9次；县中学开办民族团结进步创建黑板报，“民族团结暨喜迎国庆”手抄报比赛等系列活动。共唱团结之歌，浇开民族团结进步之花。为了讴歌曲水县各族人民群众民心向党、民生改善、民族团结、社会和谐的生动景象，开展“加强民族团结，创建文明曲水”主题文艺大赛，汇演共20个节目，紧扣爱国主义和民族团结主题，民族特色浓郁，感染人、激励人，为各族干部群众奉献绚丽多彩的民族团结盛宴，生动体现了曲水县民族团结进步事业发展繁荣的良好局面。

【落实民族政策，发展民族经济】 曲水县民宗局把发展民族经济作为工作第一要务，以“紧紧围绕全面建设小康社会总目标”为方向，努力推动经济社会各项事业向前发展。部门领导亲自带队到乡（镇）对具有资源优势和地方特色的少数民族文化产业方面的可行性项目进行了考察，经过多方努力，重点突出“精准扶贫”工作，极大改善了周边少数民族的生产生活条件，增加了少数民族群众的幸福感和对社会满意度的项目。

按照中央、自治区、拉萨市关于加强扶贫资金管理的指示精神，高度重视，精心组织，对全县2013年至2016年少数民族发展项目资金进行自查，共计实施8个项目，项目总投资为745万元，其中国家投资为466万元，劳务配套资金279万元，经过多次督查指导、内部审计、自查自纠、建档规范等一系列措施，将财务扶贫资金落实到位，促进精准扶贫各项政策措施落地生根。

在深入调研的基础上，着眼少数民族经济发展，长远规划，从设施农业、农田水利、农村基础设施建设及民族特色产业方面进行调研立项，特别是曲水县俊巴渔村特色村寨建设项目，充分发挥援藏资金作用，投资800万元，前置手续已完成。

民族企业对本地少数民族群众就业、保障少数民族群众生产生活需要，维护民族和模具有重要意义。曲水县民宗局狠抓政策，积极做好本地民族企业优惠政策落实工作，积极向上级部门申请相关优惠政策。2016年，为民族企业申请为民族特需商品定点企业。

【支持宗教事务，创新寺庙管理工作】 县委、县政府提出“全力以赴支持寺庙管理工作，切实解决好寺庙存在的困难”的“高要求”，着力决心打造“环境优美、教风端正、僧尼爱国、寺庙和谐”的综合性和谐模范寺庙。年内，投资33万元建设扎西岗寺燃灯房，投资44万元建设琼果央孜寺燃灯房，投资20万元修建珠寺挡墙及停车场，投入8万元维修娘朗寺道路及环境整治，投资23万元修建雄色寺桥梁及周边防洪坝，投资16万元修缮萨玛扎寺玛尼拉康建设项目，投资80万元修建热堆寺“姜贡曲”法会驻地食堂及卫生间，投资510万元修建雄色寺停车场。2016年县级财政投入资金达800多万元，增设寺庙新增“9+5”建设经费200万元，用于寺庙基础设施建设。

县统战民宗续深化“六个一”活动、六建、“9+5”“三保一低”、免费健康体检等惠寺利僧政策，县医院、各乡镇卫生院开展寺庙巡诊送药活动，共计达7次，药物价值整合人民币1.96万元。召开2016上半年和下半年的和谐模范寺庙暨爱国守法先进僧尼表彰大会，表彰5座和谐寺庙，5个先进管委会、312名爱国守法先进僧尼、16名优秀驻寺干部、4名优秀宗教执事人员，共发放奖金458000元。雄色寺、珠寺、萨玛扎寺荣获拉萨市和谐模范寺庙称号，雄色寺管委会、珠寺管委会、萨玛扎寺专职管理特派员机构荣获拉萨市先进寺管会称号，210名僧尼获拉萨市爱国守法先进僧尼荣誉称号。

县委、县政府为全面贯彻落实自治区党委政府和拉萨市委政府关于培养100名爱国爱教的藏传佛教高僧大德的指示精神，县委、县政府决定打造一支政治上靠得住、宗教上有造诣、品德上能服众的藏传佛教高层代表人士队伍，计划两到三年把全县持证僧尼全部带到内地参观考察，强化宗教界人士培养工作，通过政治上引导、生活上关心、政策上照顾等形式，培养出一大批与我党同心同德、同心同向、同心同行的优秀宗教界高僧大德，全力推动全县创建“环境优美、教风端正、僧尼爱国、寺庙和谐”的综合性和谐模范寺庙。2016年，县委、县政府组织24名爱国守法先进僧尼代表团赴内地地参观学习考察活动圆满完成，首批考察团主要由政治表现突出、宗教造诣较高、寺庙有较高的威望的僧尼组成。从考察结果和僧尼心得体会情况看，通过此次考察，真正让僧尼感受到了党和政府的关心，凝聚了爱国守法先进僧尼的心，进一步巩固了拥护党的思想基础，为培养一批高僧大德工程奠定了坚实的基础。

民族宗教事业自治区财政级共投入2920.11万元，市级财政共投入2914.2万元，县级财政共投入2746.88万元。

（格茸江初）

【领导名录】

局　长　索朗卓嘎（女，藏族）

曲水县卫生局

【概况】 曲水县卫生系统设有1所县级人民医

院、1所县级疾病预防控制机构、6个乡镇卫生院、11所村级卫生室。全县共有卫生工作人员186人（包括县人民医院70人、疾控制13人、乡医46人、公益性岗位10人、村医生34人）。其中：行政工作人员3人、医技人员167人、工人11人。

【民生工作】 实施卫生惠民项目和公共卫生，服务面和可及性不断提升。2017年4月8日，曲水县全民体检工作全面启动，根据上级部门要求，全民体检工作包括先心病筛查、妇女病“两癌”筛查、白内障筛查、小儿唇腭裂筛查、先天性髋关节脱位筛查、城乡居民体检、在编僧尼健康体检，应检人数为34724人，实检人数为34480人，体检率99.3％，建档率均达100％，曲水县与武警西藏总队医院签订协议书，县域内筛查并治疗白内障患者，全县共筛除120名白内障患者，其中36名已做手术，剩余白内障患者于3月进行手术，以乡镇卫生院和村卫生室为依托，以全民体检健康档案为依据，在县域内开展家庭医生上门服务，通过开展上门巡诊、集中义诊、健康教育等，既满足了群众看小病需求，又提高了群众健康意识，同时掌握了辖区内疾病分布状态，有针对性监测和干预工作奠定基础；深入落实中央、自治区、市、县扶贫工作精神，建立健全“精准扶贫”工作机制，全县共有256名“因病致贫，因病返贫”人进行建档立卡工作，集中力量扶持对建档立卡贫困人口实行兜底报销补偿，截至年底，报销补偿10万余资金，改善因病致贫和因病返贫人口的生产生活条件，提高贫困人口的自我发展能力，加快脱贫致富步伐，做到措施到户、到人、到病，在达嘎乡易地搬迁安置点设立卫生室，配备相应医疗设施设备及指派了3名医务人员，同时搭建远程会诊平台，极大地解决了群众就近就医问题。

【农牧区合作医疗】 贯彻实施农牧区医疗制度《新办法》（116号主席令），政府年人均补助标准提高到435元，新提标40元资金全部纳入大病统筹基金并落实到位。2017年全县参保人数为32257人，实际参保率100%，农牧民群众年累计报销封顶线为6万元，农牧民个人筹资额为30元，筹资率达到99.14%。继续认真落实农牧区医疗制度，巩固“先诊疗、后结算”成果，农牧区医疗保障体系得到完善，各级医疗机构住院农牧民1838人次，报销补偿费用为11106777.64元。继续开展“建设群众满意的乡镇卫生院”活动，加强乡镇卫生院基础设施建设、人才队伍建设、强化医疗质量和安全，规范公共卫生服务及内部管理工作，提升乡镇卫生院的服务能力，到2017年“群众满意的乡镇卫生院”创建工作达50％。

【人口计划生育工作】 按照西藏自治区农牧区“一孩、双女”户困难家庭扶助制度、“半边户“家庭扶助制度和西藏特殊子女家庭特别扶助制度政策要求，兑现643人扶助资金678840元。完成目标人群454对的免费孕前优生健康检查，完成率100％。实施出生缺陷一级干预项目目标人群200对，完成率达100％。完成流动人口动态监测工作，完成了padis系统上录入数据工作，并及时更新和反馈；完成MIS系统人员变动信息的录入工作，截至年底，曲水县已经完成36108人的录入工作，录入率到达100%，为全县208位流动人口已婚育龄妇女开展普查普治、孕前健康检查工作，建立了健康档案。

【疾病预防控制】 以防控重大突发公共卫生事件为重点，坚持预防为主的方针，加大对各种传染病的预防和控制，完善疫情报告制度，建立健全岗位责任制，认真落实各项防控措施。全县共报告法定传染病219例，无甲类传染病，乙类195例，发病率为553.12/10万，丙类24例，发病率为67.86/10万。全县0~15岁儿童共计：6572人。全年周岁儿童出生数为306人，应建卡306人，实建卡306人，建卡率为100%，五苗接种率为99.28%。切实加强艾滋病监测干预；全年共免费咨询和监测280名HIV新发感染和性病检测，并进行问卷调查，利用宣传日及下乡方式对农牧民群众进行宣传艾滋病预防知识和“四免一关怀”政策，全县共登记（TB）门诊病人110例，确诊各类结核病人40例，结核病人治疗管理率100%、系统管理率100%，开展全县境内的4864公顷范围内的密度调查工作，密度为0.019只/公顷。开展保护性灭獭工作，全县共赌洞2412个，主洞1564个、废弃洞848。完成了102份狗血清采集工作；完成15户家庭主妇和150名8~10岁学生问卷调查，知晓率分别为92%和97%，完成300份碘盐半定量监测任务，碘盐合格率达97%，全县共有三个大骨节病区，全年无新增病人，发放价值为17200元大骨节常规药，协同拉萨市疾控中心对大骨节搬迁村67名（7至12岁儿童）进行X光检查，未发现可疑病人。开展了土壤寄生虫和重金属样品送检和网上录入工作，采样17份土壤，结果均为正常。加强卫生应急管理工作，不断提高应对突发公共卫生事件的能力，加强卫生应急物资储备，不断完善卫生应急物资储备机制，建立曲水县突发公共卫生事件应急物资储备库，并及时更新，完善应急物资的调用机制，为快速有效地应对各种突发公共卫生事件提供物资保障，确保卫生应急工作及时有效开展，加强应急队伍建设，不断提高卫生应急实战能力，县人民医院120急救中心和各乡镇卫生院实行24小时值班工作制度，做到随时呼叫，即刻出诊，组织2次综合性突发公共卫生事件模拟演练和应急拉动演练，进一步提高了队伍的应急反应能力和现场处置能力；加强卫生应急宣传教育工作，积极开展卫生应急健康教育和科普宣传工作，提高人民群众的发现、报告意识，提高人民群众避险、避灾、自救、互救等卫生应急的能力，最大程度地减少突发公共卫生事件对人民群众健康造成的危害。

【人口健康综合管理】 2016年4月，曲水县召开了人口健康综合管理项目启动会出台《曲水县人口健康综合管理项目实施方案》和《关于加强乡村医生建设的意见》，建设人口信息系统，推动优质医疗卫生资源向村卫生室下沉，调动村医积极性，指导村医为群众提供更好的基本医疗服务，缓解缺医少药局面，在县人民医院建立光彩小屋，开展两次宣教活动，受益30余人次，健康宣教视频项目共计播放近500小时健康科普知识；为群众提供更好的医疗服务，切实维护广大群众健康。制定县乡医疗卫生服务一体化管理工作实施方案，成立了领导小组，明确职责分工，县人民医院列入到管理工作一把手工程，成立考核督导组，分管领导带队督导组，每月参加村医例会，督导考核乡镇卫生院和村卫生室工作，并及时向院领导汇报，县疾控中心配合县人民医院对乡镇卫生院公共卫生服务情况进行日常监督检查，每半年独立考核一次，并及时向县卫生局和县人民医院通报考核结果和整改要求，切实提高一体化管理水平，提高医疗卫生服务，提高农牧民群众健康水平。

【妇幼保健工作】 2016年2月1日，每名产妇住院补助提标至1000元，完善孕产妇住院分娩和婴儿住院“绿色通道”，并实行孕产妇住院分娩和婴儿住院救治费用100%报销；兑现461名产妇17万元住院分娩生活补助；为461名农牧区育龄妇女补服叶酸；县妇保院会同县妇联完成“贫困地区儿童营养改善项目”的营养包发放工作，1054名儿童受益；大力开展妇幼健康年活动，加快县乡两级妇幼保健能力建设，妇幼健康服务能力显著提升。通过以上举措，全县住院分娩总数458人，住院分娩率达99.3%，0~14岁儿童总数6524人，死亡9例，死亡率控制在0.61‰。

【卫生监督管理】 全县共有22家公共场所，共计办理263人从业人员健康证，办证率达95%以上，开展医疗卫生、学校卫生、饮用水安全卫生监督等工作；采样82份生活饮用水，（其中城市供水16份，合格率为100%，自建设施供水9份，合格率6份，合格率为66.6%）农村44.份，合格24份，合格率为51%（不合格均为大肠杆菌超标）。

【医疗卫生基础建设】 县政府分别投入175万元资金新建县人民医院消毒供应室及附加配套设备；投入36万元为人民医院安装视频监控系统；投入

185万元改善医院环境；投入78万用于业务用房室内改造；投入36万元医院信息化建设；投入15万用于填充和更换卫生应急物资储备；投入5万元用于达嘎乡其奴村卫生室扩建；投入200万元县医院评审资金；投入300万元用于以助脱贫扶持专项资金，1月开始拉萨市卫生局每名村医每月提标100元生活补贴；国家卫计委投资30万用于开展母婴健康行动及建立光彩小屋；投入5.3万元在曲水镇卫生院购买了婴儿洗澡设备及设施，已投入使用，县疾控中心业务用房建设项目已批准正实施招标之中，县人民医院苏拉远程会诊及高原移动医院项目可研报告已上报拉萨市发改委和市援藏指挥部审核待批，新建曲水镇茶巴朗村2组卫生室可研报告已报县发改委，争取2000万元援藏资金新建医院急诊楼、医技楼、设备用房及购买医疗设备，截至年底，急诊楼已开工，完成主体一层。

（平　措）

【领导名录】

局　长　尼玛桑珠

曲水县食品药品监督管理局

【概况】 曲水县食品药品监督管理局根据《拉机编发〔2015〕7号关于组建县（区）食品药品监督管理局的通知》正式成立。由县卫生局的副科级机构调整为县政府正科级部门，现有领导干部职工4人，其中：局长1人，一般干部1人，志愿者1人，驾驶员1人。

【组织领导】 结合曲水县实际，调整充实曲水县食品安全委员会。由县委副书记、县长格桑邓珠任食安委主任，强化对食品安全工作的组织领导。各乡镇均指派了食品安全监管工作人员，在各行政村聘用了协管员和信息员，完善了三级食品安全监管体系。

【农牧区食品治理】 开展“瘦肉精”“肉制品”以及小餐饮等餐饮服务专项整治。共出动执法人员90人次，出动执法车辆20台次，检查小食品店140余家次，检查小商店70余家次。全面整治无证经营行为，发现农牧区无餐饮服务许可证8家，健康证过期35余人，卫生条件不合格8家。下达监督意见书6份并令其整改。

【校园食品治理】 开展春、秋季开学食品安全违规违法专项整治，共出动执法人员8人次，执法车辆2台次，检查学校食堂9家。完成“中、小考”期间的食品安全专项检查，出动执法人员8人次，保障400余名师生的饮食安全和身体健康。

【景区食品整治】 打击旅游景区餐饮设施不完善，制度不健全，责任不落实，无证照经营、销售假冒伪劣和过期食品的违法犯罪活动。对辖区内旅游景点的餐饮业卫生情况、餐饮服务许可证和健康证明持证情况、原料进货索证情况，开展餐饮环节监督执法检查工作。截至年底，县食药局出动餐饮执法人员80人次，检查、抽查景区、318国道两侧餐饮单位36家，责令整改5家。

【日常食品监管】 对辖区内429家监管对象逐一入户走访、拍照登记、建立电子信息档案，做到底数明、权责清。做好“三大节日”“两会”“雪顿节、藏博会”“中秋节、国庆节”“望果节”期间食品安全检查，检查了餐饮单位2206家次，商店、超市1882家次，学校食堂、工地食堂70余家次。查出23家餐饮服务行业卫生许可证过期，16名从业人员健康证过期，5家餐饮服务行业未办理卫生许可证，流通单位1家经营销售过期食品，卫生不达标流动小食品店3家，执法人员下达监督意见书10份，要求限期整改。

【药品药械监管】 对县人民医院、乡镇卫生院、辖区内4家诊所、2家药房进行了检查，出动执法人员12人次，执法车辆4台次，对药品购进渠道、有无伪劣药品、驻点药师是否在岗、药品是否按GSP的要求分类管理、是否具备与需要储存的医疗器械相适应的专属贮存条件、植入或介入体内的产品是否有专柜保管、是否建立并有效实施过期、失效、淘汰不合格的医疗器械管理制度等情况进行了检查。

【食品抽检】 完成拉萨市食药局安排部署的30个批次抽检工作任务。其中国家抽检任务17个批次，自治区抽检任务13个批次。抽检品种涉及到餐饮食品、餐饮加工食品、餐饮用具、白酒、蔬菜、水果、鱼、虾、肉、调料等与老百姓日常生活相关的产品。

【食药宣传】 开展“3·15”“5·17”“尚德守法，共治共享食品安全”等一系列主题宣传活动。宣传活动共展放宣传展板20余块，发放宣传画报1600张，宣传购物袋700余个，围裙500余条，《中华人民共和国食品安全法》读本200余本，制作发放宣传光盘60余张，图片资料70余份，现场接受咨询650人次。全年在“曲水在线”发表健康曲水8篇，在《拉萨晚报》“多彩曲水”发表文章10篇。

（刘 兵）

【领导名录】

局 长 高 虹

曲水县人民医院

【概况】 曲水县人民医院成立于1965年，经过50多年的发展医院已初具规模，是一所设备先进、功能齐全、人员结构合理，集医疗、预防、保健、科研、教学为一体的综合性医院。承担着全县3.5万人口及临近地区2县3乡近1.5万多人口的医疗保健任务。经过上级部门及兄弟省市的大力支持和全院职工的努力，医院1997年被评审为“一级甲等”医院，1998年成为西藏大学医学院临床实习基地，2003年成为拉萨市城镇职工医疗保险定点医院。

【精准扶贫工作】 根据曲水县县委、县政府关于精准扶贫、精准脱贫工作的决策部署和具体要求，曲水县人民医院干部职工承担曲水县达嘎乡达嘎村63户贫困户帮扶工作。2016年4月，医院职工分批次先后5次走访到各自扶贫对象，送去慰问金、解决实际困难。医院根据实际情况安排11名扶贫对象到医院从事后勤、保洁等工作。

【医院等级创评及医改工作】 等级医院评审是进一步深化县级公立医院改革的重要措施和要求，是拉萨市卫生局的统一部署要求。2015年8月，曲水县人民医院正式启动了二级医院等级创评工作，通过思想准备、组织准备、人员培训、物资准备、整改提高，医院管理水平、业务技术、医疗服务质量、教学科研、精神文明建设及后勤保障、医院设备及基础设施建设等再上了一个新台阶。

医院完善和建立了包括医疗、护理、药学、后勤、行政、财务六方面工作制度。医院印制《护理操作规范》《曲水县人民医院应知应会》《临床护理工作流程及护理应急预案》《医院感染管理规范手册》《医疗质量管理制度》等手册。

根据二级医院综合评审实施细则要求，医院完善医疗质量管理组织，成立了医疗质量与安全管理委员会、护理管理委员、医院感染管理委员会、病案管理委员会、伦理管理委员会、输血管理委员会、药事管理委员会及科室质控小组创新工作模式，加强基础护理，积极开展“优质护理示范科室”创建活动，医院在外科护理部示范开展优质护理工作。引导医务人员对患者实行“热心接、细心问、耐心讲、精心做、主动帮、亲切送”的服务模式，基础护理质量得到显著提升。

2016年10月22—24日，西藏自治区综合医院等级评审专家组及督导组一行11人对曲水县人民医院创建“二级乙等”工作进行评审。评审专家组对医院的行政管理、医技、护理、医疗工作进行了细致地督导、检查。各个专家小组意见客观、准确、全面、专业，既肯定了县医院的成绩，又指出了县医院存在的问题和不足，还提出了很好的建议。

推行药品零差率销售，医院制订《药品零差价销售实施方案》，所有药品实行零差价销售于2016年1月1日起实施。

【全民体检工作】 为深入贯彻落实中共十八大精神，扎实开展基层医疗卫生工作，又好又快推进群众健康生活全覆盖，促进与助推“健康曲水”工程。在拉萨市卫生局和曲水县县委、县政府的关心指导和大力支持帮助下，曲水县全民体检工作于4月8日全面正式启动。

医院领导重视全民体检工作，成立以院长为组长、分管副院长为副组长、各科主任为成员的全民体检领导小组。医院抽调科室骨干及援藏专家组成了医疗组负责曲水县的全民体检工作。2015年曲水县应体检人员为34724人，实际体检人数为34480人，体检率为99.3%。

【健康曲水工作】 在曲水县人民医院建立光彩小屋用于妇幼健康宣教，9月24日，光彩小屋挂牌启动，2016年开展妇幼健康宣教2次，收益34余人次。通过航天传媒下载健康科普知识，2016年共播放健康科普视频近1000小时。

根据健康曲水活动工作安排，为农牧民群众解决就医实际困难，经县委、县政府协商，通过项目组联系到北京武警医院眼科专家到县医院开展“光明行动”活动。活动于2016年9月21—23日在医院进行，武警医院6名眼科专家与县医院12名医生组成的医疗队对曲水县800余名眼患病人进行检查。通过此次检查确诊白内障患者120名，对确诊白内障分批进行手术治疗，首批手术36人，剩余白内障患者将于2017进行手术。对不是白内障但患其他眼病的病人给予保守治疗，医院发放眼科用药价值6000余元。

医院每月派出内、外、妇科医生各一名到曲水县五乡一镇卫生院进行处方点评。2016年，医院共派出6批次，24人次临床医生下乡进行处方点评，点评处方累计达到万余张。为规范乡镇卫生院诊疗及处方书写发挥重要作用。

根据乡镇健康例会统计的就医困难患者的情况，医院组织内、外、妇产科医生到达嘎乡下村入户为89名就医困难患者进行义诊，发放药品近3000元。

【巡回医疗】 医院利用自身的医疗优势，开展巡回医疗活动，为曲水县的农牧民提供优质的医疗服务，倡导群众文明、健康、卫生的生活方式，让群众不出乡就享受到方便、快捷、优质的医疗服务。2016年医院免费巡回医疗12次，参与医护人员60人次，涉及寺庙、敬老院、偏远村组，发放药品18余万元。通过深入开展送医送药活动，真正让农牧民感受到了党和政府的温暖与关怀，为曲水县困难农牧民缓解了看病难、看病贵的实际困难，深受群众的好评。

【卫生援助情况】 2016年在曲水县援藏干部协调下，曲水县人民医院争取到援藏资金2800万元用于曲水县人民医院改造提升工程。建设项目于2016年10月9日动工，2016年完成急诊楼一层主体工程。

2016年11—12月，泰州市第二人民医院接收曲水县人民医院中层以上管理干部共计24人次为期10天的学习。

【基层党建工作】 根据中共曲水县直属机关委员会《关于开展县（中）直机关各党支部选举工作的通知》的要求，通过前期筹备，2016年11月30日，在党员活动室召开党员大会，通过等额选举产生了新一届中国共产党曲水县人民医院支部委员会委员5名，书记1名，副书记1名。

（宋江华）

【领导名录】

院　长　央　金

副院长　扎　多

　　　　群　觉

　　　　宋江华

　　　　肖红霞

曲水县文化广播电影电视局

【概况】 曲水县有县级文化活动中心1处，6个乡镇综合文化站，11处村级文化资源共享工程服务点，有村组文化活动室68个，18个“农家书屋”，10处“寺庙书屋”。2016年利用各村组文化活动室、县文化活动中心开展了“3·28”文艺会演、“三八”歌咏比赛、“五四”演讲比赛、“十一”等文艺活动62场。深入挖掘、保护、提升曲水历史文化，全面完成了全县文物、非物质文化遗产音像制品和画册的编辑和制作工作。曲水县广播电视台站共有36座（其中有线电视台（站）7座、数字电视收转站2座、卫星直播站6座、收转站21座），全县广播电视人口覆盖率达99.95%（广播）和99.97%（电视）。县文广局电影放映队借助春节、藏历年、“五下乡”和党的群众路线教育实践活动等有利时机，深入农牧区基层开展电影下乡活动，完成电影放映1389场次。

【遗产保护】 2016年第十一个文化遗产保护日主题宣传活动，大力宣传文化遗产保护的重要性，在全县营造传承和保护优秀文化遗产的良好氛围。做好非遗的资料整理工作，年内，县文广局申报达嘎乡色大村铜器制作项目申遗、才纳乡白堆村麻堆传统仪式为县级非物质文化遗产保护名录。加大文物保护工作，形成了县、乡镇、村、民间组织四级保护管理网络，坚持“谁主管，谁负责”的原则和安全保卫工作责任制。加强文物执法力度，狠抓文物安全，加强安全防范，完善各种制度，使文物安全工作做到经常化、制度化。加大安全巡查、检查力度，及时排除安全隐患，制订完善《消防安全预案》《突发事件应急预案》。全年，积极依法开展文物保护消防检查和文物安全检查工作15次，有效防止文物被破坏现象的发生，保护了文物古迹。

【文化队伍】 曲水县雅松民间艺术团以满足公益性文化演出为首要任务，以文化市场为导向进行演出，提出了每年演出不少于50场的演出任务。现雅松民间艺术团旨在挖掘曲水民俗艺术瑰宝，展示曲水民族文化的独特魅力，宣传独具特色的民族文化和农牧民的生活变化方面进行文艺创作。曲水县雅松民间艺术团共进行了“五下乡”“庆祝红军长征80周年”“关爱夕阳、促进和谐”“邻里守望、与爱同行”等主题演出15余场。

【安全播出】 县文广局建立完善了单位考勤制度、安全播出制度、机房工作制度等，加强基础设施建设和保障能力建设，使工作制度覆盖了所有工作环节，实现了以制度管人，以制度约束人的良性工作机制。扎实做好安全播出各项工作，全面确保曲水县广播电视安全播出。在重点防范时期，全体指挥成员一律不得外出，24小时开机保证联络通畅，接到紧急电话后以最快的速度赶到指定地点。在重点防范时期的重点时段中心机房实行24小时双岗值班，无关人员一律禁止进入机房；指挥部成员对全县有线网络和设备进行巡查，重点做好城郊结合部的安全巡查。

【文化市场】 2016年县文广局开展暑期净化文化市场、校园周边环境、中小考期间专项整治等一系列行动，加强对重点领域、重点环节和重点部位的监控，以确保。文化市场健康有序。全面开展了网吧、歌舞娱乐场所（KTV）、打字复印等文化市场的联合执法专项整治检查行动6次，出动车辆12台（次），出动检查人员25人（次），检查网吧4家（次）、检查娱乐场所12家（次），对学校周边、县城、乡镇等重点地段、节庆期间等重点时段进行了集中整治，责令整改2家次，收缴各类非法出版经营的图书、报刊及音像制品22张。

（格桑卓玛）

【领导名录】

局　长　王军旗

曲水县农牧（科技）局

【概况】 2016年，县农牧局按照产出高效、产品安全、资源节约、环境友好的要求，以推进农牧业增产增效，增进农牧民福祉为目标，以科技创新为手段，以发展特色产业、实施重大项目和产业脱贫为重点，促进了农牧业经济持续健康发展和农牧民持续快速增收。2016年农牧民人均可支配收入达到11110元，同比增长16.57%。

【种植业生产】 2016年，全县农作物总播种面积为9.73万亩，其中：粮食播种面积为5.63万亩，占总播种面的58%；经济作物种植面积为3.01万亩，占总播种面的31%；饲草作物种植面积为1.09万亩，占总播种面的11%。粮食作物产量为2.55万吨，同比增长0.79%；油菜产量为0.20万吨；蔬菜产量为6.25万吨，同比增长3.17%。

【畜牧业生产】 2016年，曲水县牲畜存栏12.14万头（只、匹），其中，牛57114头，羊21953只，生猪9139头，马属1277匹，家禽31884羽；牲畜总出栏38775头（匹、只），出栏率为44%；新生仔畜24317头，成活仔畜23393头，成活率96.2%；成畜死亡968头，死亡率1.1%；良种覆盖率为6.8%；猪牛羊肉产量0.38万吨，奶产量0.95万吨，山羊绒产量1.2吨，禽蛋产量152.86吨，禽肉产量60.6吨。良种覆盖率指标为6.39%，实际完成6.8%，比指标高0.41个百分点。

【农牧科技工作】 2016年，全县共有科技特派员45名（自治区级34名，拉萨市级11名），经县、乡、村三级成层层考核，评选优秀特技特派员6名，合格38名人，不合格1名。全年开展科普活动20次，513人。引进新产品、新技术4项，引进新品种5项，推广农业实用技术10多项。截至年底，全县共落实种子田5850亩，其中，一级种子田1670亩（藏青320：400亩、藏青2000：900亩、喜拉22号70亩、山冬7号300亩）；二级种子田4180亩（山冬7号1000亩、藏青320：1000亩、藏青2000：2000亩、喜拉22：180亩）；安排测土配方施肥5万亩（春青2.5万亩、冬麦2万亩、油菜0.5万亩）和标准化及高产创建示范田5万亩。此外，在全县示范推广冬青18号1200亩，试种青稞新品种QB27、QB14各100亩，苏拉8237：10亩，黎麦20亩。

【农牧项目工作】 2016年，农牧业项目共计27个，主要有2016年优质青稞生产基地项目、曲水县人工饲草基地建设项目、才纳乡科技园科技服务超市建设项目等，总投资15307万元。

【合作组织工作】 2016年，县农牧局在工商部门依法登记注册并在农牧部门备案的合作社132家（其中，涉农合作社73家、非农类合作社59家），注册资金总额10265.9万元，入社农牧民2348户，覆盖14个行政村，占全县17个行政村总数的82.4%，2015年合作社总产值5177万元，带动5790户农牧民群众增收致富。

【农业机械化工作】 2016年，农机购置补贴项目国家投入专项资金500万元，农牧民申请购置各类农机588台（套）。全县机耕、机播、机收面积分别达到6.5万亩、6万亩和6万亩。

【动物疫病防控工作】 2016年，县农牧局在全县进行了易感动物全覆盖免疫接种，以养殖场（户）、交通沿线、与周边县（区）毗邻区为重点用常规动物疫病疫苗对易感畜禽进行了全覆盖免疫接种，其他区域的畜禽常规疫病进行因病设防。全年免疫接种畜禽174933头（只），其中：牛89575头、羊34023只、猪6526头、鸡44809只，免疫密度达到了100%；2016年共采集牛血清40份、羊血清40份、猪血清40份、鸡血清40份，并进行了血清分离等检测。同自治区、拉萨市动物疫病预防控制中心专家对达嘎乡其奴村进行了定点监测，在其奴村一、三、四、七组，采集了鸡血清、泄殖腔各30份，羊血清、OP液、棉拭子各30份，猪血清30份，牛血清、OP液各30份，送区、市动物疫病预防控制中心进行了检测。参与县农贸市场和乡镇肉食店联合检查5次，向农牧民群众宣传动物防疫法等法律法规9期，全年进行疫情调查90次，活畜产地检疫150头（只），市场检查40次。重点对聂当乡工业园区内的6家牛羊私屠滥宰点内进行检查，对检查发现的有效证件缺失、卫生状况差、气味刺鼻、无屠宰纪律、屠宰人员法律意识淡薄等问题进行了后续检查规范工作。

【草场承包及补奖工作】 2016年，实现草畜平衡户数为3984户，未达到草畜平衡户数为3230户，145.57万亩草场可享受草畜平衡奖励，达到可利用面积的80.9%。

【黄牛改良工作】 2016年，全县共设立20个配种点（即茶巴拉乡3个、达嘎乡5个、曲水镇5个、才纳乡3个、南木乡2个、聂当乡2个），完成改良配种3766头。2016年新生改良犊牛3496头；成活犊牛3300，成活率达90%，其中：公牛1453头，占犊牛总数的49%、母牛1513头，占犊牛总数的51%；去势公牛2400多头。

【防灾抗灾工作】 2016年，县农牧局本着“有灾抗灾、无灾防灾、常备无患”的原则，储备35吨种子、23吨粮食、10吨麸皮、5吨油渣、40多吨化肥、3吨农药。利用拉萨市气象信息平台、气象服务网站等，加强对灾害性天气的信息的预报、收集，并及时向各乡（镇）通报天气情况，随时应对可能出现的各种灾害。共设人工影响天气作业炮点5个、炮手10名、专职信息联络员1名，开展人工影响天气作业135次，使用460发炮弹。

【农产品质量安全工作】 2016年，县农牧局加强蔬菜农药残留检测工作，安排专门技术人员，开展此项工作，检测面覆盖到了全县范围。全县完成无公害农产品认证12个、产地认证3个。

【惠农政策】 2016年，县农牧局落实发放各项农业补贴1007.82万元。其中：农用化肥差价补贴202.3万元，农药补贴61.6万元（其中区级补贴36.96万元、市级补贴15.4万元、县级补贴6.16万元、农牧民自筹3.08万元），农机购置补贴500万元，草原保护补助奖励资金215.63万元，牧草良种补贴11万元，畜牧良种补贴17.29万元（其中，购买种牦牛补贴4万元，新生改良犊牛补贴13.29万元）。

（金彦池）

【领导名录】

局　长　次旦央金

副局长　扎西央宗

曲水县农业扶贫开发办公室

【概况】 2016年，曲水县农牧开发办共争取资金到位扶贫项目12个，总投资6315.09万元，其中自治区财政资金3167.545万元，市配套1263.018万元，县配套1895万元。争取农业开发项目2个，总投入资金为1599.5万元，其中国投资金1522.5万元，自筹或义务投劳折资77万元。通过精准识别，全县共有建档立卡贫困户1371户4792人，贫困发生率占全县农村总户数、总人数的16.61%、14.69%。按照“六脱”战略积极推进精准扶贫工作，已完成全年脱贫目标，共脱贫1371户4792人，实现17个行政村的整村脱贫退出，完成了县、乡、村级的考核工作。

【扶贫项目】 2016年，曲水县农牧开发办实施了12个扶贫项目，主要涉及温室建设、奶牛和藏鸡养殖、家具厂和砂石厂的建设、商品房建设和农机具维修站的建设，内容覆盖基础设施、产业开发、提供和改善公共服务产品究等诸多领域。在项目建设过程中，积极鼓励当地贫困户广泛参与到项目的建设中，增加现金收入，提高扶贫效益。

【农发项目】 曲水县从2012年被列入新增农业综合开发县，将实施年限为5年的农业综合开发高标准农田建设项目及配套建设的产业化项目。2016

年南木江农业综合开发土地治理项目总投资1077万元，其中：中央财政资金770万元，自治区财政配套资金230万元，群众投劳0.77万元工日折资77万元。

曲水县南木乡400万株工厂化育苗新建项目，该项目总投资522.5万元，其中自治区财政资金500万元，县本级财政配套资金22.5万元，在南木乡江村建设种植温室一栋，附属工程，育苗关键设备、科技推广与技术培训。

【精准扶贫】 2016年，全县共识别出贫困户1371户4792人，通过逐户调查和了解贫困户的家庭情况、收入水平和劳动力状况等，逐一深入分析致贫原因，研究制定“一户一策”的脱贫办法。通过依托各类扶贫项目、净土健康产业园区、净鑫动物园，并借助本辖区各类企业等，共吸纳贫困户865人。以“四业工程”为抓手，大力开展实用技术类、转移就业类、创业类技能培训共7期，共培训贫困户496人次，实现转移就业121人。将有劳动能力的贫困户编入生态补偿岗位，帮助解决2296人的贫困户就业来实现脱贫增收。针对“一方水土养不起一方人”的贫困户，科学确定两个集中搬迁安置点，在拉萨河畔“三有村”搬迁安置贫困户184户712人，截至年底，在才纳“四季吉祥”村已经搬迁贫困户267户1223人。同时，为了确保易地扶贫搬迁户“搬得出、稳得住、能致富”，在搬迁安置点进行了中药材种植、奶牛养殖、藏鸡养殖等配套产业的建设。

（群　宗）

【领导名录】

主　任　班　旦（藏族）

副主任　土　旦（藏族）

曲水县林业绿化局

【概况】 2016年，拉萨市下达的曲水县造林任务为62721.55亩。其中人工造林17584.2亩，封山育林5600亩，生态安全屏障防沙治沙和财政专项防沙治沙39037.35亩，油用牡丹500亩。

【林业绿化】 2016年，县林业绿化局根据造林绿化任务，结合各乡镇实际，2月开始逐个到各乡镇落实造林地块并且与各乡镇签订造林协议书、劳务合同、机械合同；3月各乡镇陆续开展春季造林工作。2016年曲水县共完成造林及治沙类项目8个，其中重点区域完成造林面积2662.4亩，拉萨周边造林项目完成10600亩（其中造林5000亩、封育5600亩）防护林体系建设项目完成2496亩，两江四河工程完成6511.1亩、生态安全屏障防沙治沙32898亩、财政专项防沙治沙6139.35亩，退耕还林工程914.7亩。

2016年造林过程中共调运苗木811517株，主要树种为新疆杨、柳树、榆树、江孜沙棘、细叶红柳等；新修机井6口，大口井57口，购买柴油移动提灌设备72台套，动用水车11辆；租用机械3200台次，调动劳力22290余人次（其中吸纳项目所在地扶贫户参与投劳4580余人次，使参与投劳的扶贫户共增收约356.61万元）。

【曲水县净鑫疗养基地工作】 曲水县净鑫疗养基地占地867亩，总投资1亿元，2016年年初开工建设。基地分成两期打造，一期建设5个片区，包括育苗区（现存苗木35类20余万珠）、呆萌动物区（现有梅花鹿、藏羚羊、马鹿、羊驼等10余种100余头）、家禽饲养区（现有雪鸡、天鹅、鸵鸟、孔雀、贵妃鸡、七彩山鸡、珍珠鸡、藏鸡等20余种5000余只）、林下野生食用菌试验示范区（已成功试验试种鸡腿菇、平菇、猴头菇、林芝、天麻等品种）、传统文化保护区（内含藏式帐篷、烧烤、食品饮品销售等设施，可一次性容纳500余人），截止2016年7月已基本建设完成；二期建设2个片区，包括猛兽区、身心疗养区，目前，自行车观光车道、垂钓区已建设完成，正在与云南林业相关部门洽谈饲养大象、狮子、老虎等珍稀动物。

【扶贫工作】 2016年全县大力开展“精准扶贫、

精准脱贫”的工作要求，县林业局结合自身实际，通过调整护林员、发展庭院经济等途径，使1000余户扶贫户受益，为1665名扶贫户争取到就业岗位，投入扶贫资金约150万元。聘用91名扶贫户为专职护林员，年工资达1.2万元，新增91名扶贫户为普通护林员年工资3000元。在全县范围内帮扶47户扶贫户发展小型苗圃约52亩（扶贫户集体苗圃1处，2.7亩）。针对茶巴拉乡70户有意愿发展庭院经济的扶贫户，为每户免费发放4株当年挂果的经济林苗木（桃子和苹果各2株）。为美化达嘎火车站搬迁点扶贫户的居住环境，县林业局组织种植绿化类苗木4种961株，经济林类苗木4种738株。争取到上级林业部门下达曲水县林业系统生态保护岗位数1548个，年工资3000元。年内，实施造林类项目主动吸纳扶贫户参与投劳，统计扶贫户投劳约4580人次，使参与投劳的扶贫户共增收约356.61万元。多次慰问对口扶贫户，累计送达慰问金10000余元。县林业局下属公司（净鑫花卉苗木有限公司）聘用44户扶贫户（临时工40人，固定工4人）参与投劳，使扶贫户获得劳务收入40余万元。

【疫源疫病防控工作】 本着“加强领导、密切配合，依靠科学、依法防治，群防群控、果断处置的方针，曲水县林业绿化局专门配备了3名疫病疫情巡查人员，要求巡查员每天对曲水县境内的鸟类及其他野生动物疫源、疫病情况进行监测，并做好记录，顺利完成2016年禽流感疫情的监测和防控工作，年内，未发生任何疫情。

【病虫害防治工作】 2016年，曲水县主要林业虫害为春尺蠖，全县发生面积为1430亩。为防止春尺蠖对林木造成危害，4月，开展林木病虫害防治工作。根据各乡镇发生虫害的实际情况发放了防治药物（苯氧威、苦参碱、白僵菌）、设备和服装，各乡镇也积极组织护林员用背负式喷雾器、洒水车、担架式喷雾器对林木进行药物防治。2016年防治的主要区域为百姓的房前屋后、集体林卡、318国道沿线、新造林点等，共对发生虫害的各地段进行了5次大的防治，出动水车8台次、手扶拖拉机60台次，投入劳力538人次，防治面积达到了100%，防治效果达到了85%，未发生害虫爆发成灾的情况。

【中央森林生态效益补偿基金兑现情况】 曲水县中央森林生态效益补偿基金管护项目面积为59.4817万亩，从上年每亩管护资金有原来的3元/亩，增长到了4.85元/亩，2016年曲水县重点公益林管护资金达288.486245万元，全县共设有6个林班、556个小班，73个责任区，管护人员共计252人。2016年12月3日，中央森林生态效益补偿基金管护资金于向各乡镇进行了拨付。

（索南吉）

【领导名录】

局　　长　拉巴次仁

主任科员　罗布群培

曲水县水利局

【概况】 2016年，县水利局开展“学党章党规、学系列讲话、做合格党员”学习教育，进一步巩固拓展党的群众路线教育实践活动和“三严三实”专题教育成果。以实现“共建团结美丽家园，同享健康幸福曲水”的目标，以注重水利资源合理开发利用为根本，以水利项目的实施为突破口，努力推进社会主义新农村建设，改善全县人民生产、生活用水现状。本年度的水利工作按照全县总体部署，创新举措，真抓实干，全面推进曲水县的农田水利、安全饮水、防汛抗旱、流域治理等工作。

【农田水利】 2016年，曲水县农田水利基本建设工程共9项，分别为曲水县2016年小型农田水利“重点县”项目，总投资为2522.19万元；曲水县才纳乡白堆防洪堤项目，总投资为2200万元；曲水县2015年小型农田水利“重点县”项目，总投资为1400万元；曲水县才纳乡管道灌溉工程

（2013年小型农田水利重点县子项目），总投资为238万元；拉萨市曲水县色达灌区茶巴拉子灌区水源工程，总投资为622.28万元；拉萨市曲水县色达灌区永德子灌区工程，总投资为2746.58万元；曲水县才纳乡新开荒地灌溉水源工程，总投资为340万元；曲水县聂当进水口维修项目，总投资为30万元；拉萨市曲水县俊巴村和格热村水土保持综合治理工程，总投资为677万元。

【安全饮水】 精准扶贫达嘎乡易地搬迁点饮水工程，投资166.19万元，解决300户1107人的安全饮水问题；精准扶贫才纳乡易地搬迁点饮水工程，总投资为374.08万元，新建机井2处、检查井10处、PE管道工程19220米、恒压变频供水2座，以解决500户2118人，500头（只、匹）牲畜的安全饮水问题；南木乡南木村饮水安全巩固提升工程，总投资为23.5万元，新建进水口1座、蓄水池1座、过滤池1座、保护井2座、管网工程960米，以解决11户80人、720头（只、匹）牲畜的安全饮水问题。

【防汛抗旱】 2016年，曲水县财政落实防汛资金350万元，抗旱资金510万元。2015年10月至2016年4月，曲水县连续180余天无有效降雨，茶巴拉乡色麦村800亩小麦种植地无法得到有效灌溉，才纳乡新开垦荒地、新种植葡萄、玫瑰等经济作物严重受灾。接到灾情报告，县防汛抗旱指挥部办公室第一时间向县委、县政府汇报，县委、县政府高度重视及时打井4座，购买抽水泵8台，解决才纳新开荒地和茶巴拉乡色麦村农作物的灌溉问题。

防汛物资储备充足：编织袋16万条、铅丝笼3.5万平方米、铁丝8吨、彩条布6000平方米、块石6000立方米、发电机1台、铁锹10把、雨衣110件、雨靴110双、手电筒110把、照明灯10个、水泵5台、粗管5个。发放物资：编织袋7.2万条、铁丝笼201卷、铁丝120卷、彩条布35圈、雨衣98件、雨靴98双、手电筒98把。各乡镇防汛抢险物资按照行政村所需配发，并登记造册备查。

2016年，曲水县受强降雨影响，导致才纳乡、曲水镇、达嘎乡等6个行政村发生山洪、泥石流灾害9起及茶巴拉水库除险一次，汛期出动排险抢修累计20个工作日，出动人力500人次、车辆机械24台次，灾害损失折合人民币共计1127.14万元。

落实防汛项目6个，曲水县聂当乡防洪项目，总投资为2400万元；曲水县茶巴朗防洪项目，总投资为2200万元；曲水县俊巴防洪项目，总投资为1600万元；曲水县茶巴朗村防洪堤项目，总投资为70万元；曲水县防汛抗旱应急抢险，总投资为318万元；市财政投资曲水县小型水利工程维修及防洪抗旱物资采购，总投资为252万元。

【流域治理】 为了保持曲水县境内流域生态环境长期良好，保护汛期流域的行洪安全，保障砂石资源的市场需求（简称“三保”），县水利局对流域采砂行为强化管理，促进采砂业规范化、规模化，关停取缔非法采砂12处；组织60余人开展县流域环境保护志愿服务活动清理江河垃圾3次，利用“六五”普法教育平台印发宣传资料500余份，悬挂横幅3条。

【水资源管理】 摸底调查掌握水资源情况，执行最严格水资源管理制度，建设科学的水资源管理体系，确保完成曲水县水资源管理“三条红线”考核目标任务；针对水源地是否设有排污口及污染饮用水专项检查3次，提升了水源地和饮用水的安全性。

【水利扶贫举措】 2016年，县水利局设置精准扶贫以岗脱贫岗位131人（水生态保护和村级水管员人员），其中：市级配套岗位36人，自行解决岗位95人，工资均为每人3000元/年，人员选取原则为各乡镇从建档立卡户中招聘。同时编撰《曲水县精准脱贫水生态保护和村级水管员工作职责》和《曲水县精准脱贫水生态保护和村级水管员管理考核办法（试行）》，并组织开展岗前培训一次，切实做到上岗人员工作职责心中有数，工作落实到位。深入开展“党员干部进村入户，结对认亲交朋友”活动20人次，干部职工结对帮扶15户，投入资金1万元。

（李　勇）

【领导名录】

局　长　翟发亮

副局长　巴　桑

曲水县教育（体育）局

【概况】 年内，全县有中学1所，小学7所，在校生4605人（其中中学在校生925人，小学在校生2523人，在园幼儿1157人），适龄少年入学率达98.81%，适龄儿童入学率达100%，在校生巩固率达100%。截至年底，全县有幼儿园15所，其中县中心幼儿园1所，乡附属幼儿园5所，村级幼儿园10所，农牧区学前一年儿童入园率达93.2%，农牧区学前二年儿童入园率达91.13%，农牧区学前三年儿童入园率达77.7%，城镇学前三年儿童入园率达100%。

【办学条件】 年内，完成建设投资3326万元。新建曲水县中心幼儿园、达嘎三有村、才纳乡白堆村幼儿园3所幼儿园，聂当乡热堆村幼儿园扩建、达嘎乡其奴幼儿园建设项目、全县16所幼儿园设备配备、成为全区唯一一个学前教育全覆盖的县。

【师资队伍】 年内，全县专任教师463人，其中县中学117人，县小学269人，幼儿园54人；高级职称教师21人，中级职称教师162人，初级职称教师144人；研究生学历1人，本科学历252人，专科学历164人，高中阶段2人，教师学历合格率达100%；选送168名教师参加国家、区、市级培训，组织109名中小学教师参加远程项目培训。

【教学质量】 年内，全县参加中考人数493人，其中汉族生2人，藏族生491人，参考率达100%，初中升学率达100%，小学升学率达100%；完善《曲水县小学教学质量考核暂行办法》，对全县小学每学年进行一次质量监测，县中学自行组织教学质量监测。

【基建设施建设】 严格按照规划批复使用好各类教育基本建设资金，严格执行项目建设程序，确保教育基建项目质量。县教育局2016年共实施12个，其中续建项目3个（县中学附属工程建设项目、县中心幼儿园建设项目、县中学教工宿舍建设项目）；新建项目5个（南木乡小学改扩建项目、才纳乡小学教学综合楼建设项目、达嘎乡小学学生食堂建设项目、达嘎乡其奴村小学教学楼建设项目、聂当乡等两所小学教工食堂建设项目）；计划建设项目4个（县中学维修及绿化工程建设项目、曲水镇曲甫村幼儿园维修建设项目、聂当乡热堆村幼儿园建设项目、达嘎乡其奴村小学附设幼儿园建设项目）。项目总投资6113.25万元（续建项目资金3158.6万元、新建项目资金1059.49万元、计划建设项目资金1895.16万元）国家投资2077万元，地方性财政资金858.6万元，县级自筹资金3001.7万元，自开始建设累计完成投资3326万元。

【党的两学一做教育实践活动】 实施党建统教战略，在加强教育系统党的建设、提高教育领导能力上实现新突破。3月，发放《党建工作规范化指导手册》。加强党风廉政建设，扎实开展“两学一做”学习教育工作，明确四个要求，强化四项保障，突出五个重点，做到六个坚持，落实八个任务，将此项教育活动与中央、区市县的规定、纪律、要求紧密结合起来，安排学习22次。定期组织人员监督检查党务公开、政务公开、财务公开等执行情况，从源头上防止不正之风。

【德育工作】 贯彻落实《中共中央国务院关于进一步加强和改进未成年人思想道德建设的若干意见》精神，坚持“以德育创新为动力，以行为养成教育为核心，以加强班主任队伍建设为重点，以强化班级管理为突破口，以丰富多彩的活动为抓手”，将德育目标具体化、德育活动主题化、德育评价情景化，充分发挥学校教育主渠道、主阵地、主课堂的作用，把德育教育渗透到日常教学工作中，全面加强和改进未成年人思想道德建设；先后开展了“文明餐桌”“向国旗敬礼、做有道德的人”网上签名寄语、“清明节网上祭英烈”“敞开心扉，快乐成长”为主题的心理健康教育和学雷锋、“做一有道德的人”“日行一善”道德实践、“洒扫应对”主题教育、“道德讲堂”建设、“我的中国梦”等一系列主题教育活动。

【体育工作】 加强体育师资的培养培训，规范“两操一课”，开展中小学阳光体育活动，确保学生每天锻炼不少于1小时，增强学生体质，制定《曲水县校园足球联赛实施方案》，全面开展校园足球比赛。加强群众体育工作，完成全县全民健身活动的抽查工作，制定《曲水县职工运动会实施方案》《曲水县农牧民运动会实施方案》，6月14日组织开展了全县职工运动会。

（胡志斌）

【领导名录】

局　长　张建雄

副局长　旺　庆

曲水县中学

【概况】 在校生925人，教学班24个，适龄少年入学率达98.87%，在校生巩固率达100%；正式教职工129人。

【办学条件】 由国家和对口援藏单位联合投资建设的校园绿化及综合楼等相关配套设施工程顺利完工，上级部门投资337.96万元新建一栋教工宿舍楼，完成教工宿舍楼及学校办公楼维修。

【学校管理】 学校实行校长负责制，坚持制度化与人文化相结合的管理原则，设立校务及财务公开栏，坚持校务财务公开，坚持教职工代表大会制度、民主评议干部制度以及“三重一大”（重大决策、重要干部任免、重要项目和重大额度资金使用）集体讨论决定制度相配套，狠抓工作问题，常抓工作落实。实行年级部管理，校委会、年级部、班级形成管理层级，便于管理与监督。重视党总支建设，党总支下设3个党支部，在编党员教职工69名；党总支书记室设党团办公室，负责策划、组织和总结学校党团工作。

【师资队伍】 专任教师128人，女74人。其中，高级职称教师13人，中级职称教师42人；本科及以上学历116人，教师学历合格率达100%。自治区骨干教师3人，市级骨干教师2人。

【思想教育】 加强师生思想政治教育，紧抓学生良好行为习惯养成教育，结合重大节日和纪念日积极开展爱国主义教育、感恩教育、法制教育、形势教育、文明礼仪教育和心理健康教育等，将各类教育工作规范化、常态化。3月，开展百万农奴解放纪念日活动；4月，组织学生到拉萨烈士陵园扫墓及参观雪城监狱、拉萨规划展览馆”、网上寄英活动；5月，组织学生参观甘巴拉雷达站，组织党员教师参观拉萨反腐廉政建设馆，心理健康教育；发展新团员；6月，党总支会议、发展党员；7月，“两学一做”知识竞赛，参加曲水县职工篮球赛；8月，广播操比赛，初一新生军训；9月，教师节表彰，民族团结月活动，手抄报比赛，远离毒品宣传；10月，爱国主义教育活动，观看爱国主义教育片，校园足球比赛；11月，法制宣传教育活动，远离毒品，珍爱生命活动；12月，冬季传染病预防讲座，新团员发展；新老团员结队活动；藏文书法比赛，本年度团员总结大会。

【安全工作】 环保教育和安全教育是学校工作的重点内容。个人卫生、公共卫生考核纳入学生个人、班级、年级部考核。继续落实维稳和常规值班，校级领导带班、中层干部任组长，教师与保安每天24小时轮换值班。做好学生接送工作不马虎，校级领导带队，中层干部负责乡、教师负责村，学生来回均有组织有安排有登记。每月初进行全面的安全隐患排查，每周均进行常规安全教育，包括交通安全、食品安全、疾病防控和体育活动安全等。进行地震、火灾等突发灾害紧急疏散演练活动。

【体育艺术】 加大力度向全体学生开办兴趣课，写作、美术、书法、健美操、声乐、计算机、田径、篮球、足球、乒乓球、模拟驾驶等兴趣课任由学生选择。5月，组织师生拔河比赛；7月，组织教师参加县级篮球比赛；8月，组织学生进行广播操评比；9月初，举办庆教师节文艺汇演；10月，举行学生足球比赛；11月初，启动“阳光体育”冬季长跑活动；12月，中学首届藏汉书法展。

（王　波）

【领导名录】

校长、党总支副书记
潘丽君

党总支书记、副校长
白玛卓嘎

副校长　罗　勤
暖　珍
陈宗德

城市建设·环保

曲水县住房和城乡建设局

【概况】 2016年，曲水县住房和城乡建设局积极履行部门职责，精心组织重点项目和城镇基础配套设施建设，坚持“常规工作抓规范，重点工作求突破”的工作思路，紧紧围绕“全面脱贫”这一奋斗目标，抢抓机遇、谋求发展，全力做好各项工作。

【“精准扶贫”项目开展情况】 2016年，县住建局开展的“精准扶贫”相关项目分别为达嘎火车站精准扶贫易地搬迁安置点建设、才纳乡精准扶贫易地搬迁安置点建设、曲水县小康安居试点工程。其中达嘎火车站精准扶贫易地搬迁安置点建设项目占地283亩，总投资1.34亿元，房屋建设区面积156亩，规划建设大中小三种户型房屋共184套；安置点内规划建设村委会1个，卫生室1个，幼儿园1个，商铺32套，公园及运动场等附属工程。才纳乡精准扶贫易地搬迁安置点建设项目按照富有民族特色风貌的原则进行设计，项目总投资3.195亿元，用地面积约455亩，总建筑面积约70192m^2；设计A、B、C及公寓四种户型，共计500套房屋以及其他附属设施建设。曲水县小康安居试点工程涉及两个乡，分别为南木乡南木村和茶巴拉乡柏林村共计126户、476人。

【办公用房、保障性住房建设】 2016年，县住建局完成了检察院、司法局业务用房建设项目、曲水县2016年村级周转房项目。其中检察院、司法局业务用房建设项目总投资643.96万元，建筑面积1908.96平方米；曲水县2016年村级周转房项目涉及五乡一镇共12个点，建设面积5160平方米。

【棚户区改造】 2016年，县住建局实施的县城供水改造项目总投资1850万元，新建综合用房131.95平方米、80平方米水井四座、水泵房135.52平方米、清水池155.87平方米，新建管网6500米、改造管网3800米；实施曲水县一期、二期棚户区配套基础设施建设：其中一期棚户区下达配套资金130万元，二期棚户区下达配套资金153.4万元。共危房改造800平方米，以及棚户区内道路平整、硬化、亮化、给排水管网、挡墙、公厕、打麦场等基础设施建设。

【2016年租赁住房补贴及廉租房入住审核工作】 开展租赁住房补贴工作是党中央、国务院和自治区党委、政府关注民生、执政为民的重要体现，是迅速改善城镇低收入家庭住房困难的有效措施。曲水县提交住房租赁补贴申请共19人，审核通过11户16人，发放住房租赁补贴款48960元。

【强化安全生产管理，加强建筑行业监管】 认真贯彻执行《中华人民共和国安全生产法》《建设工程安全生产管理条例》，与各施工单位签订了安全生产责任书，落实安全生产责任人，加强建筑工程领域从业人员的安全生产意识，提高作业人员安全生产职业素质。为响应上级部门对于加大工程质量治理“两年行动”的要求，县住建局加大对在建工程转包违法分包等违法行为和安全生产工作落实情况的检查力度，年内，共开展“打非治违”和安全生产专项检查150余次，排除安全隐患16处，下发整改通知书8份，未出现重大安全事故。

【“两学一做”专题学习教育活动】 为深入学习贯彻习近平总书记系列重要讲话精神，推动全面从严治党向基层延伸，巩固拓展党的群众路线教育实践活动和“三严三实”专题教育成果，解决党员队伍在思想、组织、作风、纪律等方面存在的问题，保持发展党的先进性和纯洁性，组织全局干部职工开展“学党章党规、学系列讲话，做合格党员”学习教育，以此次“两学一做”为契机，充分认识继承和发扬党的先进性和纯洁性的重要性，从思想上、行动上履职好自己的职责。

（何　娟）

【领导名录】

局　长　仝　仓

副局长　李　伟

　　　　蒋茂林

　　　　索　朗

曲水县环境保护局

【概况】 曲水县环境保护局是曲水县人民政府主管全县环境保护工作的直属机构，下设有行政办公室、监察支队及环境监测站。全系统现有干部职工4人，其中局长1名，科员1名，工人1名，志愿者1名。

【辖区环境质量改善】 根据拉萨市环境监测站2016年对曲水县大气、水质的监测结果，县城建成区空气质量达到二级以上，县域内主要水体水质全部达到《地表水环境质量标准》Ⅲ类以上，饮用水达到《地下水环境质量标准》II类以上，环境质量状况总体较2015年持平，部分季度较上年同期有所改善。

【落实《西藏自治区水污染防治行动计划》】 2016年，曲水县环境保护局研究制订《曲水县拉萨河流域环境综合整治方案》，明确加强工业废水防治、严厉打击水环境污染违法行为、加强城镇生活“两污”治理、严控流域范围内新建及改扩建项目审批、完善水环境监测网络、加强农业面源污染防治、全面整治流域采砂行业等7个方面的工作内容和责任单位，与县督查室、水利等有关部门成立督查小组，定期对工作进展情况实施督查，并对结果进行通报；组织开展“拉萨河·我的母亲河”系列保护活动，截至年底，已组织沿线乡镇和志愿者服务总队在河道周围开展环境整治4次，累计出动压缩式垃圾转运车24车次，拖拉机40台次，电动垃圾车近80辆次，发放编织袋500余个，环保袋4000余个，出动干部群众达600余人，清理河道垃圾总量近200吨。有效改善了河道沿线环境卫生状况，同时，也以实际行动对周边群众进行了宣传；全面整治拉萨河流域非法采砂场。由曲水县人民政府牵头，县工信、环保、安监、水利、公安等有关部门成立联合工作小组，对拉萨河流域采砂场进行关闭取缔。

【落实自治区《〈大气污染防治行动计划〉实施细则》】 2016年，曲水县环境保护局建立了由县环保局、公安局等部门组成的黄标车淘汰工作领导小组，对60辆车辆建立了“一车一档”，完成51辆黄标车及老旧车淘汰治理任务，对剩余无法找到的9辆黄标车已上报拉萨市政府备案；不断加大扬尘污染防治工作。将企业原料堆场、燃煤炉渣存放等情况纳入日常监察范围，对存在扬尘污染项目下达限期整改通知书，对中交一公局扬尘污染进行处罚，责令珍龙建材有限公司等企业对原料堆场进行硬化、覆盖，责令西藏航鑫金属制品有限公司等企业对老化的除尘设施进行更换；加强落后产能淘汰工作，将原定于8月底关闭的金哈达信通水泥厂提前至1月进行关闭。

【严格环境准入】 在企业引进的前期，由环保、发改和工信等部门层层把关，坚决杜绝高污染、高排放、低效能以及不符合园区规划要求的项目；对所有新建及续建项目严格实行环境影响评价制度，全部交由县发改部门把关，对未完善环评手续的项目一律不得下达相关批复，不得开工建设，全面杜绝“未批先建”行为。在环评审批过程中，严格按照《建设项目环境影响评价分类管理名录》要求，明确项目环评等级，截至年底，全县共有开工建设项目73个，均办理了环评手续，其中环评登记表47个，环评报告表26个，环评执行率100%，未出现越级审批、擅自降低环评等级等违规行为；加快推进环评违法违规建设项目认定备案工作，由县环保局牵头，对全县125个环评违法违规建设项目开展认定备案；加大建设项目事前宣传和事中检查力度，确保项目在建设过程中，严格按照建设项目环境影响报告书、报告表和登记表所提出环境保护措施的要求和规定执行，严格落实“三同时”制度，建设项目中的污染防治设施，与主体工程同时设计、同时施工、同时投产使用。

【打击环境违法行为】 2016年，曲水县环境保护局制定了“取缔一批、关停一批、整改一批”的工作目标，根据企业实际情况将全县企业划分为“重度污染、中度污染、轻度污染”三个类别，利用节假日、夜间等突击检查与常规监察相结合，突出监管重点，创新监管手段，加大监管频次，截至年底，已累计出动执法人员120余人次，检查企业240余家次，共查处环境违法案件14起，下达限期整改通知书7份，停产改正书6份，取缔非法采砂采石场4家，对环境违法行为立案4起，行政处罚4家，罚款金额21万元，将原定于8月底关闭的金哈达信通水泥厂提前至1月进行关闭。严格按照《排污费征收使用管理条例》《排污费征收标准及计算方法》等规定，依法向排污单位征收排污费。2016年，共征收餐饮、娱乐等第三产业个体经营户排污费7567.73元，已全部上缴国库。建立健全医疗废物管理责任制度，促进医疗废物规范化处置。督促县人民医院制定完善了医废收集、贮存、转运、处理等相关制度，并与西藏绿洁环保科技有限公司签订医废转运处置合同，医疗废物定期由该公司转运至自治区危险废物处置中心进行处理。同时，在县人民医院内设立专门的医疗废物暂存室，并严格执行消毒、分类、冷冻等措施，认真做好危险废物转移台账，填写《危险废物处置转运联单》。定期对医院工作开展情况进行检查，并督促相关部门对发现的问题及时进行整改。严格按照西藏自治区环保厅《关于转发环境保护部办公厅关于贯彻〈国务院办公厅关于加强环境监管执法的通知〉的通知》（藏环办〔2015〕3号）文件要求，制定了《曲水县环境保护网格化监管工作实施方案》，将辖区划分为四级网格，明确各级网格工作职责和责任人，推动实现辖区内环境监管与发展、服务、维权、执法、宣教五个方面统一，逐步构建覆盖全县、责任到人、监管到位、执法规范的环境保护监管网络。

【推进“生态曲水”建设】 完善“户集村收乡转运”垃圾处理体系。在上年投入500余万元的基础上，曲水县又继续投入240余万元，购置各类垃圾转运设备36台，实现了乡、村、寺庙及重点场所的垃圾处理设施的全覆盖，“户集村收乡转运”的农村生活垃圾处理体系的正常运转进一步得到保障，过去“垃圾靠风刮”的现象已彻底得到改善。不断加大城乡环境综合整治力度。曲水县环保局以创建全国文明城市（县级）为契机，以农村生活垃圾“户集村收乡转运”处理体系和农村环境综合整治项目为载体，以旅游景点、道路沿线、乡村环境等环境综合整治为重点，先后制订下发《曲水县环境综合整治工作方案》《曲水县2016年度禁止白色污染工作方案》《曲水县整治辖区318国道沿线环境实施方案》等文件，对各单位环境整治职责进行了明确分工，并分别开展专项整治工作，截至年底，已组织开展各类卫生清扫、环境整治、综合评比等活动近20次，形成工作简报70余篇。经过一系列整治，全县环境综合整治工作有了明显提升，建成区及重要交通干线、重要节点的环境卫生脏、乱、差问题得到了根本解决。创新工作机制，进一步巩固“禁白”成果。订购各型号环保袋45万个，定期对辖区商户开展上门服务，将环保袋销售点“定”到商户门口，并按照制作成本价的50%进行销售，这种工作模式更加易于群众接受，受到了社会各界的一致好评，商户的购买和使用积极性大幅度提高。同时，针对发现的仍在混合使用环保袋和一次性塑料袋的商户，采取教育为主，罚没为辅的方式进行引导，督促县城内商户主动使用环保袋。

【生态文明建设】 2016年，曲水县经县委常委会审议通过后，组建了曲水县生态文明建设领导小组，办公室设在县环保局，全面负责推进生态文明体制改革和生态文明城市建设工作。为加快推进生态创建工作，曲水县环保局先后组织编制了《曲水县乡镇生态保护规划》《生态乡村工作报告》等指导性文件，不断加大自治区级生态乡村创建力度。全县6个乡镇和17个行政村已经实现了自治区级生态村和生态乡镇的全覆盖，为曲水县2017年创建“自治区级生态县”奠定坚实的基础。

【宣传工作】 在法定的“6·5”世界环境日基础上，将整个六月定为“环保宣传月”，开展环保法律知识进机关、进农村、进学校、进部队、进寺庙、进企业的“六进”活动。为保证宣传效果，曲水县紧密结合基层实际，聘请专业人员将新《中华人民共和国环保法》《环保科普宣传册》等宣传资料翻译为藏语版，印制发放各类双语版宣传册等51000余册（本），同时，充分利用各类载体，制作并发放环保宣传围裙2000余张，宣传笔10000余支，宣传扑克6000余副。通过移动宣传平台、新闻媒体、户外宣传牌等方式，营造浓厚的环保氛围。新环保法实施以来，共向各级领导、群众代表、企业法人等推送法律法规及工作动态120余条，相关环保工作被区市电视台刊播4次，各大媒体报刊等刊载22次，在全县范围内树立环保宣传牌80块，粉刷墙体宣传标语68条，悬挂宣传横幅72条，制作宣传橱窗33面。组织实施“在校大学生暑期环保行”活动，利用暑假期间对在校大学生进行统一培训后，由大学生入户对农牧民群众进行一对一的宣传，并撰写宣传日记，既让学生在家门口获得了实践机会，也通过“小手牵大手”，带动家庭、带动村组、带动村民更广泛地参与保护环境的行动。已开展入户宣传300余家次，为大学生发放补助9000余元。在全县中小学校内推行“垃圾储蓄银行”工程。全面实施“环境保护从娃娃抓起”战略，鼓励学生将可回收的易拉罐、废旧书本等投入“银行”，并由德育老师将收集、售卖后获得的资金为贫困学生购买文具、生活用品，引导学生树立了循环、可持续的环保理念。开展国道沿线防止“车窗垃圾”宣传工作。对国道沿线环境卫生造成破坏最大的就是“车窗垃圾”，为解决这一问题，曲水县通过在检查站免费发放环保袋、沿线设立宣传标牌、垃圾定点收集点、在限速单上印制宣传标语等方式，引导过往乘客自觉维护道路沿线环境卫生，取得良好效果。

【“精准扶贫精准脱贫”工作】 在乡、村、寺庙内将158名建档立卡贫困户就地转为了“环保监督员”，并为每名贫困户每年支付不低于3000元的工资。建立完善的管理制度、考核机制，划分监管片区，通过此举，实现了“脱贫”与“环保”的双赢。

（黄宇杰　王　静）

【领导名录】

局　长　拉姆次仁

邮政·通讯

曲水县电信局

【概况】 曲水县电信局（中国电信集团公司曲水县电信局）属正科级建制，下设曲水电信自有营业厅、曲水天翼手机专营店、全网通手机销售点，翼超市、乡级分别设有电信营业厅等7个营业网点和10个代理点。

曲水电信局核定人员12人，局长1名、副局长1名、综合业务员1名、装维人员1名、客户经理1名，营业员7名。

【服务工作】 2016年，曲水县电信局以各类营业场所、10000号和网上营业厅等服务窗口为重点，落实服务标准，优化服务流程，改善服务短版，争创农牧民群众满意窗口，实现了“三争创、三提升、一满意”目标。截至年底，曲水电信局全业务服务标准达标率达到99%，越级投诉、群体性投诉、重大投诉、媒体曝光等保持了零记录。全面启动和开展“为名服务创先争优”主题活动，为农牧民提供最优惠、最实惠、最便利的服务。

【应急通信】 2016年，曲水县电信局为确保及时高效应对突发事件的指挥能力和应急处置能力，满足在突发情况的通信保障和通信恢复的需要；及时接应与服从曲水县委、县政府的统一领导指挥，确保曲水县党政军领导机关及事件发生现场指挥的通信畅通，曲水电信局根据区公司统一安排成立了曲水电信局应急通信战备办公室。

【网络建设】 2016年，曲水县电信局大力推进通信网络覆盖延伸，实现了全县、全乡光纤网络规模发展。全面实现了全县乡镇及17个行政村“村村通电话”“村村通宽带”，使曲水县信息化应用水平达到了全区前列。截至年底，共计投资1800余万元完成4G网络、光宽带入户、全县监控网络建设，在网CDMA基站数量达到74个，实现1X、EVDO、4G网络在曲水县全面覆盖任务。

（尼玛平措）

【领导名录】

局　长　尼玛平措

曲水县邮政分公司

【概况】 2016年，曲水县邮政分公司围绕拉萨市邮政分公司年初工作会议精神，始终坚定发展信心不动摇，改革创新求突破，把发展过程中面临的挑战作为进一步转变发展方式的动力，全力抓好各项重点业务发展，促进企业效益的稳步增长。全年累计实现业务收入161万元，全面完成年度各项经营目标。

【管理工作】 2016年，曲水县邮政分公司先后出台一系列管理办法以及考法制度，确保经营发展、队伍建设、改善服务、企业管理等各项工作。曲水县邮政分公司实行周三全员学习制度，建立学习考核制度，提高全员的学习意识和积极性，提高全员综合素质，公司开展“提高服务质量，让用户满意”专项检查活动，定期不定期对各项业务和服务进行检查，对检查出来的情况每月进行通报考核，明确整改时限，强化执行力，提高服务质量。

【业务宣传】 服务“三农”服务中小企业一直是邮政储蓄永恒的服务主体。曲水县邮政分公司认真抓好服务、合规、安全等各项基础管理工作，通过开展“创先争优”“普及金融知识万里行”“多说一句话、说好一句话”等活动，不断提高服务质量和各项基础管理工作。

【服务质量】 曲水县邮政分公司负责全县邮政行业的运行管理和经营服务工作，承担全县5乡1镇、17个行政村，2.9万农牧民群众的用邮和普遍服务义务，曲水县邮政分公司一直秉承“人民邮政为人民”的服务理念，加强与当地政府部门沟通联系，切实履行好普遍服务义务，以优质的服务赢得当地政府、企业及基层群众的一致好评，并被曲水县精神文明建设委员会授予“文明窗口单位”称号。

（顿珠平措）

【领导名录】

局　长　顿珠平措

金融

中国农业银行股份有限公司曲水县支行

【概况】 2016年曲水县农行各项存款达135806万元，其中对公存款达97304万元，储蓄存款达38502万元。各项贷款达57625万元，其中涉农贷款32463万元，个人贷款达13875万元，公司贷款达11286万元。

【围绕业务抓党建，抓好党建促经营】 2016年，曲水县农行将党建工作放在了第一位，积极开展“两学一做”学习教育，完成党支部委员改选工作，并组织党员到拉萨市廉政警示教育基地、爱国教育基地进行参观学习。

【维护金融消费者合法权益，构建和谐金融】 为提高曲水县居民及农牧民消费者权益保护知识水平，增强群众对于金融消费者权益的保护能力，支行于2016年3月、5月、9月分别开展了一系列消费者权益保护、反洗钱、预防电信诈骗等金融消费者权益保护宣传活动。

【农民住房财产权抵押贷款】 积极响应《国务院关于开展农村承包土地的经营权和农民住房财产权抵押贷款试点的指导意见》（国发〔2015〕45号）政策号召，2016年3月29日，曲水县农行在南木乡举行了农民住房财产权抵押贷款发放仪式，共发放此类贷款16户共计173万元，并授信3户农牧户各30万元共计90万元。截至年底，共发放农民住房财产权抵押贷款21笔，共计金额273万元。

【扶贫贷款】 2016年，曲水县农行共发放扶贫贷款1亿6千余万元，其中经尊扶贫贷款167万元。此外，曲水县农行2016年还发放了产业扶贫贷款2000万元，在促进曲水农牧产业发展的同时，带动了部分农牧民致富。

【精准扶贫】 2016年，曲水县农行组织员工为曲水县贫困户捐款3次共计5万余元，现场发放扶贫物资，并根据每户实际情况为其提出脱贫建议，积极帮助4户特困户、27户监测户逐渐走出贫困。

（白贵花）

【领导目录】

行　长　徐　海

副行长　代兵站

　　　　次旦卓嘎

乡（镇）概况

曲水镇

【概况】 曲水镇位于曲水县县城境内，中部拉萨河下游，雅鲁藏布江中游北岸，东与南木乡相连，南隔拉萨河与贡嘎县吉娜乡相望，西与达嘎乡毗邻，北与堆龙德庆县接壤，总面积45905.70公顷。曲水镇下辖曲水、曲甫、茶巴朗3个行政村，共28个村民小组，1714户，总人口6992人，农牧民人均收入1.19万元。

【夯实党的基层执政基础】 曲水镇精确定位“党建统镇”工作布局，缜密谋划党建工作思路，主动研究党建成效，形成了党委顶层设计、各党支部联动并进抓党建的工作格局。建立分级负责的责任体系，镇党委与各村（支部）年初签订党建工作目标责任书，对村党支部第一书记、党支部书记和下沉党建专职干部也明确工作职责，把党建工作作为评价各党支部第一书记、党支部书记政绩的主要内容，持续给各党支部传导压力，形成上下联动，层层抓落实的良好格局，全面形成了“书记抓书记、书记抓党建尽主业”和落实党建七项重点任务的良好氛围。加强党员干部学习教育，结合“两学一做”学习教育活动，延续对“群众路线教育实践活动”“三严三实”等教育活动成果的巩固，对党员干部重点学习教育。精心部署学习教育内容、开展动员大会。成立以镇党委书记为组长的“两学一做”学习教育领导小组，认真部署和实施各项学习教育阶段工作，制订“两学一做”学习教育方案、每月学习计划表、督导检查方案。明确学习任务、时间表、路线图、分数线、责任人。通过集中学习、研讨交流、专题辅导、个人自学等方式，深入学习党章党规、习总书记系列重要讲话等内容，要求每月学习不少于4次，每月自学不少于2次。曲水镇督导组不定期不定时督察各支部“两学一做”学习教育活动的进展，活动取得的实际成效，对存在问题的及时提出整改措施，对有特色的，进行整理推广。截至年底，在家所有党员干部累计自学320次数、640余学时，集体学习36次、690余人次，集中研讨6次、120余人次，督导17次，撰写心得体会85篇。

曲水镇党委坚持党员质量、数量并重的原则不减。做好党员发展工作，加强党员的教育管理，充分发挥党员的先锋模范作用，坚持党员发展标准，严把党员入口关。确保发展党员工作的规范性、合理性、严肃性、民主性。年内，共培训入党积极分子21名，确定党员发展对象17名，新发展党员19名。建立健全“服务、帮扶、管理、教育”四位一体的党员服务管理机制。建立了党员信息库、流动党员联络机制，对党员进行动态化管理。健全党员帮扶机制，在春节、藏历年、建党节对困难党员开展慰问帮扶活动，发挥党员先锋模范作用，建立了党员与扶贫建档立卡户的“一对一、一对二、一对多”的帮扶体系。严把党员作风素质，决定给予曲水镇事业干部晋美南加停止预备党员培养计划，取消其预备党员身份。对曲甫村党支部上报的《关于对曲甫村10组索朗的党员处理建议》，经镇党委会议研究并认真考虑该党员实际情况，以及今后在群众中的影响，决定给予其开除党员身份，清除出党员队伍，警示一批党员。

建立党建工作党群办公室指导制度，要求办公室党建专职干部帮助各村党支部理清工作党建思路，制定党建工作计划，坚持下派一名党员干部作为各党支部党建专职工作人员，一同与村党支部副书记，落实上级党委与村党支部集体研究确定的重点工作，协助村党支部第一书记、书记抓好党建日常工作，健全规范党组织生活记录。协调解决各党支部在党建工作中发生的具体困难和问题，共协调解决党支部完善工作机制困难5次，解决活动经费3万元。同时，落实村级党建工作过程向镇党委的汇报请示，使党建工作重心不离支部，动态不离党委、活动不离党员。

2016年，曲水镇配合市委、县委组织部开展村级干部培训5期14人；人大代表中的村干部培训3期4人；纪委、民政对村务监督委员会的人员培训3期3人；县委党校培训3期11人；曲水镇机关干部参加各类培训19人。曲水镇全年共交纳党费13304元；其中，镇机关党支部交纳党费3346元，机关小学党支部交纳党费6758元，茶巴朗村党支部交纳党费2360元，曲水村党支部交纳党费2152元，曲甫村党支部交纳党费2134元。建立健全党委班子规章制度。及时调整镇党委班子成员，补充完善班子职数，做到了人员到岗、责任到位，为曲水镇党建工作奠定了基础。同时完善领导干部学习机制，努力提高班子成员的政治思想素质；建立健全党委班子的各项规章制度，严格执行民主集中制，坚持民主议事，突出了党委班子的集体领导地位。进一步选优配强配全了村级组织领导班子，按上级规定落实了村级管理经费，全面推进村级党组织活动场所建设工作，努力健全完善村级工作运行机制，推进村级工作的制度化、规范化和科学化，实行村两委会、村民会议、村民代表大会等机构“民主议事”，党务村务公开监督小组、村民理事会等机构“跟踪督查”，村级班子绩效考核“述职评议”机制。保障了农民群众行使民主决策、民主管理和民主监督的权利。

【**党风廉政建设**】 2016年，曲水镇镇党委与各村委签订了党风廉政建设责任书，把落实党风廉政建设作为村级考核一项重要内容，完善村务公开机制，认真开展财务清理审计工作，强化村级财务管理。强化厉行节约制度，实行村级零接待制度，镇机关和各分管口子严禁在外开餐，规范办公车辆管理，严禁公车私用，实行财务月底会审制，切实降低行政成本，全面建设节约型机关。把各项工作分解到党小组，落实到岗，明确到人。坚持和完善民主集中制原则，建立健全党风廉政建设和工作制度，做到了用制度管事管人。制订2016机关绩效考核，进一步强化干部上班签到制，出差、请假事前登记制，和月底公示制。由于制度完善，责任明确，机关干部作风明显好转，机关效能进一步提高，营造了干事创业的良好氛围。

【**主要指标完成情况**】 曲水镇下辖三个行政村，28个村民小组，共6992人，1714户。全镇共有党员598名；其中农牧民党员520名，机关、小学党员78名。截至年底，全镇总耕地面积12821亩，草场总面积512325.57亩，牲畜总头数23497头，肉食品总产量107.6万斤，粮食总产量3884万斤，油菜籽总产量5.892万斤，农村经济总收入24639万元，农牧民人均收入达11431元，小学入学率100%，巩固率100%，初中入学率99.1%，巩固率99.5%。新型农村养老保险应保尽保人员2314人，农村低保人员355人，集中供养人员32人，新型农村合作医疗参保人员为6566人，参保率93.9%。完成2016年党委、人大主席团、政府班子成员11人的换届工作。

【**特色产业**】 2016年，曲水镇严格落实各项支农惠农政策，充分调动农牧民从事农牧业生产的积极性，加大对农牧业的扶持力度，加快农牧业科技的推广，大力推广净土健康生物产业建设，发展曲水镇草莓、蔬菜瓜果、黑青稞等特色种植产业，充分带动周边群众种植积极性，有效地促进了粮食增产、特色化种植、农牧业增效，拓宽了农牧民增收致富的渠道。

曲水镇下辖3个行政村共种植玛咖312.2亩，完成在曲甫村种植黑青稞1000亩。曲水镇结合拉萨市、农牧局及县农牧局下达的种子田建设任务，3月，在茶巴朗村统一部署安排一级种子田1568亩，二级种子田1800亩（品种：山冬7号、喜拉22、藏青320、藏青2000）；冬青18号示范试验田1200亩；并筹备在茶巴朗村成立一个集良种精选、包衣、包装、储藏等一条龙生产的种子加工合作社，提升粮食深加工、存储能力。

曲水镇稳步持续推进辖区三个村牲畜接种防疫工作，春、夏、秋各开展防疫工作一次。其中：牛三价疫苗：牦牛预免疫7660头，实免疫7660头；黄牛预免疫5002头，实免疫5002头；羊双价疫苗：绵羊预免疫1366头，实免疫1366头；山羊预免疫1756头，实免疫1756头。猪O型疫苗和猪瘟：猪预免疫283头，实免疫283头；鸡：预免疫2089只，实免疫2089只；牲畜已完成疫苗接种率100%。

曲水镇总草场面积512325.57亩，可利用草场面积512325.57亩。其中：曲水村45108.35亩，曲甫村365333.41亩，茶巴朗村101883.81亩。达到草蓄平衡858户、447815.86亩，未达到草蓄平衡710户、64509.71亩，享受补奖资金671723.8亩，共发放2015年牲畜赔偿金3.72万元。

【社会事业】 2016年，曲水镇新型农村养老保险应保尽保人员2314人，农村低保97户，共计355人，集中供养人员32人，新型农村合作医疗参保人员为6566人，参保率达93.9%。全年共发放低保人员资金45.17万元；其中第一季度：119258元，第二季度：116492元，第三季度：110466元第四季度：105505元。“两项合一资金”共计70.35万元。发放2015年市级寿星老人补助资金4.425万元，发放2016年下半年县级寿星老人补助资金27.5万元。发放重度、困难残疾人补贴资金18.84万元。

曲水镇牵头组织相关人员在县城人口集聚地展开法律、卫生、农业科学技术等知识宣传活动，深入开展“双学双比”活动，利用教育培训广泛推广新技术，开展“扶贫助困”活动，组织农村妇女参加技能培训达300余人次，开展家庭教育讲座活动1场，参与群众600余人次。组织妇女手工编织培训19人，兽医培训11人。组织挖掘机（装载机）驾驶员培训15人，汽车维修培训10人，驾驶证B照升A照农牧驾驶员培训38人。

曲水镇文化中心积极和上级部门密切联系配合，采取一系列政策措施，着力推进文化工程建设，组织开展“我们的节日”系列文体活动，使农牧民群众精神文化生活得到改善，文化建设呈现较好的发展局面。广泛深入宣传2016年大学生贫困资助政策，截至年底，共有73名考上全国各地的应届大学生和2016年及精准扶贫家庭共计26名往届大学生都受到了上级教育部门的相关资助。

曲水镇以创建全国县级文明城市为锲机，以“美丽家园幸福曲水”为主题，和各村委会签订环境卫生工作责任书，积极协调加快解决农村垃圾清理池（站）点建设和生活垃圾清理工作，定时收集转运及时处理，确保了辖区农村社会面的卫生、干净、整洁。3月，部署曲水镇植树造林工作，组织群众1300余人次在曲甫村1组、2组、3组等9个组种植柳树37470株、共506.3亩；在茶巴朗村4组、5组、3357水渠两旁等地种植柳树5900株、共79亩。曲水镇以“3·5”学习雷锋日“五一”劳动节、中秋节、国庆节等为活动载体，以“美化环境、人人参与”为主题，经常性组织干部职工开展志愿服务活动，集中打扫县泰州广场、干部职工生活区及318国道沿线，同时清理了沟内垃圾、白色塑料袋等卫生死角并呼吁群众从身边小事做起，人人参与爱护环境。在318国道沿线和各村显著位置树立环保宣传牌8块，从全镇建档立卡贫困户中选出环保监督员31名，负责辖区环境卫生监督监管汇报工作，并给县城环卫工人发放环卫服、清洁工具共计15套，全年转运垃圾共计100余吨。

曲水镇始终以党和政府的基本路线、纲领、方针、政策为指导，坚持计划工作常抓不懈，努力把计卫工作做扎实、做细致、做出色。依次组织三个行政村开展全民健康体检活动，对辖区内所有农牧民群众进行免费健康体检，对筛选出的疑病人员进行再复查再确诊，做到人人健康状况清楚，统筹报销全年农牧区医疗救助资金共计164.48万元。“一孩双女”奖励扶助人员214人（新增20人），每人每月补助标准960元，全面补助资金共计20.54万元。全员流出（入）人口定位信息采集658人，其中流出人口650人、流入人口8人。确定落实“以助脱贫”人员46人，其中15人报销资金15512元。

曲水镇结合创城工作实际，成立了以党委书记为班子的领导小组，下设创建文明城市办公室，编配人员和办公设施。坚持“创建依靠人民群众，创建为了人民群众”的原则，在辖区街道、各村委会通过宣传栏、LED显示屏，发放宣传单等形式进行宣传，通过向机关、学校，村委会发放问卷调查表，开展宣传活动，营造了浓厚的创城氛围。其中，开展志愿者活动8人次，开展道德讲座3场次。

2016年曲水镇完成项目17个（社会车辆购置、农牧服务中心设备购置、镇办公室购置设备、曲水镇机关大院维修、曲水村水塘建设、曲甫村1组水渠建设）等，共计完成社会固定资产投资4970.8万元。

【维护社会和谐安全稳定】 按照区、市、县维稳工作指示要求，曲水镇着力做好“春节和藏历年”“三月维稳期”“五一劳动节”“萨嘎达瓦”等期间的社会治安维稳工作，采取制定专项方案，编排维稳值班组，配置巡逻治安民兵等措施，抓节假日期间维稳工作，为切实做好重点人员的管控工作，曲水镇对危安重点人员签订重点人员管控责任书，配置重点人员与党员一对一帮教，做到底数清、情况明、不漏控、不失控，尽一切可能对不稳定因素进行早期预防和化解，确保了辖区社会面的安全稳定。

2016年，曲水镇与各村、学校和辖区施工企业签定了安全目标责任书，明确了任务、落实了责任。同时，做好曲水镇辖区内16.7公里铁路护路工作，定期与不定期结合，联合各相关单位开展检查督导工作，深入实际摸底检查安全隐患，违规操作等问题，并及时予以制止和督促限期整改工作，符合相关安全生产要求后方可开工，杜绝了安全事故的发生。曲水镇积极协调县消防大队共同组织开展了消防知识讲座及操作演练活动，向群众讲解生产生活中的消防知识，发现火灾后如何科学自救等常识并请部分群众演示操作灭火器材等，共计300余名干部群众参加，发放双语防火工作手册6000份。

曲水镇依托“双联户”网格服务管理平台，截至年底，共开展矛盾纠纷排查54余处，调解矛盾纠纷4起；排查各类安全隐患81余次，整治安全隐患38余处；开展治安巡逻64余次；登记流动人口625人，搜集信息16条，重点人员联管联教72余人次。帮扶困难家庭134户，投入帮扶资金（物资）12余万元；农牧民群众小额信贷107笔333余万元；创办经济实体6个，带动致富联户单位29人，实现124万元。

对辖区内分散五保户、集中供养人员、优抚对象、残疾人员、退休干部、赤脚医生、派出所干警、低保户、退伍军人困难户、现役军人困难户、寿星老人、残疾人困难户、贫困母亲开展了节前送温暖活动，共慰问128人次，合计金额52600元。各驻村工作队、村“两委”班子成员也纷纷在节前组织开展贫困户和结对帮扶户走访慰问活动，曲甫村慰问群众金额（物资）共计127800元，曲水村驻村工作队慰问群众金额（物资）共计11400元。

曲水镇联合司法、信访、综治办、妇联、派出所等部门，认真组织镇、村两级4个调解组织，在辖区内展开矛盾纠纷排查调处活动，成立工作领导小组，明确责任领导和主体责任人。建立健全各村、组调解小组，解决了10~20名村组调解员，形成镇、村、组3级相互配合上下联动的活动网络。收集整理各类矛盾纠纷并主动调解和归类建档，截至年代，全镇各级调解组织共出动60余人次，排查摸底200余次，排查各类隐患100余次；发现1起村民越级上访案件，已移交信访部门调解处理；未发现任何可能引起的群体性事件或突发性事件以及任何重大矛盾纠纷或重大信访事件。开展法律宣传活动5人次，参加活动群众达600余人次，共发放法律宣传资料2000余份。全年调解3起婚姻家庭纠纷，调处成功率100%。

发挥好宗教治理小组的作用，认真做好宗教人员的思想工作，严厉打击非法宗教活动的人员，保持社会和谐稳定。镇辖区内有寺庙6座，1名僧尼。辖区内流动从事民间宗教活动人员共有17人，其中持证人员10人。为做好宗教界人士的统战工作，曲水镇定期对民间宗教活动人员进行探访，检查寺庙情况，共清查4次6座寺庙，对发现的问题及时整改，及时了解寺庙人员生活状况、宣传党的宗教政策，增强爱国热情和团结意识。

【精准扶贫】 曲水镇紧紧围绕自治区“六个精准”“五个一批”和市委、市政府下发的《关于深入推进精准扶贫精准脱贫工作的决定》中“六脱”的工作方略，以及“一年脱贫、四年巩固”的目标，结合曲水镇实际，认真推进精准扶贫、精准脱贫工作。对辖区三个行政村符合条件的贫困农牧民群众进行摸底调查、登记、审查、共确定全镇精准扶贫建档立卡229户、956人，其中易地搬迁65户。县委、县政府积极扶持群众发展，寻找产业和致富门路，通过精准识别、精准施策、干部结对帮助、群众自我发展、产业到户扶持等工作，采取“六脱措施”“五个一批”“八个到位”，曲水镇建档立卡户贫困户在全县干部、全镇干部、驻村工作队、村两委的帮助引导下，从年初人均1850元增长到现在的9054元，增长5倍。其中，曲水村建档立卡户83户307人最低收入3953.7元，最高收入28420元，人均10118.9元；曲甫村建档立卡户82户399人，最低收入3900元，最高收入19772.3元，人均收入8915元；茶巴朗村建档立卡户64户250人，最低收入3678.5元，最高收入12460元，人均收入8733.3元。到2016年12月1日贫困发生率为零，已经达到脱贫线标准（3645元／人.年），经各级公示，群众没有异议，全面完成了2016年县委确定的任务。

【党委、政府、人大换届工作】 在县委的正确领导和各督导组的指导下，曲水镇分别于4月20日、5月26日、6月9日召开镇十二届人大第五次会议、镇第一次党员代表大会和镇人民代表大会并及时健全党委班子成员和完善各项规章制度。

4月20日，大会应到代表39名、因病因事请假4名、实到会代表35名，符合法定人数。大会表决通过了此次大会《选举办法（草案）》，表决通过总监票人、监票人、总计票人、计票人名单（草案）。表决通过了《曲水镇人民政府工作报告的决议》《曲水镇人大主席团工作报告的决议》。大会选举吉宗为曲水镇人民政府镇长、次旺欧珠为曲水镇人民政府副镇长。

5月26日，按照换届人事方案顺利产生了新一届镇党委班子、纪委班子和出席县委第九次代表大会代表。全镇党员代表560名，共有84名党员代表参加了曲水镇第一次党员代表大会选举（有11名党员代表因病和外出未参加选举）。选举产生了曲水镇第一届委员会委员9名，书记1名，副书记3名；选举产生纪委委员5名，书记1名，副书记1名；选举产生了出席县委第九次代表大会代表25名。党委委员得票率达到100%，纪委委员得票率达到100%，出席县委第九次代表大会代表得票率达到100%。

6月9日，大会通过选举产生了新一届政府班子成员、人大主席，选举产生出席县十三届人大代表14名。

（次旦卓嘎）

【领导名录】

党委书记　李宝平
镇　　长　吉　宗
人大主席　德吉群宗

才纳乡

【概况】 2016年，才纳乡全乡总户数为1332户，共5283人。全年第一产业收入为8856万元，第二产业收入为5490万元，第三产业收入为6035万元，农牧民人均纯收入达11947元，其中现金纯收入7168.2元。

【党建工作】 抓好班子理论学习培训，坚持“周一乡党建例会”和“周三村党建例会”制度与乡党委集中学习和干部自学相结合；参加组织培训与外出参观学习相结合；理论学习与解决实际问题相结合；坚持理论学习与考核、坚持相结合。规范乡党委工作行为，加强党委能力建设。注重走群众路线，坚持重大决策和重要问题集体讨论研究，班子成员之间做到大事讲原则，小事讲风格，在重大事件和突发事件面前能够分工不分家，相互配合，互相促进，形成一个团结协作的坚强核心。继续深化主要领导包村制度，落实“一岗双责”和“一对一”“一对多”的党员帮扶制度，加强无职党员设岗定责。

依托各级党校开展培训、乡村远程教育、农家书屋、电视播放四个载体，开展形式多样、内容丰富的培训教育活动。

【党风廉政工作】 2016年，才纳乡全乡第一次党代会选出乡纪检委员5名，配备了乡纪委副书记，各村配备了乡纪检监督员共3名，各村分别设立了村民监督委员会，每个村3名成员，共9名，完善了办公设备，保证了纪检办案工作经费。在软件建设方面，做到有行为规范、有工作职责、有办案规程、有工作制度、有工作台账、有良好形象。

全面实行村组账乡管，认真监督农村“三资”管理使用，管好用好农村集体资产、资源、资金，保证新常态下农村经济健康快速发展，预防资产流失、资源破坏、资金违规。乡纪委要求全乡各村、小组按时结算和按时报送财务报表；并制订了“曲水县各行政村及自然组账目公示栏”，并下发到各村各组，要求各村组按季度将本村组的财务情况进行全面公开。

组织全乡党员学习了《共产党员领导干部廉洁从政若干准则》《中国共产党章程》《新形势下党内政治生活的若干准则》《中国共产党党内监督条例》和中央十八大以来的有关规定。结合党联系群众实践活动抓好学习教育。乡政府领导、干部分工包干到各村。通过学习教育，提高全乡广大党员干部的党性观念和树立了全心全意为人民服务的宗旨，提高了全乡广大党员干部廉洁自律意识和遵纪守法的自觉性。

领导班子成员严格按照其职责进行了重新分工，纪委书记专职负责纪检和审计工作；乡重大经济和工程项目由乡领导班子集体研究决定；乡纪委着力监督各口子负责人、村党组织班子成员等廉洁履行职责情况；全乡3个村设立了纪检监督员，规范了权力运行。对新任的乡党委班子成员、各村一书、各村主任进行任前谈话，共进行了廉洁自律任前谈话15人次。全面加强干部日常监督和管理。积极建立和完善绩效考勤、每周例会、述职评议、警示谈话等制度，切实加强对党员干部日常工作的监督和管理，发现苗头性问题及时给予提醒和教育，促进干部廉洁从政、依法从政，防患于未然。

【两学一做学习教育活动】 2016年，才纳乡已组织全乡党员干部开展15余次集中学习，围绕“两学一做”的背景、学习要求、目的、内容等进行了深入的学习。

以开展党的群众路线和“两学一做”活动为契机，对各党支部开展集中讨论、个别谈话活动。健全各党支部干部岗位责任制目标考评制度和干部管理制度，加强村干部述职活动和考核管理，培养一批有能力、有责任心、素质好的党员干部，注重把外出回乡务工青年、高中毕业生、农村致富带头人等作为才纳乡入党积极分子的培养对象。组织党员干部到基地义务劳动，增强党员干部的凝聚力和战斗力。坚持“一线工作法”建立健全改进干部作风长效机制，弘扬服务为民，真抓实干和艰苦奋斗，坚持节约作风，深入到群众中去，为群众办实事解难事。抓好首问负责制、限时办结制、责任追究制等制度落实，深化规范化服务型政府建设。认真落实党风廉政建设责任制，开展党性党纪党风教育，引导党员干部讲党性、重品行、做表率，形成为民、务实、廉政的党员作风。

【农牧林工作】 2016年，才纳乡播种面积为15523.8亩，其中园区各类经济作物共1750亩；粮食作物9274.5亩，即冬播作物3240.5亩，均为山冬7号，其中白堆3-8组连片共1500亩；春播作物6034亩，即黑青稞1910亩（各村均为连片地）、藏青2000共4124亩（各村均为连片地）；饲草类3325.3亩，即玉米2296.8亩（白堆村连片2000亩）、紫花苜蓿1028.5亩；经济类1174亩，即土豆282亩、油菜782亩、蔬菜110亩。粮经饲比例为59.7%：18.8%：21.4%。

全乡草畜平衡载畜量为28251.19，总体达到草畜平衡。2016年，才纳乡牲畜存栏为2.54万个绵羊单位，未超载670户，超载448户，草畜平衡奖励资金共兑现为219817.8元，同时对超载农牧户，下达了减畜任务。

2016年，才纳乡将农民专业合作社建设工作纳入重要议事日程。罗亚农机合作社，现机具资产达160万元，共有各类机具31台（套），其中大型拖拉机5台、麦类联合收割机7台、大型喷雾器1台、玉米打包机2台、粉碎机8台、播种机2台。2016年，该社共作业6000亩（翻地），收入为25万元。

2016年，才纳乡植树量完成100%，数量共计18万株，其中经济林140亩，5000余株。结合精准扶贫精准脱贫工作要求，才纳乡引导当地贫困户参与到项目当中，造林绿化项目用工达1600人次，其中贫困户400人次，人均收入达到3000元，林木灌溉人员均为白堆村建档立卡贫困户，用工达20人，人均收入可达到4500元。通过生态植树和经济林发展相结合，最大程度的发挥土地效益，为当地贫困户打造脱贫的平台，真正实现生态脱贫。

【精准扶贫精准脱贫工作】 2016年，才纳乡已完成170户633人的建档立卡信息完善工作，其中一般贫困户83户375人，扶贫低保户83户254人，五保户4户4人，贫困发生率占全乡农村总户数的12.41%，贫困发生率占总人口的11.65%。以业脱贫，依托净土健康产业示范区带动贫困户共计227人，其中临时工171人，年均增长6000至7000元、长期固定工人56人，年均增长15000元。以保脱贫，已将建档立卡中的27户57人贫困户全部纳入民政现行保障兜底政策范围之内。以迁脱贫，计划已将建档立卡中72户247人贫困户纳入到异地搬迁安置。以育脱贫，已将建档立卡中39户41人纳入到教育政策兜底的范围之内。以助脱贫，已将34户36人纳入到医疗救助范围之内。以补脱贫，已将15名扶贫户纳入到生态护林员队伍中，平均每名护林员每年工资7000元。

四季吉祥村位于才纳乡才纳村境内，是曲水县第二个精准扶贫易地搬迁点，该村建设面积303087.26平方米，现建有贫困户和产业工人住房500套，其中贫困户住房365套，产业工住房135套。户型分为100平方米、120平方米和140平方米，分为“春、夏、秋、冬”四个片区，体现一年四季12个月、365天，主干道12条。为使“四季吉祥”村今后的有续管理，才纳乡党委、政府选派乡4名优秀干部组成了临时党支部。

【党委、人大、政府换届选举工作】 为确保换届工作风清气正，严肃换届纪律，纳乡通过组织专职宣传工作人员深入各村开展了换届宣传工作、乡政府大门LED上24小时播放换届标语、组织干部观看严肃换届纪律警示教育片等方式做到了换届工作和换届纪律家喻户晓。明确换届纪律“红线”。为有效防止换届中出现各种违纪违法行为和不正之风，才纳乡纪委根据上级部门要求，明确了“五个责任主体、九个严禁、干部选拔任用十不准”的纪律要求，明确了换届工作的纪律“红线”。

对乡村领导干部进行警示教育，提前给干部打好“预防针”。各村组织学习“一片一册”警示教育，填写《严肃换届纪律承诺书》，开展严肃换届纪律知识测试等方式广泛宣传换届工作的有关政策规定和纪律要求，真正使换届工作家喻户晓，有效制止了跑风漏气、请客送礼、拉帮结伙、跑官要官、拉票贿选等不正之风。经统筹考虑，合理安排，才纳乡顺利完成了党委、人大、政府换届工作，推选出乡级党代表98名；新一届党委班子由原来的6名扩充到9名，参加县9次党代会代表共25人。

【创建全国文明城市工作】 为全面深化全国文明城市创建工作，营造“人人想创建、处处抓创建、事事为创建”的浓厚氛围，年内，在县宣传部、县创城办的正确指导下，才纳乡高度重视、精心组织，制订方案、周密部署，组织各村结合实际采取措施，积极落实工作，通过悬挂、张贴公益广告画等方式开展文明行动、普及文明礼仪常识等，切实提高群众的文明程度，促进群众文明行为的养成。活动中，结合上级部门创城工作，才纳乡在政府大门两侧悬挂了“五代伟人像”和“心连心”画像共4副。大门LED显示屏24小时滚动播放“24字”社会主义核心价值观以及深化全国文明城市创建宣传标语（藏、汉语同时播放）。县创城办为才纳乡主干街道和显著位置张贴了创城公益广告画共计18幅，其中大型广告画3幅，中型广告画5幅，小型广告画10幅。

在创城工作中，才纳乡以整治村容村貌为抓手，结合成立志愿队伍和“双联户”工作，制定了《才纳乡农牧民环境卫生长效管理实施方案》，以双联户带动所管联户单位，划分卫生区域，将卫生工作纳入到联户代表年终考核、发动志愿者等方式，从根本上整治群众房前屋后卫生，真正实现卫生网格化管理。以“五一”劳动节为契机，才纳乡创城办公室将联合各村、派出所、卫生院、学校，在辖区范围内开展环境卫生大整治活动。

【社会事业方面】 2016年，才纳乡共兑现资金7489127.5元，其中低保户资金288449元，分散五保户21480元，已兑现城镇低保1—7月份资金64960元、寿星老人2015年全年补贴20850元和县财政补贴38000元、残疾人特困补贴资金共计120800元，民政临时救助27400元，农牧民群众医疗救助金166188.5元。才纳乡党委、政府组织开展了各类慰问活动，联同县级部门为“三老人员”、空巢老人、低保户等、贫困退伍军人送去了慰问金、慰问品，慰问达270余人次，资金达172400元。

做好相关政策宣传，重点对孕前保健、预防性病、出生缺陷干预、母子保健、防治肺结核等卫生知识进行宣讲；完成了才纳乡2016年农牧区合作医疗筹资工作。共完成三个村1253户、5130人的合作医疗筹资，筹资金额共计153900元。新型农村养老保险工作。共缴纳养老保险金269300元，参保人次达到2569人。

（普布卓嘎　冯展玲）

【领导名录】

县人大副主任、乡党委书记

达　瓦

乡　长　陈晓玲

茶巴拉乡

【概况】 茶巴拉乡位于县境西部，距县委、县政府所在地24公里，南隔雅鲁藏布江与山南地区浪卡子县卡热乡相望，东与达嘎乡为邻，西与尼木县交界，北与当雄县接壤。区划面积231.34平方公里，占全县区划总面积的14.25%。茶巴拉乡下辖柏林、茶巴拉、色麦3个行政村，23个村民小组，1002户，4425人。辖区内有乡小学一所，村级幼儿园三所，卫生院、派出所、兽医站各一。

【农牧业生产情况】 2016年，全乡总人口1002户4425人，总耕地面积16168.64亩，粮食播种面积7628.95亩，经济作物播种面积1169.89亩（其中油菜种植面积达到了840.75亩，油菜复种植面积达到1250亩），元根复种植面积1335亩，土豆种植面积225.81亩，蔬菜播种面积619.3亩；粮食产量达到734万斤，油菜产量达到69万斤，蔬菜（土豆）产量达到1800万斤，元根产量达到800.73万斤，实现了粮食安全稳定持续增长的目标。在确保粮食安全生产任务完成的同时，乡农牧办大力向农牧民群众推广农业生产新技术，发放各类技术资料595册，开展农牧民农业生产培训13次，培训农牧民984人次。同时积极推进产业结构调整坚持土豆种植业和“两桃”经济林为主的两大特色产业的发展思路。

为促进牲畜业的发展，增加农民收入，乡政府主导大力发展藏鸡、藏猪、绵羊养殖工作，并着力抓好畜禽疾病的防疫工作。截至年底，第四季度茶巴拉乡牲畜总头数19008头，牦牛、黄牛、犏牛总存栏数为7834头，出栏1322头；绵（山）羊总存栏数为10053只，出栏4166头；猪存栏数为1121头，出栏1150头；马、驴、骡存栏总数为84匹，出栏2匹；蛋鸡规模9026只，藏鸡蛋产量43244斤，利用净土健康产业的良好发展模式，增加了茶巴拉乡农牧民的经济收入。

全年农村固定资产投资2524.89万元，农村经济总收入14463.26万元，其中第一产业7761.58万元，第二产业4012.16万元，第三产业2689.51万元，农牧民人均纯收入11240元，较去年同期的9992元相比提高了12.5%。

【维护社会稳定、建设和谐西藏】 茶巴拉乡始终以维护社会稳定为根本，从强化“预防为主、打防并举、标本兼治、重在治本”四方面入手，对涉及的重大工作和重大问题乡党政领导班子负责人都能亲自部署，研究解决，果断而妥善处置。并通过一系列工作举措的有效实施，为全乡的综治维稳工作打下了坚实的基础。按照“全员抓稳定，全力保平安”的工作思路，进一步明确维稳职责，落实维稳责任，形成整体合力。及时调整了综治维稳工作领导小组，强化了组织领导，明确了全乡综治维稳工作由党委书记、乡长负总责，乡综治办具体抓，乡派出所、村“两委”、学校负责领导配合抓，各部门认真履行职责、自觉服从调度，切实做到管好自己的人，看好自己的门，并将综治办、司法所、派出所等具有社会稳定和调解职能的部门纳入维稳体系；在年初还与各村委会、乡直各单位签订了综治维稳工作目标管理责任状，明确了党政班子成员、驻村乡干部、村干部的职责任务，形成了一级抓一级、人人身上有责任的维稳工作格局。制定了综治维稳工作责任追究制度，明确了对负有失管、失查、失控、失职和渎职责任的分管领导、直接责任人员进行责任追究，并采用责任倒查形式，视情节轻重予以问责，其问责及处罚结果与工作绩效、年终考核评优直接挂钩。充分调动和激发了各个层面维稳工作人员的主体意识、责任意识，在全乡上下形成了想方设法解矛盾、齐心协力保稳定的良好局面。加大开展综治工作综合管控力度，充分发挥综治维稳功能，完善“党政统一领导、综治组织协调、部门各负其责”的重大矛盾纠纷联合调处机制，实施重大节日、敏感时段领导带班制、24小时值班制；对重点人员、刑满释放人员和流散僧尼加强管控措施和爱国主义教育活动，并开展安置帮教工作；实行联合调处制度，明确对重大安全生产事故、重大交通死亡事故、重大异常群体性事件，由分管领导、驻村干部、村干部以及综治办、派出所组成联合工作组，成立流动人口管理领导小组，做好有毒、有害、易燃、易爆物品排查和情报搜集工作，及时妥善调处，有效落实稳控。截至年底，共举办综治宣讲活动9次，排查和受理各类矛盾纠纷20起，其中乡级调处8起，调解成功8起，调处成功率100%，没有出现重大安全生产事故和重大群体性事件。年内，茶巴拉乡被国务院防范和处理邪教问题办公室评为“全国无邪教创建示范乡”。建立了警民巡防队伍，在重要节假日、敏感时段等特殊时期，开展大规模、高密度的全乡巡防工作，确保社会安全稳定。同时强化维稳宣教，按照“全民动员，科学普及”的思路，分层次、多题材、广角度地开展维稳宣教，全乡人民群众法治意识不断提高，配合度和创安维稳能力得到显著增强。还通过向外来务工人员、低保对象等提供法律援救来化解他们的不稳定因素，保障了弱势群体的合法权益，促进了社会和谐。截至年底，茶巴拉乡先后召开了“双联户”专题会议、座谈会、培训会和工作督查会11次，认真安排“双联户”指导员进村入户调研，入户率达100%，摸清了基本情况与发展现状，制定了帮扶工作重点和方法。同时充分发挥联户代表的作用，各联户代表积极参与，调解家庭盾、邻里等矛盾纠纷，对表现突出的户主和联户代表，逐级推荐表彰颁发奖牌、荣誉证书及表彰资金。“双联户”工作得到了群众的认可，增进了群众的法治观念，调动了人民群众参与建设和谐邻里、平安茶巴拉的积极性、主动性。

【开展“两学一做”学习教育】 4月11日，乡党委召开了学习教育动员部署大会，对教育进行全面深入的部署，成立了以乡党委书记为组长的学习教育领导小组，并制订学习教育实施方案。成立了学习教育办公室，下设信息组专门负责宣传和文案工作。截至年底，茶巴拉乡已制作专题宣传栏5个，发放各类宣传资料270余份，发放《中国共产党章程》等相关党章党规800余份，宣传工作取得实效。学习教育开展以来共报送简报481期，专报25期，各类材料及表格40余份，做到了活动信息和动态的及时整理上报。

乡党委组织乡机关全体干部职工集中学习24次，参加人员475人次，乡干部职工还利用休息时间进行了自学。乡党群办专门制作了学习材料汇编，同时还采取了观看影片和微信平台学知识要点等具有实际意义的活动。截至年底，每个干部人均撰写学习笔记30篇、心得体会和观后感8篇。

【党委、人大、政府、纪委换届选举情况】 根据中央区市县各级的要求，4月，开始全面启动换届选举工作，乡党委整合全乡力量，成立了由乡党委书记任组长的换届选举工作领导小组和乡党委副书记任主任的换届选举委员会，成立了乡换届办，乡党委副书记为办公室主任，并抽调了3名熟悉换届流程、责任心强的干部为换届工作人员。先后4次召开换届选举动员部署会和换届选举培训会。制定了换届选举实施方案和换届选举宣传工作方案等方案计划，并下发到了各支部、各选区。通过印发宣传材料300余份、专题报告会3次、张贴标语100余条、制作宣传展板5期等多种形式，宣传换届选举的重大意义，宣传了茶巴拉乡在经济社会各项事业发展中取得的成绩和经验。

在换届选举过程中，乡党委严格遵守选举工作有关规定，认真履行法定程序，做到步骤不减少，标准不降低。抽调专人深入各基层党支部，对换届程序、换届纪律进行全程督查指导，确保选举工作顺利进行。各基层党支部自5月起陆续开展党员代表选举工作。严格按照程序和党内外群众的意志，研究产生了90名代表候选人预备人选，乡党委配合县委组织部、县纪委、县公安局、国保大队等6个部门进行了代表资格审核合格后，于5月8—9日，各选举单位召开党员大会选举乡党员代表，选举产生90名党员代表。积极配合县委组织部做好了下届党委、纪委、人大、政府班子成员的酝酿推荐工作，并进行了公示和请示。5月24日，中共茶巴拉乡第一次代表大会在乡政府大院内召开，经过与会代表选举，新一届9人党委班子、4人乡纪委班子和25人出席县级党代表以全票通过选举。

全力做好人大、政府换届工作，茶巴拉乡共有选民3189名。划分县人大代表选区6个，县正式代表候选人15人，应选代表15名；划乡人大代表选区19个，正式代表候选人42人，应选代表42名。经过乡党委和各支部提名，产生了42名乡级人大代表候选人和15名县级人大代表候选人，后于6月7日，各选区选举了县乡两级人大代表，6月8日至9日，茶巴拉乡第十三届人民代表大会第一次会议召开，选举产生了第十三届人大主席团主席和新一届政府领导班子。县乡两级人大代表、人大主席和政府领导班子都已高票或者全票当选。

【基础设施重大项目建设进展情况】 2016年，乡党委、政府继续加大基础设施重大项目的实施，全乡新修水塘6处、提灌站3座、水渠10公里、机井1处，公路12公路、硬化2公里，共计投入资金1570万，完成了乡政府周边人居环境改造和茶巴拉村7组至牧业组道路建设，同时还率先开工建设柏林村49户群众的小康安居工程试点项目。新建成的54套干部周转房现已有干部入住。位于色麦村的白玛甘泉矿泉水厂也已建成投产。

【改善群众生产生活条件和基本公共服务建设】 茶巴拉乡坚持统筹社会事业发展要求，着眼茶巴拉乡社会事业发展实际，抓住当前社会主义新农村建设契机，加强领导，明确责任，在上级统一部署和领导下扎实推进科教文卫事业长足发展。2016年，继续巩固了义务教育制度的落实，进一步加强了校车管理，保障全乡中小学生安全往返，全乡小学适龄儿童入学率达到100%，毕业率达到100%；继续积极开展农村合作医疗，有效解决农牧民看病难，看病贵的问题，2016年全乡参加合作医疗4307人，筹资129210元；加强了新型农村社会养老保险政策的宣传学习活动，充分发挥村组党员干部等带头作用，截至年底，参保人数达到3174人，共涉资金244100元，参保率达到100%。

茶巴拉乡认真积极地落实农村合作医疗政府财政补助政策，突出加大对弱势群体的关爱。进一步加大对医疗救助资金的支持力度，扩大救助范围，完善了乡卫生院一站式服务窗口，简化报付手续，提高救助水平，保证便民利民。同时也认真做好残疾人统计工作，特别是特困家庭中的残疾人工作，全面落实相关政策。

2016年全乡农村低保户92户、落实资金1768603.5元，五保户5户、落实资金26100元；对贫困家庭大学生“两免一补”均能按照各级相关规定严格督促落实，全乡2016年共计有区内外各高校录取学生38名，全部享受到了各级各类优待及减免政策。

茶巴拉乡统筹人才配置，积极发挥年轻干部和大学生村官的作用。年内，共下派14名干部充实到各村，有富有经验的各村第一书记、年富力强的基层事业人员、新分配公务员、朝气蓬勃的大学生村官，坚持把“解决群众的实际问题”作为工作的着力点和落脚点，实施互相学习、互动考核。

【生态文明建设】 秉承“美丽家园，幸福拉萨”等精神，着力开展了辖区内“拉日铁路”沿线生态恢复及植树绿化工作。茶巴拉乡现林地面积达2454.5亩，新造林面积313亩，义务植树、群众自发植树达19658多株，极大地改善了全乡的生态环境。

【特色产业建设】 2016年，茶巴拉乡藏鸡蛋产量43244斤、创收达23.8万余元，核桃产量达到了5.57万斤、创收达26.22万元，桃子产量达36.93万斤，创收达71万元。同时以“桃花村”为主的旅游业发展也较为迅速，全年到“桃花村”及周边旅游的人数迅增至2896人次，由此而带动特产销售、商品批发零售、住宿餐饮、交通等，收入达254.9万元，较大地改变了“桃花村”及其周边群众的生活条件。

【精准扶贫、精准脱贫工作情况】 2016年，茶巴拉乡建档立卡贫困户有262户908人，其中扶贫户163户593人、扶贫低保户80户279人、纯低保户12户29人、五保户7户7人。根据贫困属性和脱贫措施的不同，对其分类为：以业脱贫56户203人，以迁脱贫142户510人（迁往拉萨39户101人、迁往达嘎55户202人、迁往才纳48户207人），以育脱贫16户16人，以补脱贫338人，以保脱贫99户315人，以助脱贫35户35人。其中，草场监督员103人，环境监督员26人，公路养护员4人，公厕保洁员3人，护林员165人，水保员25人，沙化管理员15人，疫源疫病管护员11人，群防群测人员2人。通过县乡村三级和群众的努力，现262户908人建档立卡贫困户已全部脱贫。

（刘尧兵）

【领导名录】

乡党委书记　赵 建 军

乡党委副书记、人大主席
旦　曲
乡党委副书记、乡长
洛桑群培
乡党委副书记
拉巴卓玛
乡党委委员、色麦村第一书记
扎　西（主任科员）
乡党委委员、人武部长、副乡长
旦增索朗
乡党委委员、副乡长
巴桑卓玛
乡党委委员、纪委书记
蒋华林
乡党委组织委员
殷臣辉
乡政府副乡长
达娃卓玛

达嘎乡

【概况】 达嘎乡东邻曲水镇，西邻茶巴拉乡，北接堆龙德庆县，南与山南地区浪卡子县隔江相望，位于雅鲁藏布江与拉萨河的交汇处，乡政府所在地与曲水大桥相毗邻，距离曲水县城仅7公里路程，是拉萨至山南、日喀则、尼泊尔的必经之地，318国道横穿全乡。区划面积336平方公里，耕地面积14723亩，属农业乡镇。达嘎乡下辖有达嘎村、其奴村、色达村、色甫村、三有村，34个村民小组，全乡共数2040户，其中农业户1955户，牧业82户；总人口8412人，其中农业人口7888人，牧业人口447人。乡党委下辖8个党支部，党员520名。

【国有经济主要指标】 2016年，全乡农业总产值达27078万元、同比增长23.09%，农牧民人均纯收入11891元，同比增长19%，比较2015年增长1404元，按照“一产上水平、二产抓重点、三产大发展”的原则，积极加快农业产业结构调整步伐，加大技能培训力度，提高劳务输出能力，不断提高农牧民群众人均收入。

全乡农村经济总收入22000万元，同比增长20.1%，其中：一、二、三产业分别完成11500万元、5700万元、4800万元，一、二、三产业分别同比增长20.17%、18.07%、22.48%，农牧民人均收入10487元，同比增加16%。

紧紧围绕“五个一批”“六个精准”的脱贫理念，紧扣“五跟五走”“六好”的脱贫思路，高度重视此项工作，立足实际，把握机遇，科学谋划，强力开展脱贫攻坚易地搬迁工作，2016年7月，成立以“有产业”“有房子”“有健康”的“拉萨河畔·三有村”，成立了临时党支部，组织党员推选出了1名党支部书记、3名委员，并按照拉萨市委提出的“强党、固基、扶村”的要求，下派了乡党委副书记为村党支部第一书记，4名乡下沉干部及一名下沉民警，并进行了明确的分工。全乡建档立卡贫困户350户、1230人。以业脱贫的有131户、565人，以迁脱贫的有221户、864人，以保脱贫的有157户、461人，以助脱贫的由56户、66人，以教脱贫的有52户62人，以补脱贫的有314户410人。截至年底，达嘎乡农牧民群众已全部脱贫。

统一规划，配套建设了水、点、道路、通讯和幼儿园、商铺、灯柱系统公共设施。按照“搬得出、留得住、能致富”原则，通过易地搬迁安置和发展生产脱贫相结合的方式，在搬迁点建立了藏鸡养殖合作社、奶牛养殖合作社、药材和饲草料作物种植合作社，吸纳有劳动能力的贫困户群众，带动贫困户脱贫增收。

按照区市网络化服务管理和“双联户”社会治理模式，将达嘎乡三有村划分为1个网络，东区、西区两个小组，以5~10户和每个联户单位8户的划分标准，将184户划分为23个联户单位，推荐产生23名联户代表，努力营造和谐稳定氛围。截至年底，完成联户群众信息采集，造册工作、建立双联户“幸福家园”微信平台、网络化管理和“双联户”制度职责等已全部完成。

“拉萨河畔·三有村”于2016年3月开工，7月5日全部入住完毕。并及时该村共有184户712人，党员25名，下辖东西两个村民小组，23个联户单位，该村的男女比例分别为45%和55%，该村184户均属于建档立卡户，其中纯低保户有36户、扶贫低保户有50户、一般扶贫户98户。全村有劳动能力的有356人，其中从事农牧业生产的185人，外出打工的171人；无劳动能力的356人，其中在校学生211人，因病因残丧失劳动能力的61人，老人小孩84人；党员25人；现役军人1人；退伍军人6人；寿星老人2人。该村现已全部完成脱贫工作。临时党支部充分认识到抓好党员队伍建设的重要性，始终把支部建设作为事关搬迁点经济发展、社会稳定的一件大事来抓。临时党支部团结一心，不断强化“想干事、能干事、干成事”的思想和谋发展的事业心。培育“会干事”的能力，大力促进村级经济发展；提高“干实事”的本领，让全体党员、群众共享发展成果，为扎实推进新农村的建设，把搬迁点建设成为易地扶贫搬迁示范村、城乡一体化建设示范村、小康示范村、和谐美丽乡村示范村、精神文明建设示范村而奋斗。

【经济发展】 2016年，达嘎乡不断优化农业结构，发展高效农业。达嘎乡高度重视春季农业生产工作，认真贯彻落实全县农业生产的要求，年初制定了工作方案，全面部署细化农业生产工作任务。累计发放化肥773.25吨，其中尿素206.25吨，二胺460吨，复混肥107吨，钾肥17吨。继续发展马铃薯种植产业，引进“艾玛岗”土豆良种9300亩，为加进投入，结合市场走势，–推广优质新品种，达孜县帮堆村土豆种子50亩。争取并统计上报2016年农用机具（手动收割机、手扶主机、扬场机、翻转犁、储粮罐等农机具）需求以最大限度地满足农民群众最大的需求。为加大产业化结构调整力度，达嘎乡加大对农牧民进行宣传教育，同时还制订2016年农业年度工作计划和农业结构调整计划，调整了优化种植业内部结构，加快了以粮食作物为主的单一种植结构向粮、经、饲三元结构转变。在农业结构调整和农牧民群众增收方面，达嘎乡按照因地制宜的原则，积极推广优质马铃薯种植，不断扩大种植面积，2016年优质土豆种植面积达到9300亩，引进艾玛岗优质土豆种子280万斤，占全乡总耕地面积的52%，实现产量30740吨，实现总产值3720万元，实现人均增收2500元。

全乡应防疫的牲畜存栏数24373头（只、匹），实际免疫注射的24373头（只、匹），免疫率达到100%。加快了以牛、羊为主的二元结构向猪、禽、牛、羊等为主的多元结构转变，优化了畜禽品种，2016年全乡牲畜总头数为24989头（匹、只），黄牛改良2218头、饲养家禽3742只、饲养猪6529头。

2016年，达嘎乡共完成植树造林面积1580亩，其中重点区域面积580亩，荒山荒地植树造林200亩，义务植树、周边造林和四方、河滩、山沟、林卡等地补植造林面积共800亩。共组织劳动力9400人次（组织党员群众860人次；组织妇女群众980人次）树木成活率达95%以上。

【社会事业】 2016年，达嘎乡认真贯彻落实教育、卫生、计生、民政、扶贫、社会民生保障体系工作建设步伐，不断加大教育事业投资力度，推进医药卫生体制改革，加快建立健全农村社会民生保障体系建设，取得了明显的成效。

达嘎乡贯彻市、县两级教育工作会议精神，加大了对教育的投入力度，深化农牧区教育体制，不断提高教学质量，加强校车安全管理。做好义务教育均衡发展的各项工作，对适龄儿童少年上学、进城务工人员随迁子女上学、残疾儿童少年上学等相关情况的统计和汇总，并建立了全乡义务教育均衡发展的各项制度及保障机制、全乡义务教育均衡发展的质量监管措施。年内，小学适龄儿童入学率达100%，初中入学率98%。为全乡建档立卡户50名大学生落实教育金242395元。据统计，达嘎乡2016年贫困大学生已资助对象182名。开展了未就业“两后生”的统计工作。按照县扶贫办的要求和乡党委、政府的安排，初步统计了全乡初中及高中毕业生中未就业“两后生”人数。

及时制定了达嘎乡卫生工作目标责任书，并与卫生院、四个行政村签订卫生工作目标责任书，促进卫生工作科学合理有效地开展，控制好人口出生率、降低孕产妇死亡率，确保达嘎乡计划生育工作和经济工作协调同步开展。加大卫生计生宣传力度。详细宣传曲水县卫生局文件中《关于不予报销补偿的医疗费用范围和孕产妇转院车辆油料费报销规定》相关内容，宣传党对独生子女家庭的各项优惠政策，宣传计生保健知识，以艾滋病宣传日为平台，防治艾滋病宣传工作，乳腺炎、子宫内膜炎等妇科病的宣传工作。开展2016年合作医疗筹资工作，8265人参与了筹资，每人按照30元标准，合作医疗共计筹资247950元，筹资率达100%。完成育龄群众婚育情况统计工作，育龄群众是计划生育工作的重点人员，开展育龄群众的统计工作，是做好计划生育工作的重心工作，按照县卫生局的要求，达嘎乡对全乡育龄夫妇进行了统计，经统计全乡2016年计划生育小孩的夫妇有173对。做好新婚夫妇孕前检查宣传工作，达嘎乡对新登记结婚的夫妇进行孕前检查工作宣传，宣传国家“一孩双女”的政策，宣传孕前检查的益处，宣传《中华人民共和国婚姻法》《中华人民共和国妇女儿童权益保护法》等。截至年底，达嘎乡共有49对夫妇进行了免费孕前优生健康检查，并建档。

为确保农牧民群众老有所养、老有所依，根据区市县关于开展新型农村养老保险工作的要求，按照全面建设小康社会和社会主义新农村的奋斗目标，逐步建立与家庭养老、土地养老、社会救助等其他社会保障措施相配套的新型农村养老保险制度。全乡应参保人数4439人，收缴参保金额44.64万元，参保率98%。

始终坚持“以人为本、为民解困”的根本宗旨，强化服务意识，关注弱势群体，把党和政府的温暖送到困难群众的心里，及时落实低保、五保户、医疗救助、救灾救济、残疾人员补助、优抚资金，全年兑现低保资金750591元，兑现五保户资金28192.5元、慰问贫困户物品折合人民币92500元，兑现医疗救助资金118857元、兑现退伍军人津贴45000元、发放残疾人员补助资金28800元。

【改善农牧民群众生产生活环境】 2016年，达嘎乡积极采取有效措施，切实加大培训力度，提高农牧民群众技能，进一步加大基础设施建设，完善社会功能保障体系，为农牧民群众增收、提升自身竞争能力打下了良好的基础。

结合“四业工程”建设目标要求，根据不同人群采用了面对面交谈和电话询问两种方式，了解技能技术培训需求和素质提升需求，紧密结合我乡经济发展思路及现代农业发展需要，科学设置培训项目，结合达嘎乡区位优势，设置土豆种植、妇女就业创业培训、驾校培训等相关产业的培训项目，为农牧民更好地安置就业、转移就业，县、乡组织农牧民培训5次，具体包括雪菊种植培训、铜器制作培训、驾校培训以及装挖机培训，共71人参加了培训。年内，达嘎乡劳务输出1338人，转移就业217人，劳务输出总金额达到443.27万元。

为庆祝西藏百万农奴解放纪念日、庆祝达嘎乡第五届望果文化节等，按照拉萨市关于“六城同创”以及加快现代化小城镇建设和318国道沿线改变人居环境，提高居住条件的有关精神，达嘎乡政府投资30万，专门成立了达嘎乡保洁公司，组织保洁队每天定期对达嘎大桥周边街道环境进行了清扫并配备了垃圾转运车；为改变村组内脏乱差现象，在五个行政村新建了5座垃圾池，并投资500万元在达嘎乡达嘎村318国道沿线建设人居环境整治工程项目。

【党的建设】 2016年，达嘎乡结合“两学一做”教育活动，坚持以提高党的执政能力建设为重点，按照“反对分裂、维护稳定、促进发展”的思路，把贯彻落实党的各项方针政策和联系服务群众作为巩固和提高主题教育活动成果的有效载体，进一步加强各级领导班子和干部队伍建设，发挥基层党组织堡垒作用。

乡党委政府紧密结合“两学一做”专题教育活动，召开了专题教育活动动员部署会，使全乡党员干部深刻认识了专题教育的重大意义，准确把握了上级的部署要求，增加了参加专题教育学习的自觉性和积极性，现在是学习教育环节，共组织集中学习25次，集中讨论3次，全乡干部共撰写读书笔记600余篇，心得体会90余篇，讨论心得30余篇。重点加强学习党的十八大、党的十八届四中、五中、六中全会、中央第六次西藏工作座谈会精神、习近平总书记在西藏时的一系列讲话精神、中央和区市县关于强农惠民政策、曲水县“十三五”发展规划、乡镇干部职工“19个不准”、村两委班子成员“22个不准”以及相关业务知识。

乡党委、政府高度重视党的组织建设工作，及时吸纳政治素质高、具有较高的文化水平和致富能力、肯帮助周围群众的人员，加入党的组织，增强了党组织的整体实力。2016年经过培养发展18名入党积极分子，新增党员29名，其中转为正式党员56名，预备党员29名。

根据县纪委《2016年党风廉政建设目标责任书》有关要求，及时制订《达嘎乡2016年党风廉政建设目标责任书》，并与各村签订目标责任书，各村又与各小组签订了目标责任书，党风廉政建设工作形成一级抓一级，一级对一级负责的格局，积极推进乡村两级财务管理体制改革，全面推进党务、政务（村务）、财务“三务公开”贯彻落实。

根据县委宣传部关于精神文明的文件要求，达嘎乡大力加强了党的方针、政策和法律法规教育，积极开展了各项精神文明创建活动；充分利用党（团）员活动室，对广大干部群众进行爱国主义、集体主义、社会主义思想教育；坚持“两手抓，两手都要硬”工作指导方针，以全面建设小康社会和建设“生产发展、生活富裕、村容整洁、管理民主”新农村目标要求，用科学发展观统领精神文明建设工作全局，以农牧民群众和青少年思想道德建设为重点，全面提升达嘎乡文明程度，为构建和谐达嘎提供精神动力。认真组织开展“三八”妇女节、“3·28”百万农奴解放日、“五一”劳动节、“五四”青年节庆祝“七一”建党节、达嘎乡第五届望果文化节为主题的各项文化活动10余次，丰富了全乡各族群众的精神文化生活。

达嘎乡始终坚持“党建带动群团建设，群团建设促进党建”的原则，加强工会、妇联、共青团建设步伐，完善工会、妇联、共青团建设各项资料，通过党的建设，促进群团组织建设。

【维护稳定】 2016年，达嘎乡紧紧围绕社会稳定，突出维稳工作重点，整合社会资源，采取多种形式和方法，深入开展维护社会稳定、重点人员管控、普法宣传教育、矛盾纠纷调解、刑释解教人员安置帮教、预防青少年违法犯罪、安全生产等相关社会治安综合治理工作。

达嘎乡党委、政府高度重视维护社会稳定工作，按照区市县委关于维护社会局势稳定的有关工作部署，进一步明确责任，先后成立了达嘎乡社会维稳工作领导小组、达嘎乡重点人员管控工作领导小组、达嘎乡普法依法治理工作领导小组、达嘎乡人民调解工作领导小组、达嘎乡安置帮教工作领导小组等领导小组及其办公室，建立健全各项工作制度和工作职责，与五个行政村签订了各类责任书9类45份，其中村民委员会责任书36份。同时，要求各村委会与各村小组签订相应目标责任书，切实做到“横向到边，纵向到底”，确保各项工作落到实处。

利用召开会议、举办宣传活动为有利契机，向全乡各族人民群众、在校师生、寺庙僧人以及重点人员和刑释解教人员开展形式多样的法律法规宣传。结合6月“安全宣传月”等系列活动，组织相关单位在5个行政村进行《中华人民共和国反邪教组织法》《道路安全法规》《中华人民共和国妇女权益保护法》《中华人民共和国婚姻法》《铁路爱路护路》等法律法规的宣传，并发放宣传资料600余份，群众得到了法制教育。

紧紧围绕新时期农牧区矛盾纠纷“主体多元

性、类型多样性、表现群体性、情况复杂性、趋势激化性”的五大特性，及时有效地处置和化解各类矛盾，防止矛盾激化，坚决杜绝“民转刑”和“群体性事件”的发生。通过加强来信来访、深入调查走访、畅通信访渠道，按照“小事不出村、大事不出乡”和矛盾化解在萌芽状态的原则，2016年全乡成功化解来信来访事件；民事纠纷调处率达100%。全乡未发生刑事案件及未发生严重暴力刑事案件。

乡党委政府把安置帮教工作作为维护全乡社会稳定工作首要目标，先后组织司法部门工作人员16次深入村组，对重点人员、监外执行人员、刑释解教人员思想动态、行为动态进行跟踪调查摸底，及时掌握有关信息。达嘎乡现有重点人员4名，实现重点人员管理和帮教。成立了重点人员管理领导小组，刑满释放人员共14名，按照接收刑释解教人员的相关规定，建立帮教安置档案，并签订《安置帮教责任书》和《管控责任书》；帮教人员14人，签订帮教责任14份，确保了刑释解教人员无重新违法犯罪问题。我乡认真组织开展各项帮教帮扶活动，充分发挥老党员、老干部模范带头作用对其进行思想政治教育；且着力解决生活生产上存在的实际困难，增添其开展新生活的信心。

达嘎结合实际，通过走访群众，开展调研，创新工作方式方法，认真推进全乡“双联户”服务管理工作扎实有效开展，在详细了解全乡发展现状的基础上，开展了“联户平安、联户增收”工作。

积极落实习近平总书记“治国必治边、治边先稳藏”的战略思想，积极落实中央为民务实清廉为主要内容的群众路线教育实践活动及关于加强和创新社会管理的部署要求，延伸拓展城镇网格化管理，丰富平安创建的载体，进一步打牢社会和谐稳定根基。

【加强政府建设，提高服务水平】 加快发展、维护稳定的任务十分繁重。按照加强党的执政能力建设的要求，切实加强政府自身建设，努力建设“为民、务实、清廉、高效”政府，不断提高执政能力，为圆满完成全年各项目标任务提供坚强保障。一是牢记宗旨，勤政为民。牢固树立全心全意为人民服务的宗旨观念，把满足广大人民群众的公共需求作为工作重心，采取各种措施，全面深入村组了解社情民意，倾听群众呼声，集中精力把群众需要办的事办好，需要了解的政策宣传好。充分发扬民主，科学决策。多深入村组、群众开展调查研究，广泛听取和吸纳各方面的意见和建议。全面推行政务公开，主动接受人大、纪委和社会各界的监督。坚持民主集中制原则，重大问题集体讨论决定。强化责任，务求实效。进一步健全和完善岗位责任制，强化和完善工作机制，正确处理好责任权利的关系，进一步增强干部工作的紧迫感和工作责任心。转变职能，建设服务型政府。坚持情为民所系、权为民所用、利为民所谋，始终把维护好、实现好、发展好最广大人民的根本利益作为政府全部工作的出发点和落脚点，切实为广大群众解忧难、谋利益，让人民群众共享经济发展成果。

（胡 杨）

【领导名录】

党委书记 米玛次仁

党委副书记、乡长 毛 鑫

党委副书记、人大主席 达瓦次仁

南木乡

【概况】 南木乡位于曲水县域的东部，拉萨河下游北岸，东临曲水县聂当乡，隔河相望是曲水县才纳乡，西靠曲水县曲水镇，离拉萨贡嘎机场15公里，与县域相距20公里，距拉萨市区30公里，“318”国道贯串全乡，交通十分便利。南木乡下辖南木、江村2个行政村，12个村民小组，792户，总人口3223人，劳动力2157人。

【经济发展】 南木乡主要是以农牧业经济为主，截至年底，全乡农村经济总收入12820万元，其中第一产业收入为5839万元，第二产业收入为4400万元，第三产业收入为2580万元，一、二、三产业结构比为46：34：20。全乡现有耕地面积为6561.83亩，其中粮食播种面积为4751.97亩，经济作物播种面积为1309.89亩，饲草播种面积500亩。

【净土健康产业】 根据县净土健康产业办公室的要求，为切实做好玛咖推广种植工作，南木乡对玛咖种植进行了宣传动员，与村委会签订玛咖种植责任书。为激发群众参与净土健康产业积极性，促进净土健康产业发展，4月21日，曲水县净土公司工作人员到南木乡两个行政村，兑现2015年玛咖收购资金。年内，引导群众种植玛咖1011.18亩，全乡玛咖产量大78999.5斤，亩产为78.13斤，全乡种植玛咖收入达2369985元，户均增收1万元。全乡种植玛咖55.4亩，11月份产量达5519.4斤，全乡亩产为99.6斤，比上年亩产提高20%，农牧民平均每亩增收500元。

【农村综合改革】 为建设现代农业，促进农民增收，争取国家扶持和金融支持，南木乡对鑫赛瓜果种植农民合作社、羌嘎宾敦旅游服务合作社等通过以奖代补、规范管理、加强建设，努力打造示范合作社。

南木乡鑫赛瓜果种植农民专业合作社，对社员开展送温暖慰问活动。2016年2月1日，农牧办主任贡觉次仁带领乡农牧办工作人员及合作社社长边巴等人，对合作社95名社员进行了集中慰问。

【劳动力培训转移】 全乡“四业工程”工作坚持“四轮驱动”，即领导推动、部门联动、上下互动、典型带动，马力全开，营造出了良好的“四业工程”工作氛围，共实现转移就业122人，劳务输出866人。2016年，全乡农牧民技能技术培训工作在立足原有培训模式的基础上，寻找新载体、采取新方式，确保培训不走过场、不流于形式，使农牧民群众真正能用会用、迅速见效。各类培训依托羌嘎宾顿职业技能培训学校、经济合作组织等现有资源，采取理论与实践相结合的方式进行，投入经费4.16万元，完成130人次的各类培训。同时，联合县精准扶贫精准脱贫，开展挖掘机、厨师、驾驶员培训，培训中级厨师1人，藏式面点师2人，装载机驾驶员1人，挖掘机操作员5人，汽车驾驶员11人，共计20人；根据实际情况，配合县“四业”办，联系企业，转移就业拉萨市雪域明珠旅游客运驾驶员29人，建立1人1档，全部就业。截至年底，全乡新增水利监管员共计6人、沙化土地封禁管控员共计15人，野生动物保护员14人，湿地管控员14人，草原生态监管员61人，护林员201人。全乡政策性岗位人数共计311人。2016年12月9日至14日，历时6天，顺利兑现全乡政策性岗位资金793050元。

【精准扶贫工作】 根据县精准扶贫精准脱贫指挥部下达的扶贫工作目标任务，南木乡专门召开了党政联席会议，研究布置了具体的精准扶贫精准脱贫工作，成立了乡党委书记旺扎为组长，党委副书记、乡长成小龙为副组长，各班子成员、各相关部门为成员单位的南木乡精准扶贫精准脱贫工作领导小组。同时建立健全了精准扶贫精准脱贫工作责任机制，在年初就制订精准扶贫精准脱贫目标责任书，根据目标责任书的要求，一步一个脚印地开展工作，扎实有效脱贫。开展实地调研，根据调研情况制定切实一户一策。截至年底，南木乡共有扶贫户149户566人。以业脱贫218人；以迁脱贫63户300人；以育脱贫147人（两后生3人）；以保脱贫86人；以助脱贫33户24人；以补脱贫113户262人。2016年底，南木乡149户，566人建档立卡户，其中五保户36户，36人；民政低保户61户260人（精准扶贫办承认的以保脱贫有50人，C类只纳入12人，其他家中劳力安排环境、农牧、水利等部门的专设岗位）；一般贫困户52户267人享受到奶牛、牦牛养殖项目79户，搬迁户63户，43户才纳，20户柳梧；年内，全乡已脱贫113户527人，除低保兜底的五保户外，全部脱贫。

【社会事业】 全乡现有一所完全小学，两所幼儿园，教师26名，在校小学生258名，幼儿76名，全乡适龄儿童入学率100%，巩固率100%。2016年，兑现20名贫困生、资助金额3.539万元；拉萨市建档立卡贫困家庭大学生14名、资助金额7.3万元；兑现2名非建档立户应届免补专业生、资助金额5000元；兑现2名往届非建档立户免补专业生、资助金额6000元；兑现8名非建档立户往届生、资助金额5.9万元；兑现23名非建档立户应届生、资助金额14.7万元；成人高考15名学生、资助金额7.5万元。

全乡现有一所乡卫生院和一所村卫生室，医务人员8人，其中正式工5名，1名公益性，2名村医。卫生院有西医临床2名（本科1名、专科1名），藏医临床2名，中药学1名，核销员1名。有2个医疗点南木村医疗点和江村医疗点。寺庙医务点有1个，基本达到医疗总会民覆盖的目标。2016年新生儿和孕产妇死亡率继续保持为零，儿童计划免疫接种达到100%。医护人员就有6人次外出交流学习，大医院专家，教授1人次到卫生院进行专题讲座等工作，同时，共有3067人参加合作医疗，已全部上账。落实孕前免费检查工作，孕前免费检查共有20对夫妻参加，有需要治疗的正在治疗中。宣传全民健康体检工作，动员广大群众积极参与，有3200群众参加全民健康体检，已全部建档。

2016年南木乡积极践行“以民为本、为民解困”的民政工作宗旨，较好地完成了民政、扶贫各项工作。截至年底，收缴城镇低保参加城乡居民养老保险共21户、32人、1100元，收缴城乡居民养老保险资金共149300元。对全乡集中供养五保户35人、分散供养五保户1人进行慰问，慰问金共计8000元，并兑现分散五保户前三季度生活保障金4027.5元。5月共为2个村89户，360人发放面粉204袋、大米204袋，油88桶、砖茶90条、糌粑2袋，折合现金53715元。截至年底，南木乡低保户为64户、262人，其中A类21，B类19，C类222。按照“一户一档”要求，更新和完善最低生活保障对象档案；年内低保家庭共兑现四个季度生活保障金、兑现上半年提标金资金共计335741.5元，下半年552844元。全乡共有188名残疾人。截至年底，南木乡家电下乡总上报423户、758080.3元，已落实第一批21户、15400元。兑现上年市级寿星老人健康补贴12000元，其中90~99岁的1人、补贴750元，80~89岁的25人、补贴450元；6月，寿星老人还享受县级健康补贴，累计兑现资金36000元；发放大病统筹医疗救助共177712元，救助人数达42人；发放生活困难临时救助6000元，救助人数达2人；发放上年残疾人燃油补贴资金5700元，受助残疾人达15人；发放上年重度残疾人、困难残疾人生活补贴两项补贴共计158400元，受助人数达192人；发放麻风康复中心生活无法自理人员陪护费用6800元；兑现上年高校特困生一次性生活资助金，受资助对象为5名在校大学生，1名属区外重点院校，资助金5000元，4名属区内重点院校，每人获得1000元资助金，累计获得9000元资助金；兑现60周岁以上农村籍退役士兵发放生活补助，南木乡享受此项补贴人员共计6名，兑现南木乡年满60岁退伍军人累计43920元。

【基层党建】 2016年，南木乡以开展“两学一做”专题教育活动和“精准扶贫、精准脱贫”为契机，全面加强党的建设，目前乡党委下辖南木村、江村、乡机关、小学、珠寺、鑫赛瓜果合作社共6个党支部，现有党员296人，其中，农牧民党员229人，2016年新发展党员7名，吸收入党积极分子18名。乡共产主义青年团组织下设南木村、江村、乡机关、小学共4个团支部，现有共青团员216人。

乡党委根据实际情况共召开“两学一做”专题教育动员会、领导小组会4次，安排部署会2次，针对具体情况做出详细部署。乡机关党员集体学习18次，自学24次，观看党风廉政警示片23部，并就如何做一名合格的党员进行了6次大讨论，学习共计290人次。针对精准扶贫工作，乡党委召开动员会2次，召开脱贫攻坚会4次，已确定南木乡全部贫困户均已脱贫。

南木乡党委高度重视党风廉政和精神文明建

设，通过积极落实党委的主体责任、大力支持纪委开展作风效能建设和精神文明建设。培育廉政文化不放松。截至年底，乡纪委组织全乡干部观看了《双面人生》《思想溃堤后的堕落人生》《永远在路上》等23部廉政警示教育片，同时进一步深入学习了《中国共产党纪律处分条例》《中国共产党廉洁自律准则》和拉萨市第九次党代会精神，领导干部带头讲廉政党课4次，学习共达80余人次，撰写心得体会80余篇。

【社会综合治理】 2016年，召开全乡维稳工作会议20余次，专门成立了维稳工作领导小组、维稳督查领导小组、应急处突领导小组。南木乡实行以科级干部带班的值班和巡逻制度，确保24小时岗上有人。加大特殊人群的管控力度。与乡派出所、帮教人员一同，采取强有力的措施加强对重点人员、外出学经回流人员、出境回流人员、刑释解教人员的监控、管控工作，特别是对社区服刑人员采取佩戴定位手表等手段进行管控教育。组织南木乡干部群众进行突发性公共事件应急处置实战模拟训练，购置设备，确保全乡干部群众应急处突能力得到有效提高。建立健全民兵制度，配备民兵装备，加强全乡境内的安全巡逻，全乡共有民兵154人。

南木乡设立了人民群众矛盾纠纷调处中心，全乡共计矛盾纠纷调委会三个，2016年南木乡共排查出各类矛盾纠纷0起，接待法律援助服务0起，调解率100%，成功率100%。成立领导小组、制定实施方案，开展流动人口专项排查工作，截至2016年底，全乡流动人口共计217人；乡党委、政府召集各村、各组主要负责人召开矛盾纠纷排查前期会议，摸清及排查村组疑似上访人员和其他重点人员的思想状况，了解全乡矛盾纠纷的工作情况。

“双联”工作作为南木乡一项重点工作，以网格单位就近组合的原则，合理对全乡联户单位和联户代表进行了调整，全乡共有联户单位60个，联户代表60人，联户单位配备联户指导员35人。截至年底，评选区级先进联户代表1户、市级“先进双联户”15户、县级“先进双联户”15户；乡级27户；村级129户。荣获自治区级、市级先进集体。“双联户”工作共计排查矛盾纠纷80次，化解矛盾纠纷0起；排查安全隐患38余处，整治安全隐患7处；帮扶弱势群体156户，投入资金6.45万元；整治环境卫生56次；实现其他人员联管联教62人次。

（冯川津）

【领导目录】

党委书记　旺　扎

党委副书记、乡长

成小龙

聂当乡

【概况】 聂当乡位于曲水县城东部，318国道贯穿全境，距拉萨市区20公里，被称为拉萨市后花园，总面积124平方公里，其中耕地面积9719.24亩，下辖两个行政村（德吉村和热堆村），16个村民小组，1564户居民，4814人；乡有小学一所，幼儿园2所，寺庙3所；8个党支部；共有27家种养合作社。

【坚持改革创新，经济发展取得新突破】 聂当乡全面贯彻党的十八大，十八届三中、四中、五中、六中全会和习近平总书记系列重要讲话精神，以深入开展“两学一做”学习教育活动为契机，紧紧围绕“精准扶贫精准脱贫”这个核心，坚持稳中求进的工作总基调，团结和带领全乡广大干部群众，解放思想，开拓创新，努力进取，注重改善民生，促进社会和谐稳定，使全乡经济和社会各项事业继续保持持续、稳定、健康发展的良好势头，实现聂当经济社会又好又快发展。

全乡农村经济总收入达到1.8亿元，同比增长11.2%；完成固定资产投入3581.95万元，完成任务目标的90%；第一产业收入5000万元，同比增长8.8%，第二产业收入8240万元，同比增长9.9%，第三产业收入4760万元。乡本级财政收入达到

40.86万元。

年内，聂当乡政府在平稳发展农牧业的基础上，努力打造“一乡一特”，塑造乡级特色产品，大力发展现代农业，绿色有机农畜产品、净土健康产业、玛卡种植等产业不断壮大。一是稳粮、增产、增效，大力抓好农业内部产业结构调整，在稳面积的基础上，实施品种、品质、品类的结构调整，已全面普及藏青2000及山东7号等良种，大力推广种植黑青稞1200亩，蔬菜大力发展各类超市对接精品蔬菜、食用菌等。截至年底，全乡农作物播种面积为9719.24亩，经济作物播种面积4212.3亩（油菜种植面积3032.3亩，蔬菜种植面积1180亩），积造有机肥9860吨；粮食总产达890.9万斤，经济作物产量达94.76万斤。绿色有机果蔬生产规模扩大，共建成基地1455.7亩，高效日光温室762栋，主要生产、经营常规蔬菜，瓜果等，目前我乡已发展成为拉萨的“蔬菜生产基地”。推广优良畜种，全乡现有牲畜存栏量4983头（只、匹），黄牛改良530头。进一步推进农业产业化经营，完善涉农专合组织，发挥服务功效。全乡共有27家种养殖专业合作社，为农牧民提供产-供-销一条龙式服务，商超对接，农牧民足不出户就可实现农畜产品走向市场。

依托高科技示范园区，大力引进成功的管理方法和经营模式，注重与本土特色相结合，将高科技园区打造为集教育培训、优质农产品生产为一体的示范基地。重点突破，抓好食用菌生产这一特色产业。大力推进食用菌产业体制创新，以园区的152栋食用菌标准化生产温室和4栋标准化厂房为中心，积极引导当地农牧民大力发展食用菌生产，联系周边菇农加入“企业+农户”的食用菌产业合作社，实现技术共享，菇农增收。统筹规划，大力发展净土健康产业。在全乡推广雪菊种植40亩，由净土公司提供技术支持和指导。

努力推进生态文明乡、村示范建设工作。加强基础设施建设。以改善民生为着力点，积极为破损的乡村道路进行维修，乡本级财政投入7500元，为热堆村6组维修乡村公路4公里；投入资金7.6518万元开展“创文明城市（县级）”活动；投入资金2万元帮助学校开展创城工作，投入4万元资金用于学校购车。国道318线（聂当段）A合同段已全面建成，大大优化我乡的人居和投资环境。

按照创建“生态乡”工作的要求，坚持以“布局合理、设施配套、环境整洁、村貌美化”为目标，以治理脏、乱、差为抓手，大力开展“五改六化”工作，有效改善人居环境。启动环境保护网格化管理模式，共设置6个网格。确立了“生态保护-经济发展-社会和谐”发展模式，并按照集中连片的原则将乡域划分为7个卫生片区，每个片区的卫生环保工作由一名乡干部联合驻村干部组织片区内村支书、联户代表、企业负责人组成的工作小组负责、协调。集中开展“五清理、四规范、三监督”工作，重点开展公共场所、道路两侧垃圾清理，房前屋后人畜粪便清理，公共设施违规占用、乱涂乱画清理，施工工地建筑生活垃圾清理。共组织开展环保志愿服务活动5次，悬挂横幅16条，购置垃圾桶50个，清理卫生死角14处，整理房前屋后卫生1500户，发放环保宣传册600余册，LED显示屏滚动字幕宣传60余次，召开主题宣讲会12场，投入资金65万元，涉及人数4600人。切实做好环境卫生日常保洁。为确保 7 个卫生片区环境卫生干净整洁，全乡配备了23名环境保护监督员，对全乡环境卫生进行监督管理。并建有20处垃圾收集池及2个公共厕所，成立了保洁队伍，配备了日常保洁人员15名、压缩式垃圾转运车1台和3台垃圾清运拖拉机、7台电动垃圾收集车，做到生活垃圾日产日清，垃圾日清运量0.8吨左右，杜绝“白色污染”。实施绿化美化工程。组织人员义务投劳，在公路两侧、拉萨市垃圾填埋场周边、学校等种植景观树3650棵，180亩。五是督促企业中的“排污大户”节能减排，实施清洁化生产，合理运营。

秉承“实事求是，因地制宜，分类指导，精准扶贫”十六字方针，紧密结合全乡实际，落实六项精准脱贫举措，扎实推进脱贫工作。实行党政“一把手”工作责任制，成立了扶贫攻坚工作领导小组，并对分管扶贫的领导干部、驻村干部、村组负责人进行培训。扶贫工作领导小组定期走村入户调研，对2015年全乡原始登记的扶贫对象307户1085人进行了逐一精确核查，入户核查率达100%，剔除了原系统的伪贫困户，夯实了扶贫工作基础，确保了乡扶贫对象精准化，在2016年共识别建档贫困户211户，607人，针对致贫原因，采取有效方法和措施，已实现全部贫困人口脱贫。抓“双联户”、驻村，将扶贫工作与“双联户”和驻村工作衔接。共有“双联户”指导员43名，联户代表151名。通过采取发展大户，带动小户，户户联动的方式，坚持“工作到组、扶贫到户、责任到人”原则，让干部与贫困户“结对认亲”。依据村情，尊重民意，拟定了产业带动、搬迁救助、技能培训和大病救助的帮扶措施。从“人”“钱”两方面细化方式，确保帮扶措施和效果落实到户、到人。对贫困户实行全覆盖培训，使其掌握技术，加入乡特色种养殖产业合作社，加强后期管护，实现产业富民。把无劳动能力的贫困户纳入扶贫项目中，拓宽其收入来源。通过加快非农发展进程，扩大劳务输出。根据外出务工人员多，非农收入比重大的特点，坚持了“一帮二扶三吸引”的原则，加强了对劳动者的技能培训。截至年底，共为43名农牧民群众解决了就业问题，农村劳动力转移就业达到360人，劳务输出达800余人，为农牧民群众增收50多万元。为211户贫困户中有劳动力者100%解决就业。

【坚持求真务实，自身建设切实加强】 乡党委、政府注重提升基层党组织工作水平，始终把群众工作作为重要工作来抓。增强干群联系，推进服务型基层党组织建设。乡主要领导采取“请上来、走下去”的方式，时刻关注村两委班子的思想、团结及工作情况，并且通过“乡干部包村包组”及“党员干部与农牧民结对认亲交朋友”的方式，走村入户，及时了解掌握农牧民群众的所需所想，在第一时间发现问题、服务帮助群众。并深入开展“在职党员到社区报到服务”活动，截至年底，乡党委落实为民办实事项目16件，走访慰问群众130户，累计投入资金34.72万元。以结对帮扶的方式，党员干部对老党员、困难户进行慰问，帮助村民改善基础设施等，累积投入资金35余万元，实实在在解决老百姓生活、生产困难。依托资源优势，千方百计壮大村集体经济，通过投资改造和招商引资等途径，确保村集体经济收入稳定。发挥基层党组织先锋模范作用，推进干部下沉，充实村一线工作力量。从乡机关选派11名优秀干部下沉到村“两委”班子开展工作，提高村两委工作能力和服务水平。

加强对干部德、能、勤、绩、廉在内的日常监督管理工作，把不断完善制度、规范制度、落实制度作为干部日常管理体制的根本抓手，将干部监督管理工作纳入干部年度目标考核范畴，切实推进干部日常监督管理工作的规范化。着重开展“两学一做”学习教育活动，深入研读党章和党纪党规，学习讨论习近平总书记系列重要讲话，坚持做合格党员，着重把学习和思考、学习与研讨结合起来，坚持学用结合。坚持开展“每周一课”，组织干部开展专题学习研讨会，实效显著。推动党员干部深入基层调研，明确纪律约束，严格贯彻执行中央八项规定，构建廉政风险防控体系。要求干部从自身做起，从实际工作做起，廉洁自律，身体力行，在改进工作作风、密切联系群众等方面狠下功夫，求真务实，真抓实干，真心实意地为群众服务。严格落实党委书记每周带班学习制度，截至年底，共组织集中学习活动12次，通过多种形式宣传干部职工、村民防腐巨变的思想。书记讲党课1次，干部集中学习24次，组织专题辅导4场，组织观看专题片12场，撰写心得体会53篇，开展讨论交流活动53人次。认真开展换届选举工作及第十三届人民代表大会，5月25日，召开中共聂当乡换届选举暨党员大会，大会选举产生了中共聂当乡第九届委员会委员9名，纪律检查委员会委员4名和出席县第九次党代会代表17名，并选举产生了第九届聂当乡委员会书记1名、副书记3名和第一届聂当乡纪律检查委员会书记1名、副书记1名。6月9日，召开第十三届人民代表大会第一次会议，选举产生了人大主席团主席1名，乡长1名，副乡长4名。积极配合市委巡察组做好巡察工作有关事宜，坚决贯彻市委巡察组工作部署；积极配合衔接，全力保障巡察工作顺利开展；强化纪律意识，自觉主动接受巡察监督检查；注重成果转化，全力推动各项工作任务落实。并对巡察组下发的整改通知书内容立行做了整改。五是加强对基层党组织的管理力度，贯彻落实《建立健全惩治和预防腐败体系2013–2017年工作规划》，年初乡党委与两村委党支部签定《党风廉政建设目标责任书》，将党风廉政建设目标责任细化到个人，并明确规定各级干部对本人和亲属的党风廉政建设问题负责；加强对涉农资金等方面的监督检查，开展对支农惠农政策、资金执行情况的大检查；充分发挥村务监督委员会作用，对村两委“三重一大”“三会一课”，切实做到真监督、敢监督、会监督，做到“四议两公开”“三务公开”，对群众反映的问题认真督查，架起了干群之间的“连心桥”。

认真贯彻上级关于机关效能建设的一系列重要部署和会议精神，围绕中心工作，以发展为第一要务，以转变作风为重点，以提高服务质量为目标，立足实际，扬长避短，坚持把机关效能工作列入党委、政府的重要议事日程，成立了效能建设领导小组，建立健全了领导责任体系，实行党政一把手、分管领导、部门负责人三级负责制，抓好制度建设，规范工作行为，完善便民服务措施，严格上下班工作纪律。对上班时间作了“六不准”的纪律要求，健全《工作人员岗位目标管理实施方案》，把机关效能建设细化量化到其中，一同管理，一并考核，有效地推动全乡机关效能建设上新台阶，有力地促进了全乡各项工作的协调发展，使群众确确实实得到实惠。

进一步健全完善干部包村包组、上下班等多项制度，不断地提高政府机关干部职工的整体素质。安排纪检、广电、农牧、人社、司法、群团组织、党群办工作人员22人次，参加区、市职能部门组织的业务培训班，党员干部赴区内外学习交流先进经验8人次，切实提高了干部的业务水平和工作能力。积极拓宽“快捷、便民、服务”新渠道，我乡政务服务中心自运营以来，共设户籍服务、民政服务、卫生服务、教育服务、社保服务、四业服务、住建服务、国土资源规划服务八个窗口，全面落实一站式服务及限时办结制，整合乡派出所等部门，实现资源共享，达到群众办事“一站式办理”，与县职能部门“无缝式共享”的目的，服务水平得到有效提升。同时，在全乡2个村设立了便民服务代办点，方便群众咨询，接受群众委托代办等服务。截至年底，乡政务服务中心约受理群众服务事项1856件，办结1850件，办结率为99.7%，开展民情恳谈26次，收集民情民意30多条。政务、村务“三公开”工作不断规范，切实保障了群众的知情权、表达权、参与权和监督权。

从四个“着力”入手，加强发展党员和党员管理工作。着力加大发展党员力度，优化党员队伍结构。把发展党员工作纳入乡党委重要议事日程，把培养入党积极分子作为作为着力点，重点在企业生产骨干、有发展潜力的青年人、高学历人才、表现突出的妇女中培养。全乡新发展对象19名，共培养入党积极分子33名，转为正式党员22名，发展党员数量稳定、程序正规、结构改善。着力加强党员教育，大力提升党员队伍素质。坚持分类施教，创建了集体学习、国策法规大讲堂、党性和国庆教育、信息化学习平台等一批学习品牌，涵盖面广。在教育管理中，切实做到“四个结合”：与宗旨教育相结合，引导党员自觉把个人前途同国家命运联系起来，牢固树立服务大众和社会发展的意识；与守法教育相结合，引导教育广大党员继承传统美德，弘扬社会公德，讲究职业道德；与业务学习相结合，不断提高基层党建工作服务全乡经济社会发展的整体水平；与党支部书记培训相结合，提高党支部书记的服务能力，最大限度地团结和凝聚民心。着力丰富活动载体，充分发挥党员的先锋模范作用。在活动内容上，把党员活动从单一的开会学习拓展到岗位练兵、“三亮三比三评”等形式多样的实践活动中，在活动形式上，紧紧围绕中心工作开展新、活、实的活动，坚持实效原则，增强针对性。共组织党员志愿服务基层活动4次，“在职党员到社区报到服务”“党员干部进村入户、结对认亲交朋友“活动常态化开展。四是着力强化激励引导，充分激发党员队伍的内生动力。通过“送出去、请进来”等方式，重点加强对基层党支部书记、优秀党务工作者培训、表彰。积极组织基层党员干部赴区内外参加交流学习24次，32人次。“七一”活动集体表彰先进党支部2个，先进党小组5个，优秀党务工作者5名，优秀共产党员21名。坚持经费支持与阵地保障相结合，多渠道解决党组织经费投入问题，按照“有场所、有设施、有标志、有党旗、有书报、有制度”等标准，大力推进基层党组织活动场所规范化建设。

【坚持统筹发展，社会管理不断完善】 深入开展平安创建活动，社会治安明显好转。通过全面实施社会治安综合治理整体联动防范工程，狠抓了重大不稳定因素化解和群体性事件的处置工作。打造社会治安防控体系升级版，加大对物防技防的投入和矛盾纠纷排查调处力度。共接到矛盾纠纷案件20起，成功调处20起，办结率100%。开展司法培训2次，结合乡域实际，共划分2个大网格、18个小网格，配备18名网格联络员，将网格划分为日常管理、一般防范、重点关注、综合治理四个等级，构建专群结合、社群结合的国家安全人民防线网格化工作格局，确保全乡和谐稳定。深入开展“校园周边环境”、消除社会丑恶现象等各类专项治理，严密预防了违法犯罪的发生。坚决落实24小时值班制，坚持重大节假日和各敏感时期的昼夜巡防制度，确保了“三零”目标圆满实现。加大民族团结宣传教育活动，在“民族团结进步宣传月”活动期间，走村入户开展宣传教育活动12次，受教人数达5900余人次，发放宣传册2000册，真正将民族团结思想宣传到位，使群众入脑走心。坚持警钟长鸣，进一步强化了安全生产责任意识，完善了安全生产相关制度和措施，加大了对安全工作的投入，加强了对各类安全隐患排查，加强对辖区道路交通、食品卫生、建筑施工、地质灾害隐患、易燃易爆物品、民爆物资和高危特种行业的安全生产管理，乡政府并与2个行政村、辖区11家企业和矿山签订了《聂当乡2016年度安全生产目标管理责任书》，杜绝各类事故的发生，极大地保护人民群众的生命财产安全。切实加强了国家安全人民防线建设工作，确保了无泄密事件的发生。党委政府认真履行保密工作责任制，坚持把保密工作纳入重要议事日程，加大保密投入，严格文书档案管理，加强技术防范，做到了重特大涉密事件万无一失。

认真贯彻落实中央和区市县各项支农惠农政策，通过深入基层调查走访、问需于民，真正把党的好政策落到最需要解决的群众身上，把农村合作医疗、小额保险、低保五保、粮食直补、家电补贴、科技下乡、助残抚恤、农机补贴、传染病防治等各项惠农资金、信息服务贯穿到改善民生的工作实际中。截至年底，税费改革经费兑现36.26万元，草原生态保护补助奖励资金10.9万元，农牧综合服务站资金兑现0.65万元，德吉村妇女创业项目资金兑现5万元。兑现三老人员补贴10.97万元，五保户生活补贴2.14万元。全乡2个行政村全部实行低保户应保尽保，使61户209人真正困难的群众得到了国家低保政策补贴。共发放农村低保资金29.9703万元。为10户农村低保边缘困难家庭按每户1000元的标准，一次性发放救助金1万元；为32名年满80周岁的老人，每人每月500元标准补助，共发放9.6万元；寿星老人资金共发放1.845万元。关爱残疾人，为全乡114名残疾人建档立册，特别是为84名特困残疾人，发放生活补助5.04万元，并为93户农村弱势群体发放了口粮，共计186袋大米、186袋面粉、93条砖茶。

积极开展科技、文化、卫生“三下乡”活动，配合上级主管部门开展专项整治行动，净化了药品、食品市场。推行新型农村合作医疗制1度，全乡参合率达100%，截至年底，报销资金85.0523万元。全面实施农村新型养老保险，2016年共参保2150人，参保率达100%，缴纳社保费

21.84万元。人口和计生工作走上规范化管理轨道，注重依法行政，组织开展卫生大检查及卫生防疫指导工作5次，宣传计划生育、母婴安全知识讲座3次，共惠及700余人，举办妇女健康知识讲座6场次，受益群众达1200人次。广泛开展全民健身活动，努力提高群众身体素质。加强文化事业建设，加大了对公益性文化事业的投入，促进了文化事业健康发展，规范乡综合文化活动中心建设，改善了干部群众文化生活。全乡两个村文化设施健全，建立了农家书屋、村级和组级文化活动室，解决了群众看书难、集体生活贫乏的问题。

（周秀丽）

【领导名录】

县政协副主席、乡党委书记

巴　珠

乡　长　赵有艳

曲水县才纳国家现代农业示范区管理委员会

【概况】 曲水县才纳乡国家现代农业示范区管理委员会位于曲水县才纳乡才纳村境内，是西藏唯一一个全国农村改革试验区，也是西藏唯一一个整乡推进的国家级现代农业示范区，2013年9月，拉萨市委召开关于曲水县净土健康产业专题会议，管委会积极响应市委、市政府对于净土健康产业工作的一系列决策和部署，大力发展净土健康产业园区。2016年，在县委、县政府的正确领导下，在县各部门的支持帮助下，管委会紧紧围绕着力打造一流观光型现代农业科技园区和示范基地这一中心工作和重点工作，加快推进传统农业向现代农业转型发展，在区、市、县党委、政府的坚强领导下，紧紧围绕抓净土健康产业就是抓民生、抓稳定、抓生态、抓长期建藏的发展理念，不断探索三次产业融合新模式，加快推进传统农业向现代农业转型发展，以“一二三四一”新的理念、新的方法和新的措施，依托“水、土壤、空气、人文环境”四不污染的特色资源优势，强势推进曲水净土健康产业，目前呈现出良好的发展态势，并走在了全市新路子的责任。由曲水县净土健康产业一期A园区，一期B园区及二期园区组成，共占地15000亩。

【园区定位】 根据区位及环境优势，曲水县才纳乡国家现代农业示范区定位为：现代农业、科技农业、观光农业、有机农业、生态旅游、科普教育与体验经济为一体的休闲农业和净土健康产业园区，同时与雄色千年古寺、高原田园风光、才纳乡小城镇民俗旅游观光区相结合，形成产、加、销、购、娱为一体的休闲旅游体验观光带，以推进高原有机农牧业生产为基础，以创新有机示范为抓手，重点发展高原特色农牧业，特色农蓄产品加工业、中藏医药产业、健康休闲旅游业、民族文化产业及饮品产业。

【企业运行情况】 2016年，曲水县国家现代农业示范区共有实体企业4家。以推动净土健康产业品牌化发展为己任，提升产业整体文化，从而实现净土健康产业品牌富民、富县、富藏的伟大目标。园区利用曲水县的水资源、土地资源、大气资源、人文环境“四不污染”，挖掘曲水县具有民族化、区域化、人文特色的特色产品，利用县曲水县青稞、藏药材、等传统优势作物和新种植的特色作物，大力开发具有自主知识产权的食品、药品、饮品、饰品“四品”。鼓励引导曲水县企业申请“三品一标”。先后共打造了20余个品牌。2016年园区联合县各企业和有关部门成功的打造出贵州茅台玛咖酒、玛咖饮品、玛咖粉、卓玛的故事玫瑰系列化妆品、甲色梅朵系列鲜花饼等食品、葡萄酒、藏边大黄酒、辅酶Q10牙膏等40余种享誉区内外的产品。2016年3月，曲水县玛咖、黑青稞、玫瑰、土豆、牦牛肉、野生鱼、雪菊等7个净土产品已经获取国家级有机农产品认证证书。5月，申报了黄芪、党参、当归、木香等4个藏中药材的有机认证。

【产业成果】 2016年，着力打造中藏医药产业，全县现推广种植黄芪、党参、当归、藏木香、玛咖等20余种中藏药材种植面积达12149亩。高原类球根花卉种球繁育基地，引进试种培育种植郁金香、百合、唐菖蒲、玫瑰等种植面积达1800余亩，“秀色才纳”成为国家AAA级旅游景区，游客突破15万人次，实现产值1.3亿元。奶牛养殖方面养殖合作发展到7家，存栏1300余头，现投资2.8亿的奶牛养殖基地在建设中，项目运营期存栏奶牛将大3361头，同步建设有机肥厂，计划种植饲草3.12万亩，循环经济体系得以形成。藏鸡产业方面良种藏鸡养殖合小区大7个，2016年养殖数量达到6万羽，天然饮用水方面白玛甘泉6月正式投产，下半年生产总量既达6000吨，产量收入2200万元，投资1个亿雪顶矿泉水正在建设中。食用菌产业方面聂当乡食用菌示范基地积极拓展食用菌精深加工链条，引导周边群众掌握食用菌种植技术，干菇已产3万斤、鲜菇90万斤，实现总产值950.5万元，2016年野生动物保护方面建设拉萨净土健康产业野生动物保护园，现园内有梅花鹿、鸵鸟、器材野山鸡等20余种动物，救助棕熊、黑颈鹤、藏羚羊等本地野生保护动物20余至（头），在建设项目有林卡庄园、体育馆、温泉等，计划明年将引进大象、老虎、狮子等动物。截至年底，全县净土健康产业签约资金达到7个多亿，流转土地达3.69万亩。

【人才培养】 2016年，曲水县通过聘请专家、人才引进、外出交流学习、开展培训班、不断加强对净土健康产业各方面人才培养。截至年底，曲水县成立的净土健康产业相关合作社有133家，直接培训农牧民群众达到2348人，为净土健康产业的可持续发展提供了人才和智力支持。在发展净土健康产业过程中，农牧民群众掌握了一定的技术技能，带动贫困户在“以业脱贫”上做文章，有效实现精准脱贫。净土健康产业为农牧民群众提供就业岗位1800余个，农牧民年增收15000元。

【特色产业】 曲水玫瑰。曲水县从2013年开始种植，玫瑰色泽鲜艳，由于光照强，早晚温差大，几乎没有病虫害，种植技术比较成熟。在曲水县县政府的牵头与推广之下，按照有机方式种植，其中作为曲水县长期种植的特红玫瑰比较出名。

曲水县在海拔平均海拔在3600米以上5895米以下的曲水镇、才纳乡、聂当乡、南木乡、达嘎乡、茶巴拉乡均适合种植玫瑰，其中五乡一镇各有200亩，分别是达嘎乡、才纳乡、南木乡、聂当乡、茶巴拉乡和曲水镇，曲水县管委会种植200亩，曲水净土生物科技公司在才纳乡玫瑰种植基地1500亩，共1900亩，占曲水县玫瑰种植的75.3%，产量较低，只能达到100公斤左右/亩。曲水玫瑰已开发出玫瑰鲜花饼、玫瑰精油、玫瑰纯露、玫瑰化妆品系列产业带动玫瑰系列产业达1个亿。

曲水万寿菊。万寿菊于上世纪70年代就已经在曲水县有小规模的种植，后来由于市场经济发展，由于阳光充足，昼夜温差大，病虫害少，曲水万寿菊品种和色泽较好，外地来订货的客商较多，也逐渐打开了曲水县万寿菊的种植发展之路，到2013年已经形成了具有本地特色的万寿菊种植基地和种植技术。万寿菊在5月中旬—6月初播种，当万寿菊苗茎粗0. 3cm、株高15—20cm、出现3—4对真叶时即可移栽。采收：万寿菊应在温度低、湿度大时采收。万寿菊采收过早、往往采收后花朵不易正常开放。一般是在开花前1天～2天采收。

曲水雪菊。曲水县平均海拔在3600米以上，日夜温差较大，日照时间长，辐射强，曲水雪菊自然生长的良好保障，2013年，以才纳乡为主要产地之一就已种植上千亩，并逐步带动了附近乡镇的曲水雪菊种植。实行“公司+基地+种植户”，曲水县雪菊的种植发展史到2013年为止达嘎乡、才纳乡、南木乡、聂当乡、茶巴拉乡和曲水镇共种植高品质雪菊超过1200亩，曲水县管委会种植面积超过800亩，曲水净土产业投资开发有限公司种植面积超过5000亩，占本地雪菊种植面积的85%，亩产量为100公斤–130公斤/亩。雪菊汤色清透绛红，冲泡出来口感好有淡淡清香，品后留有甘甜。

曲水大黄。曲水县种植品种是：藏边大黄，2010年曲水县开始试种成功，在本县长期的种植培育中，形成了曲水县特有的种植技术，包括了病虫害防治、田间管理、收获、储藏、运输技术。其中以本地藏边大黄最为突出，种植面积也最为广泛。实行“公司+基地+种植户”模式，对大黄采挖、包装、运输、销售实行统一管理。昼夜温差大的环境利于根茎的膨大和有效成分的积累，由于曲水县昼夜温差大，亩产量较低，能达到600公斤/亩鲜品，晒干后不到200公斤/亩。

曲水牛蒡。曲水县牛蒡个人种植历史已经超过10年，于2014年形成大规模化种植。牛蒡主要功能为药用和茶饮，也有良好的保健功效，刚开始由于种植技术不高，产量仅为50公斤/亩。县里不断总结出牛蒡种植技术，通过技术人员向种植人员培训病虫害防治、田间管理等，而且还按有机产品的标准种植，牛蒡根含有人体必需的各种氨基酸，且含量较高，尤其是具有特殊药理作用的氨基酸含量高，如具有健脑作用的天门冬氨酸占总氨基酸的25%-28%，精氨酸占18%-20%，且含有Ca、Mg、Fe、 Mn、 Zn等人体必需的宏量元素和微量元素。

曲水郁金香。曲水县从2012年种植成功，2013年在才纳乡大面积推广，在2014年，乡成功举办了首届郁金香节。才纳园区被评为AAA风景区，已成为曲水和拉萨百姓赏花游玩的好去处。曲水种植条件优越，郁金香品质优良。独特的高原气候条件选育出了独有本地特色的曲水郁金香品种。曲水县大规模的种植郁金香已达五年之久，经常有兄弟县到曲水学习种植技术，郁金香已经成为曲水县的一张名片。以郁金香为基础花卉建设曲水高原球根花卉种球繁育中心。年外销量达到种植产量的90%，对本地才纳乡郁金香节拉动走向世界打下了坚实的基础，伴随着曲水县郁金香旅游文化节的成功举办，把本地特色郁金香品牌推向了更广阔的空间。

曲水油用牡丹。油用牡丹目前在西藏主要是在曲水县大面积栽种，而曲水县牡丹栽种历史最早可以追溯到1949年，曲水县所种植油用牡丹品质优、牡丹籽油不饱和脂肪酸含量达90%以上，油用牡丹籽油营养好和结合国家现在大力发展木本油料植物的政策促使了曲水县油用牡丹种植业的快速发展。达嘎乡、才纳乡、南木乡、聂当乡、茶巴拉乡和曲水镇均有种植，以“农户+基地+合作社”模式，政府指导种植由专门公司负责回收。亩产油用牡丹籽190公斤，带动涉农老百姓人均增收2000元，油用牡丹也是作为曲水县政策性强力推荐的经济作物之一。2015年，曲水县请内地油用牡丹种植技术人员对油用牡丹种植户进行种植技术培训，编制了曲水油用牡丹种植规程，在全县内推广油用牡丹种植。

曲水黑枸杞。曲水黑枸杞的生长适应性很强，能忍耐38.5摄氏度高温，在本县的长期栽种过程中也逐步形成了具有本地特色的黑枸杞品种和种植方法，并且将黑枸杞发展成为了曲水县大面积栽种的经济作物之一。2013年培训老百姓黑枸杞种植技术500余人，2014年培训人数超过600余人，2015年培训人数超过650余人，2016年培训人数超过700余人，曲水县黑枸杞产量可达300公斤/亩，带动涉农老百姓人均增收3000元。

黑青稞。曲水县是黑青稞种植是原产地之一，有多年种植历史，面积较大，种植技术成熟，种植的青稞除了供给当地藏族老百姓食用之外，还供给拉萨地区藏族老百姓食用，产品供不应求，按照有机方式种植，曲水县积极培育龙头企业种植曲水黑青稞，已经取得国家有机产品证书，只种植一季，其他季节休耕。产量极低，平均亩产450斤，共产出黑青稞69.12万斤。2016年曲水县群众增收207万元，种植户户均增收6680元。曲水县种植黑青稞分布在达嘎乡、才纳乡、南木乡、聂当乡、茶巴拉乡和曲水镇均有种植，曲水县正在积极研发黑青稞系列副产品，促进群众增收致富奔小康。

（丹　增）

【领导名录】

管委会主任　洛桑旦巴

管委会办公室主任

罗兴寿

曲水县雅江工业园区

【概况】 曲水县工业园区总体规划面积为12.4平方公里，由聂当工业集中区和曲水县城工业集中区组成，呈“一区两园”结构。2005年建立了聂当工业集中区，该集中区主要入驻新型建筑建材、民族手工业、再生资源利用类企业。2006年自筹资金成立县城工业集中区，该集中区主要入驻藏医药、农产品生产加工、生物科技等净土健康产业类企业。2010年曲水工业园区正式成立。2015年曲水县工业园区管理委员会机构成立。

【园区定位】 根据现有产业优势工业园区产业定位为新型建筑建材、民族手工业、净土健康产业、电子科技、藏医药、再生资源循环利用为主导的产业集群。

【园区企业】 2016年，曲水县园区注册实体企业共76家。聂当工业集中区实体企业共计63家。该集中区主要以新型建筑建材、民族手工业、再生资源利用类企业为主。县城工业集中区实体企业13家该集中区主要以藏医药、农产品生产加工、生物科技等净土健康产业类企业为主。

【园区经济】 2016年，曲水县雅江工业园区销售产值完成137778.9万元，增长9.9%。园区工业增加值完成55936万元，增长3.6%。园区工业税收完成9651.74万元，增长15.6%。园区招商引资到位资金48200万元，增长13.4%。

【工业性投入】 2016年，曲水雅江工业园区固定资产投资完成72800万元，增长21%。

【品牌建设】 西藏帮锦镁朵工贸有限公司荣获著名商标和拉萨市名牌产品名录，拉萨净土睿健生物产业发展有限公司产品通过美国、日本以及欧盟有机认证。全年新增规模以上企业1家（西藏平立混凝土有限公司）。此外，西藏高争民爆股份有限公司首次公开发行并在深圳证券交易所A股中小板上市。

（央　金）

【领导名录】

主　任　李常建

受区（县）级以上表彰的先进集体名录

表1

获奖单位	获奖名称	表彰时间	授予单位
茶巴拉乡	全国无邪教创建示范乡	2016年	国务院防范和处理邪教问题办公室
曲水镇	全国科普惠农兴村先进单位	2016年	中国科协财政局
才纳乡党委	全区先进基层党组织	2016年	中共西藏自治区委员会
曲水县环保局	2015年度西藏自治区环境保护工作优秀	2016年	西藏自治区人民政府
曲水镇	全区乡镇（街道）共工会规范化建设“八有”达标单位	2016年	西藏自治区总工会
曲水县人社局	2015年度全区人力资源社会保障系统“先进集体”	2016年	西藏自治区人力资源和社会保障厅
曲水县人社局	2016年度全区人力资源社会保障系统“先进集体”	2017年	西藏自治区人力资源和社会保障厅
曲水县电信局	中国电信集团公司模范职工之家称号	2016年	中国电信集团公司
曲水县电信局	全区优秀“四小建设”单位	2016年	中国电信集团公司西藏分公司
中共曲水县委员会、曲水县人民政府	拉萨市2015年度深化全国文明城市创建先进集体	2016年	拉萨市委、市政府
中共曲水县委政法委员会（综治办）	荣获2016年度社会治安综合治理工作第二名	2017年	拉萨市委、市政府
中共曲水县委政法委员会（综治办）	荣获拉萨市“先进双联户”创建活动先进县	2016年	拉萨市委、市政府
共青团曲水县委员会	拉萨市2015年度深化全国文明城市创建工作先进单位	2016年	拉萨市委、市政府
中共曲水县委宣传部	拉萨市2016年度民族团结进步模范集体	2016年	拉萨市委、市政府
曲水法院驻村工作队	2016年先进驻村工作队	2016年	拉萨市委、市政府

续表1

获奖单位	获奖名称	表彰时间	授予单位
南木村	拉萨市“平安大院（小区）”	2016年	拉萨市委、市政府
南木乡	拉萨市2015年度深化全国文明城市创建工作“先进单位”奖	2016年	拉萨市委、市政府
南木乡	2016年度拉萨市“先进双联户”创建活动中获得“先进乡”	2016年	拉萨市委、市政府
聂当乡人民政府	“精准扶贫先进集体”	2016年	拉萨市委、市政府
茶巴拉乡	2016年度脱贫攻坚成效先进乡（镇）	2016年	拉萨市委、市政府
茶巴拉乡	2016年度脱贫攻坚成效先进驻村（居）工作队	2016年	拉萨市委、市政府
才纳乡白堆村	民族团结进步集体模范	2016年	拉萨市委、市政府
才纳乡才纳村	“先进双联户创建活动先进村”	2016年	拉萨市委、市政府
才纳乡政府	脱贫攻坚成效先进乡（镇）	2016年	拉萨市委、市政府
茶巴拉乡	全市先进基层党组织	2016年	中共拉萨市委员会
才纳乡党委	全市先进党组织	2016年	中共拉萨市委员会
曲水县民政局	拉萨市首届残疾人运动会团体二等奖	2016年	拉萨市人民政府
曲水县环保局	环境保护先进集体	2016年	拉萨市人民政府
曲水县农牧（科技）局	2015年度科技工作先进集体一等奖	2016年	拉萨市人民政府
茶巴拉乡	优秀基层劳动就业社会保障公共服务平台	2016年	拉萨市人民政府
才纳乡政府	市级政务工作示范乡	2016年	拉萨市人民政府
曲水县人社局	2015年度全市人力资源和社会保障工作“一等奖”	2016年	拉萨市人民政府
曲水县人社局	2016年度全市“优秀基层劳动就业社会保障公共服务平台”	2016年	拉萨市人民政府
曲水县人社局	2016年度全市基层劳动就业社会保障公共服务平台建设工作“先进集体”	2016年	拉萨市人民政府
曲水县委组织部	拉萨市委组织部网评工作先进集体	2016年	拉萨市委组织部
曲水县委组织部	拉萨市委组织部调研报告优秀奖	2016年	拉萨市委组织部
共青团曲水县委员会	2015年度全市预防青少年违法犯罪工作考核三等奖	2016年	共青团拉萨市委员会
曲水县总工会	2015年度全市工会工作目标责任考核一等奖	2016年	拉萨市总工会
曲水县农牧（科技）局	五一劳动奖状	2016年	拉萨市总工会
曲水县妇联	2016年度全市妇女儿童工作目标管理考核一等奖	2017年	拉萨市妇女联合会、拉萨市妇儿工委办

续表1

获奖单位	获奖名称	表彰时间	授予单位
曲水县民政局	拉萨市“十二五”民政项目工作先进集体	2016年	中共拉萨市民政局党组
曲水县民政局	二零一五年度全市民政工作基层政权先进单位	2016年	中共拉萨市民政局党组、拉萨市民政局
曲水县环保局	先进集体	2016年	拉萨市巩固“禁白”领导小组
曲水县人民法院	2016年度全市法院第一季度办案三等奖	2016年	中共拉萨市中级人民法院党组
曲水县人民法院	2016年全市法院信息工作先进集体	2017年	拉萨市中级人民法院
曲水县人社局	2015年度县（区）信息考核“一等奖”	2016年	拉萨市人力资源和社会保障局（拉萨市公务员局）
曲水县人社局	2015年度县（区）“优秀调研课题奖”	2016年	拉萨市人力资源和社会保障局（拉萨市公务员局）
曲水县农牧（科技）局	十二五期间农产品质量安全县创建先进县	2016年	拉萨市农牧局
曲水县农牧（科技）局	十二五期间农牧业科技推广先进县	2016年	拉萨市农牧局
中共曲水县委宣传部	2015年度机关单位目标管理综合考评二等奖	2016年	曲水县委、县政府
中共曲水县委宣传部	2016年度曲水县民族团结进步模范集体	2016年	曲水县委、县政府
中共曲水县委宣传部	曲水县创先争优强基础惠民生活动优秀组织单位	2016年	曲水县委、县政府
曲水县人社局	2015年度机关单位目标管理综合考评“一等奖”	2016年	曲水县委、县政府
曲水县人民法院	2015年度信访工作先进单位	2016年	曲水县委、县政府
江　村	曲水县2015年度“村”两委班子目标管理综合考评“二等奖”	2016年	曲水县委、县政府
南木乡	曲水县2015年度乡（镇）共青团工作目标考核中获得“二等奖”	2016年	曲水县委、县政府
南木乡	曲水县2015年度乡（镇）目标管理综合考评“三等奖”；	2016年	曲水县委、县政府
江　村	曲水县“平安创建”活动中获得“平安村委会”	2016年	曲水县委、县政府
江村4组	曲水县“平安创建”活动中获得“平安村民小组”	2016年	曲水县委、县政府
南木乡	曲水县“平安创建”活动中获得“平安乡（镇）”	2016年	曲水县委、县政府
南木乡	2016年曲水县群众体育职工运动会中获得“男子篮球组织管理奖”	2016年	曲水县委、县政府
江　村	曲水县“民族团结进步之花在曲水盛开”主题文艺大赛中获得“优秀组织奖”	2016年	曲水县委、县政府
曲水县委组织部	荣获先进基层党组织	2016年	中共曲水县委员会

续表1

获奖单位	获奖名称	表彰时间	授予单位
曲水县公安局	文明单位	2016年	中共曲水县委员会
曲水县公安局机关党支部	先进基层党组织	2016年	中共曲水县委员会
曲水县人民法院	先进基层党组织	2016年	中共曲水县委员会
曲水县人社局	先进基层党组织	2016年	中共曲水县委员会
曲水县人社局	2015年度信访工作先进单位“一等奖”	2016年	中共曲水县委员会
江村党支部	曲水县“先进基层党组织”	2016年	中共曲水县委员会
江　村	曲水县2016年度农牧业生产大检查活动中村集体获得“三等奖”	2016年	曲水县人民政府

说明：由于各单位资料提供不全，可能有遗漏

受区（县）级以上表彰的先进个人名录

表2

姓　　名	性别	民族	工作单位	获奖名称	表彰时间	授予单位
白　　杨	男	汉	曲水县人民法院	办案能手	2016年	西藏自治区高级人民法院
杨　　阳	男	藏	曲水县人民法院	全国部分法院对口支援西藏法院工作推进会	2016年	西藏自治区高级人民法院
德　　吉	女	藏	茶巴拉乡人民政府	先进村居党支部第一书记	2016年	拉萨市委、市政府
张心振	男	汉	南木乡人民政府	在2015年度深化全国文明城市创建工作中，授予“先进个人”荣誉称号	2016年	拉萨市委、市政府
扎　　西	男	藏	茶巴拉乡人民政府	全市优秀共产党员	2016年	中共拉萨市委员会
拉姆次仁	女	藏	县环保局	环境保护先进个人	2016年	拉萨市人民政府
刘　　洋	男	汉	曲水县农牧（科技）局	2015年度科技工作先进个人	2016年	拉萨市人民政府
宋晓明	女	汉	曲水县人民法院	驻村工作先进个人	2017年	拉萨市人民政府
白　　杨	男	汉	曲水县人民法院	先进个人	2016年	中共拉萨市委员会、中共那曲地区委员会、拉萨市人民政府、那曲地区行政公署
次仁德吉	女	藏	曲水县人民法院	拉萨五一劳动奖章	2016年	拉萨市总工会
普布罗亚	男	藏	聂当检查站	三等功	2016年	拉萨市公安局
索朗顿珠	男	藏	曲水镇派出所	三等功	2016年	拉萨市公安局
卓　　玛	女	藏	办公室	三等功	2016年	拉萨市公安局
热　　旦	男	藏	热堆警务室	三等功	2016年	拉萨市公安局
土旦格列	男	藏	交警大队	三等功	2016年	拉萨市公安局
尼玛卓嘎	女	藏	指挥中心	优秀辅警	2016年	拉萨市公安局
多吉旺堆	男	藏	交警大队	优秀辅警	2016年	拉萨市公安局
曲　　杰	男	藏	曲水镇派出所	优秀辅警	2016年	拉萨市公安局
嘎玛赤列	男	藏	茶巴拉派出所	优秀辅警	2016年	拉萨市公安局
丹增卓嘎	女	藏	曲水县人民检察院	优秀承办人称号	2016年	拉萨市人民检察院
索朗次仁	男	藏	曲水县人民检察院	民族团结先进个人荣誉	2016年	拉萨市人民检察院

续表2

姓　　名	性别	民族	工作单位	获奖名称	表彰时间	授予单位
杨　　阳	男	藏	曲水县人民法院	个人三等功	2016年	中共拉萨市中级人民法院党组
普布桑珠	男	藏	曲水县人民法院	上半年全市法院高效执行先锋	2016年	中共拉萨市中级人民法院党组
陈　　莉	女	汉	曲水县人民法院	民族团结现进个人	2016年	中共拉萨市中级人民法院党组
旦　　增	男	藏	曲水县人民法院	2016年优秀纪检干部	2017年	拉萨市中级人民法院
白　　杨	男	汉	曲水县人民法院	2016办案标兵	2017年	拉萨市中级人民法院
索　　平	男	藏	曲水县人民法院	优秀法官	2017年	拉萨市中级人民法院
张 恒 祥	男	藏	曲水县人民法院	优秀党务工作者	2017年	拉萨市中级人民法院
普布桑珠	男	藏	曲水县人民法院	个人三等功	2017年	拉萨市中级人民法院
旦　　增	男	藏	曲水县人民法院	个人三等功	2017年	拉萨市中级人民法院
扎　　西	男	藏	茶巴拉乡人民政府	全县优秀共产党员	2016年	中共曲水县委员会
索朗次仁	男	藏	曲水县人民检察院	民族团结先进个人荣誉	2016年	中共曲水县委员会
尼玛旺堆	男	藏	曲水县人民检察院	优秀党务工作者	2016年	中共曲水县委员会

说明：由于各单位资料提供不全，可能有遗漏

索 引

说 明

一、本索引采用主题分析法编制。索引范围包括篇目、类目、部(门)目、条目等。
二、本索引按主题词首字汉语拼音音序(同音按音调)排列,若首字拼音相同则按第二字音序排列,以此类推。
三、索引款目后的数字表示内容所在的页码,数字后的拉丁字母(a、b)表示栏别(从左至右)。
四、篇目、类目、部(门)目用黑体字。

A

B

C

H

J

K

L

M

N

P

Q

R

S

T

W

X

Y

Z

中共曲水县委员会

2016年8月，国务院扶贫办工作人员调研曲水精准扶贫工作

2016年9月11日，国家财政部、发改委、扶贫办工作人员一同调研拉萨河畔三有村，县委书记彭飞跃陪同

2016年5月，县委书记彭飞跃、县长格桑邓珠陪同西藏自治区自治区副主席房灵敏调研达嘎乡移民搬迁建设点

2016年9月，西藏自治区党委书记吴英杰到曲水县调研精准扶贫工作

2016年3月，曲水县委书记彭飞跃、县长格桑邓珠陪同西藏自治区党委常委、拉萨市委书记齐扎拉调研精准扶贫工作

2016年9月13日，西藏自治区党委副书记齐扎拉调研才纳精准扶贫点，县委书记彭飞跃陪同

2016年8月，拉萨市委副书记、市长果果到曲水县调研精准扶贫工作

2016年1月，县委书记彭飞跃到白堆村调研精准扶贫工作

2016年8月23日，县委书记彭飞跃调研曲水县聂当乡自治区垃圾发电站项目

2016年11月，县委副书记、县长格桑邓珠到牧区看望慰问农牧民群众

2016年9月，西藏自治区离退休老干部实地考察曲水精准扶贫移民搬迁点建设项目

2016年7月，曲水县农牧民群众欢送第七批援藏干部

2016年4月21日，曲水县委组织理论中心组“两学一做”集体（扩大）学习会议

2016年7月，曲水县委举行欢迎欢送泰州援藏干部大会

2016年12月，曲水县委召开九届二次会议

2016年9月，西藏自治区拉萨市曲水县不动产权证首发仪式

曲水县人民代表大会常务委员会

拉萨市人大常委会党组副书记、副主任达瓦参加曲水县人代会

曲水县委书记彭飞跃在“两会”党员大会上讲话

曲水县委副书记、县长格桑邓珠作曲水县人民政府工作报告

曲水县人大常委会党组书记平措作曲水县人大常委会工作报告

曲水县人民检察院党组书记、检察长王慧作曲水县人民检察院工作报告

曲水县人民法院党组书记、院长米玛作曲水县人民法院工作报告

召开曲水县第十三届人民代表大会第一次会议第三次全体会议

2016年9月20日，曲水县新当选的“一府两院”领导向宪法宣誓

2016年9月20日，曲水县新当选的人大常委会委员向宪法宣誓

2016年9月20日，曲水县人大代表行使表决权

曲水县人大代表投票选举现场

曲水县监票、计票人员清点统计选票现场

曲水县第十三届人民代表大会第一次会议

曲水县第十三届人民代表大会第一次会议第二次全体会议

曲水县人民政府

2016年9月16日，西藏自治区党委书记吴英杰到曲水县调研精准扶贫工作

2016年3月12日，西藏自治区党委常委、拉萨市委书记齐扎拉到曲水县调研精准脱贫工作

2016年5月6日，西藏自治区副主席房灵敏到曲水县调研

2016年9月11日，国家财政部、发改委、扶贫办工作人员到曲水县联合调研

2016年8月11日，国务院扶贫办工作组到曲水县调研

2016年1月21日，曲水县召开2016年精准扶贫精准脱贫工作动员大会

2016年9月29日，西藏自治区林木良种繁育中心建设项目在曲水县才纳乡举行开工仪式

2016年3月28日，开展曲水县百万农奴解放纪念日活动

2016年1月16日，曲水县人保财险西藏分公司曲水三农服务站揭牌仪式

2016年8月11日，曲水县召开农牧业生产大检查暨推进净土健康产业表彰大会

中国人民政治协商会议曲水县委员会

2016年4月6日，曲水县政协主席王增升致开幕词

2016年9月17日，召开政协第二届曲水县委员会第一次会议

2016年9月17日，召开政协第二届曲水县委员会第一次会议

2016年9月17日，召开政协第二届曲水县委员会第一次会议

2016年5月31日，市政协党组副书记、副主席次仁平措一行的调研组到曲水县异地搬迁试点区围绕“拉萨市精准扶贫工作开展情况”进行界别活动

2016年7月15日，拉萨市第八督导组副组长边巴扎西一行到县政协督导检查县乡领导班子换届工作

2016年2月2日，曲水县政协副主席巴珠到乡镇走访慰问基层政协委员

2016年9月9日，曲水县政协主席邹玉明带领办公室人员到达嘎乡三有村开展调研工作

2016年9月18日，政协第二届曲水县委员会第一次会议执行主席班旦组织农牧民委员和僧尼到异地搬迁点参观学习考察

2016年10月25日，县政协组织部分政协委员到江苏省泰州、兴化等地学习考察

2016年4月8日，召开政协第一届曲水县委员会第五次会议第二次全体大会

2016年9月17日，召开政协第二届曲水县委员会第一次会议

2016年4月6日，召开政协第一届曲水县委员会第五次会议

中共曲水县纪律检查委员会（监察局）

2016年9月21日，西藏自治区党委常委、纪检委书记王拥军一行到曲水县调研

2016年11月17日，曲水县委常委、纪检委书记巴珠慰问对口扶贫户

2016年3月25日，曲水县纪检委副书记巴珠、监察局局长德庆卓嘎调研精准扶贫帮扶户

2016年7月26日，曲水县纪委监察局局长德庆卓嘎监督检查维稳防汛、三务公开、三资管理运行情况

2016年9月4日，拉萨市纪检委工作人员到曲水县调研中央八项规定、四风、微腐败工作

2016年8月5日，西藏自治区纪检委、拉萨市纪委工作人员到曲水县调研“三转”工作

2016年7月12日，拉萨市委巡察二组到曲水县开展巡察工作

2016年3月，曲水县纪检委开展维稳督查工作

2016年7月20日，曲水县纪检委开展集体廉政工作谈话

2016年5月23日，曲水县纪检委召开县乡两级换届专题培训会议

2016年8月30日，曲水县纪检委召开一次全体会议

2016年9月28日，曲水县纪检委举办“党规党纪记我心”知识竞赛活动

2016年8月10日，曲水县纪检委举办道德讲堂活动

中共曲水县委组织部（编办）

2016年8月13日，中央组织部组织一局副巡视员徐南鹏（右四）一行到曲水县督导换届风气监督和换届工作开展情况

2016年8月29日，西藏自治区组织部部务委员、纪检组组长韩春芳（左三），市委组织部副部长达瓦（左二）到曲水县检查指导县委领导班子换届工作

2016年8月25日，市委组织部副部长达瓦（左二）带领督导组检查换届工作

2016年5月18日，市委督导组副组长王应祥一行到曲水县督导乡镇领导班子换届工作

2016年8月11日，曲水县召开换届风气监督专题培训会

2016年7月25日，县委常委、组织部部长普布顿珠安排部署乡镇换届选举工作

2016年8月25日，曲水县委常委、组织部部长普布顿珠与定向生进行座谈

2016年10月10日，区市退休老干部到曲水县“秀色才纳”参观检查指导工作

2016年12月28日，曲水县委组织部对全县村支部进行党建考核验收

2016年11月20日，曲水县委组织部党支部组织学习“十八届六中全会精神”活动

2016年12月15日，曲水县委组织部党支部召开组织生活会

2016年10月11日，县委组织部组织民族团结“双语”演讲比赛活动

中共曲水县委宣传部

2016年4月19日，西藏自治区文明办未成年人工作处处长杨华（左一）到曲水县调研精神文明建设工作

2016年3月22日，西藏自治区党委网信办政策法规处副处长萧映朝（右二）到曲水县检查督导网络安全和信息化发展工作

2016年11月2日，曲水县委常委、宣传部部长达娃次仁到才纳乡慰问对口扶贫户

2016年10月3日，曲水县委宣传部全体工作人员到才纳乡协荣村慰问对口扶贫户

2015年12月14日，曲水县召开创建全国县级文明城市动员大会

2016年6月17日，曲水县委宣传部组织开展“文明曲水”系列之演讲比赛

2016年2月1日，西藏书法家协会工作人员到曲水县开展春联进万家活动

2016年2月1日，曲水县文化执法大队到达嘎乡桥头进行执法检查

2016年3月5日，曲水县开展创建全国文明城市宣传暨“3・5”学雷锋志愿服务活动

2016年8月21日，曲水县委宣传部组织开展“五下乡”文艺汇演活动

2016年6月3日，曲水县委宣传部组织开展我们的节日・端午节活动

2016年9月14日，曲水县委宣传部举办中秋节活动之十佳歌手大赛活动

中共曲水县委统战部（民族宗教事务局）

2016年11月26日，市委统战部部长阿奴次仁到曲水县调研

2016年11月10日，县委常委、统战部部长巴珠检查指导宗教领域维稳安保防控工作

曲水县委统战部工作人员到萨玛扎寺查看僧舍受损情况

2016年11月17日，曲水县委统战部联合县总工会为各寺庙管委会成立工会举行授牌挂牌仪式

曲水县委统战部开展“民族团结进步之花在曲水县盛开”主题讲座活动

2016年8月19日，召开民族团结表彰大会和寺庙“七进”试点推进会

2016年10月10日，组织寺庙僧尼到泰州考察学习

2016年11月15日，组织僧尼到内地开展经验交流会

组织党员开展学习活动

2016年8月23日，开展民族团结宣传进寺庙活动

2016年9月13日，县委统战部工作人员到其奴村开展民族团结联谊会活动

组织开展寺庙环境卫生大整治工作

2016年9月30日，曲水县开展“民族团结进步之花在曲水盛开”主题文艺大赛

中共曲水县委政法委员会（综治办）

2016年8月8日，拉萨市委政法委副书记赵铁岭一行到曲水县调研政法及综治工作

2016年3月2日，县委书记彭飞跃与县公安局签订2016年度社会治安综合治理目标责任书

2016年3月18日，县委书记彭飞跃一行到“三月综治宣传月”活动现场指导工作

2016年8月10日，曲水县委副书记次仁巴珠到辖区各学校开展校园安全检查工作

2016年6月15日，林芝市考察组参观南木乡江村多彩阿佳编制农牧民专业合作社

2016年6月15日，林芝市综治考察团到曲水县参观指导综治及“双联户”工作

2016年3月2日，曲水县组织召开平安曲水建设暨2016年度社会治安综合治理工作会议

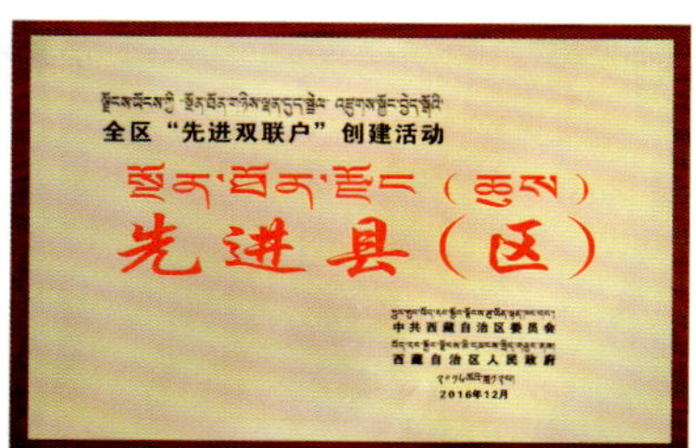

2016年8月26日，组织召开“雪顿节、藏博会、G20峰会”期间维稳工作安排部署会议

2016年7月28日，曲水县组织召开综治工作安排部署会议

2016年9月29日，组织召开“国庆节”期间维稳工作部署会议

2016年12月2日，组织召开2016年度县级“先进双联户”创建评选表彰大会

2016年3月9日，组织开展武装拉练活动

2016年6月29日，曲水县组织“综治宣传周”活动现场

2016年9月26日，组织平安西藏宣传活动现场

曲水县发展和改革委员会

2016年9月10日，江苏省发展改革委援藏援疆处副处长陈鹏一行到曲水县检查援藏项目建设进展情况

2016年8月23日，县长格桑邓珠主持召开全县援藏项目推进会

2016年7月25日，拉萨市交通局党组书记杨林到曲水县检查指导雄色寺道路水毁治理工作

2016年10月14日，拉萨市住建局副局长齐朝晖到曲水县检查2016年援藏项目进展情况

2016年11月18日，曲水县委常务副书记吴斌主持召开全县援藏项目推进会

2016年7月13日，曲水县发改委主任达琼到才纳乡协调才纳乡易地扶贫搬迁点建设项目相关事宜

曲水县总工会

2016年11月17日，寺管会工会组织挂牌

2016年6月23日，西藏自治区红十字会初级急救救护培训

2016年10月，西藏帮锦镁朵工贸有限公司开展劳动法知识竞赛活动

2016年11月30日，拉萨河畔三有村农民工集中入会暨工会知识讲座

2016年12月12日，农民工免费驾校开班典礼

2016年4月29日，曲水县总工会组织召开第一届县级劳模表彰大会

曲水县人民检察院

2016年4月8日，曲水县人民检察院党组书记、检察长王慧在曲水县第十二届人民代表大会第五次会议第三次全体会议上作曲水县人民检察院工作报告

2016年7月1日，曲水县人民检察院党组成员、副检察长尼玛卓嘎给干警讲党史

2016年12月19日，曲水县人民检察院召开“两学一做”专题组织生活会议

2016年4月19日，曲水县人民检察院在空港新区挂牌成立派驻检察室

2016年7月1日，曲水县人民检察院组织党员干警开展重温入党誓词活动

2016年1月28日，曲水县人民检察院干警参加曲水县精准扶贫捐款活动

2016年9月30日，曲水县人民检察院干警参加曲水县“民族团结进步之花在曲水盛开”文艺大赛汇演活动

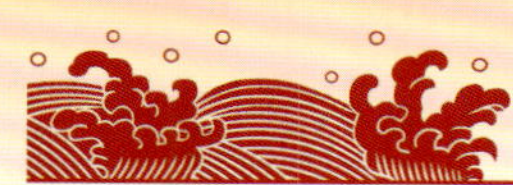

曲水县人民法院

2016年10月20日，曲水县人民法院领导干部到扶贫户家中进行走访

曲水县人民法院合议庭合议案件现场

2016年6月18日，曲水县人民法院“两学一做”演讲比赛现场

2016年9月21日，曲水县人民法院庭审现场

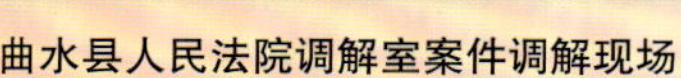

曲水县人民法院调解室案件调解现场

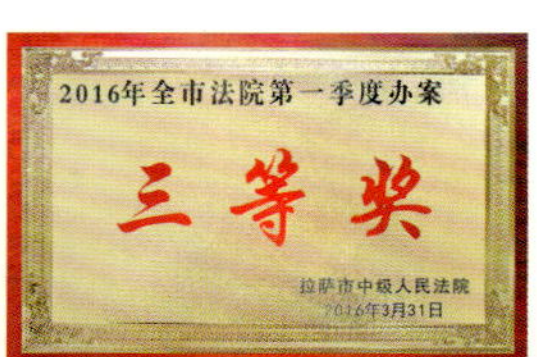

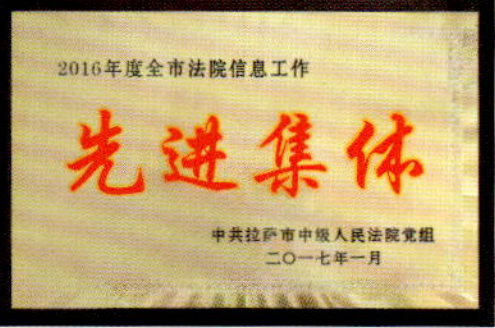

曲水县公安局

2016年12月23日，拉萨市副市长、市公安局局长赵涛到曲水县公安局检查指导工作

2016年8月23日，曲水县委常委、县委政法委书记、县公安局局长赵宏忠到达嘎乡望果节安保现场指导工作

2016年7月1日，曲水县公安局组织民警开展慰问老党员活动

2016年9月20日，曲水县公安局机关党支部召开民主生活会

2016年12月4日，曲水县公安局拉动紧急集合，开展演练活动

2016年3月4日，曲水县公安局对县城辖区开展机动巡逻

2016年10月1日，曲水县公安局民警到聂当乡开展武装巡逻活动

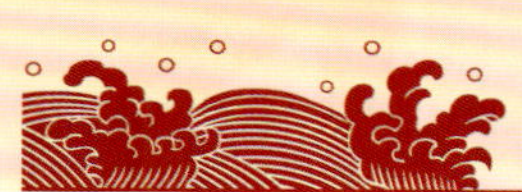

曲水县司法局

拉萨市副市长廖波一行到曲水县开展司法调研工作

拉萨市司法局副局长边巴次仁到曲水县司法局督导检查工作

2016年8月26日，县司法局组织开展“两学一做”集中学习研讨活动

县司法局工作人员慰问对口扶贫户

组织召开司法工作验收会议

曲水县司法局到各乡镇司法所检查指导工作

2016年9月27日，县司法局工作人员到乡镇发放普法宣传资料

曲水县财政局

县财政局局长万诗亮对精准扶贫联系点贫困户开展“一问三看”活动

县财政局局长万诗亮带领局干部慰问精准扶贫监测对象

县财政局支部副书记次央带领局干部学习第九次党代会会议精神

县财政局干部职工为入住新房的精准扶贫搬迁户进行新房清扫

认真学习“两学一做”教育活动

县财政局干部洛桑慰问精准扶贫协荣村监测户

县财政局干部次央慰问协荣村精准扶贫检测户

2016年12月30日，县财政局干部昌彤慰问精准扶贫协荣村监测户

2016年12月31日，县财政局召开2016年度财政工作总结暨2017年财政工作部署会

会计人员认真审核报账单据

为达嘎乡搬迁户清扫新家园

曲水县统计局

国家统计局西藏调查总队队长武建华到曲水县查看固定资产工作进展情况

县长格桑邓珠与国家统计局西藏调查总队队长武建华座谈

国家统计局拉萨调查队调研员次仁旺拉带队到曲水县查看农普工作并进行PDA操作培训

2016年7月，西藏自治区统计局调研员巴桑到曲水县调研水产业发展情况

2016年5月，拉萨市统计局党组书记仓琼一行调研曲水县水产业发展情况

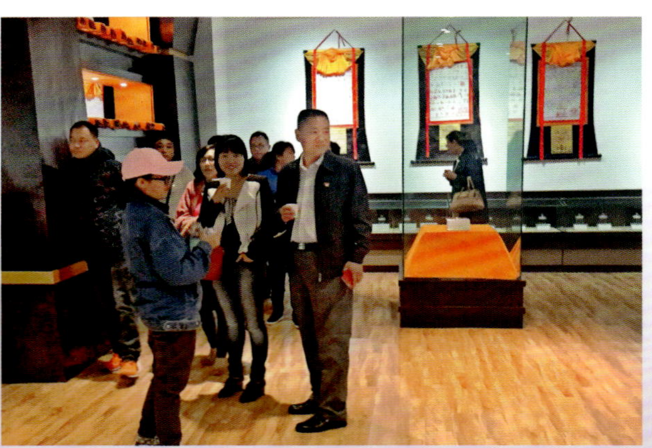

拉萨市统计局副局长黄树春带队到曲水县才纳乡参观净土产业

共青团曲水县委员会

2016年3月17日，共青团曲水县委副书记王秋锋到茶巴拉乡色麦村慰问残疾青年

2016年12月23日，团县委召开“西部计划”志愿者春节慰问活动

2016年10月3日，团县委开展精准扶贫入户调研活动

拉萨市第二届青年创新创业大赛曲水县区选拔赛

2016年6月15日，县教育局、团县委、县妇联、县创城办联合开展曲水县第三届“格桑花”少儿才艺大赛

2016年6月3日，团县委协助县委宣传部、县创城办开展“我们的节日—端午节”活动

2016年8月12日，曲水县志愿服务大队成立仪式

才纳乡国家现代农业示范区管理委员会

2016年7月10日，西藏自治区党委常委、拉萨市委书记齐扎拉到曲水县视察

2016年5月1日，县委书记彭飞跃为AAA级国家级旅游景区开幕仪式暨全区首届郁金香旅游文化节致词

2016年5月1日，曲水县县长格桑邓珠为“秀色才纳”国家AAA级景区暨首届郁金香旅游文化节致词

2016年4月23日，县长格桑邓珠到产业园区检查指导工作

2016年12月28日，才纳管委会主任洛桑旦巴到才纳村村委会发放产业园区民工务工工资

2016年4月19日，曲水县国家现代农业示范区科技特派员培训群众藏药材种植技术

2016年2月2日，曲水县才纳乡国家现代农业示范区管委会主任与工作人员走访贫困户解决就业岗位

2016年12月2日，曲水县现代农业示范区采纳科技服务超市开业

2016年4月27日，万亩中藏药材种植基地种植党参、当归、黄芪等中藏药材

2016年4月25日，以现代化技术为作物喷洒营养液

曲水县工业和信息化局

西藏自治区副主席江杰一行到西藏白玛甘泉水业股份有限公司检查指导工作

西藏白玛甘泉水业股份有限公司厂区

西藏远征纸业有限公司

西藏君鑫网围栏有限公司

西藏高争民爆股份有限公司厂区

西藏帮锦镁朵工贸有限公司“帮锦镁朵牌”精致廊毯

西藏远征纸业股份有限公司办公生活区

曲水县教育（体育）局

2016年8月10日，西藏自治区党委常委、拉萨市委书记齐扎拉到曲水县视察教育工作

2016年12月19日，拉萨市委组织部工作人员到曲水县教育局检查党建工作

2016年3月22日，曲水县教育系统党风廉政建设视频会议

2016年11月15日，曲水县教育局驻村工作队队员开展经验交流

2016年10月10日，学习党的十八届六中全会精神会议现场

2017年1月26日，开展维稳安全督查活动

2016年4月4日，曲水县教育局组织小学生参加清明节祭奠活动

曲水县住房和城乡建设局

2016年5月10日，西藏自治区副主席、拉萨市委书记齐扎拉到曲水县三有村检查指导工作

2016年4月10日，西藏自治区副主席其美仁增到曲水县达嘎火车站异地扶贫搬迁安置点指导工作

2016年8月11日，召开小康安居工程设计稿征求群众意见研讨会

2016年9月22日，小康安居工程奠基仪式

2016年10月14日，县住建局组织农牧民群众参观四季吉祥村新宅

曲水县干部职工周转房

才纳乡四季吉祥村全貌

曲水县小康安居基础工程现场图

曲水县文化广播电影电视局

市广电巡查组工作人员到曲水县检查指导工作

2016年12月29日，曲水县文广局开展结对帮扶慰问活动

2016年11月3日，县文广局工作人员到热堆寺召开保护维修图纸会审会

召开支部党员民主生活会

2016年7月14日，召开拉萨市基层公共文化建设推进会

2016年5月4日，县文广局组织开展“庆五四”拔河比赛活动

2016年3月28日，开展庆祝“3·28”百万农奴解放纪念日文艺演出活动

曲水县国土资源规划局

2016年3月9月，国家土地督查成都局副专员潘书坤（左二）、西藏自治区国土厅厅长王俊（左一）一行到曲水县调研农村宅基地制度改革试点工作

2016年5月18日，西藏自治区国土厅副厅长布琼（左三）一行到曲水县检查耕地保护工作开展情况

2016年4月12日，曲水县副县长次旺金美、县国土局局长德庆曲珍主持召开“2016年全县永久基本农田划定工作动员部署会”

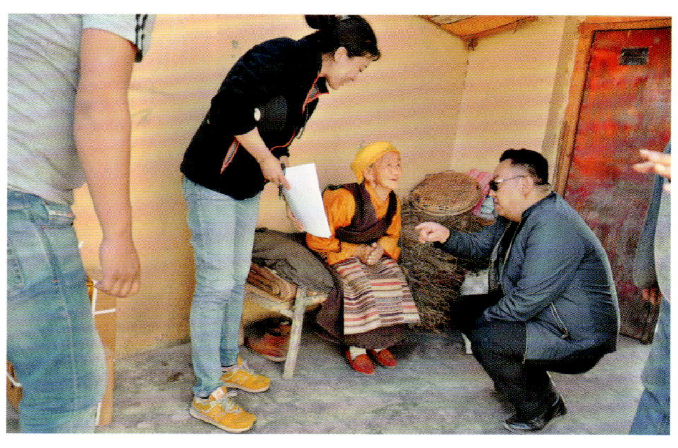

2016年10月11日，曲水县副县长次旺金美、县国土局局长德庆曲珍到贫困户家中走访慰问

2016年9月22日，西藏自治区曲水县不动产权证首发仪式

2016年6月28日，曲水县国土资源规划局为全县境内地质灾害隐患点设立警示牌

曲水县人力资源和社会保障局

2016年10月12日，曲水县人社局工作人员慰问精准扶贫结对帮扶对象

2016年8月，曲水县人社局调解劳资纠纷案件现场

2016年8月12日，曲水县召开全市劳动保障监察工作业务培训及经验交流会议

2016年12月19日，拉萨市人社局到曲水县人社局考核验收指导工作

2016年2月25日，才纳乡举行农牧民就业引导性培训

2016年3月18日，曲水县人社局开展各项保险政策宣传活动

2016年4月19日，曲水县举办2016年就业“春风行动”暨城乡人力资源交流洽谈会

曲水县安全生产监督管理局

安徽省安全监管局副局长李大华一行组织的交叉检查组到辖区西藏远征纸业有限公司检查指导工作

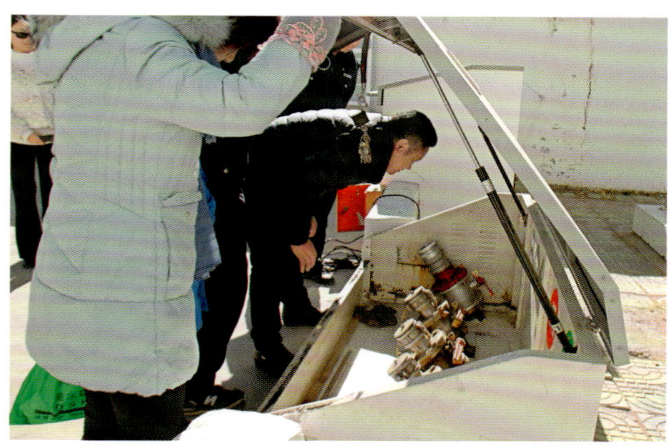

县安监局局长达瓦带队开展危险化学品领域隐患排查

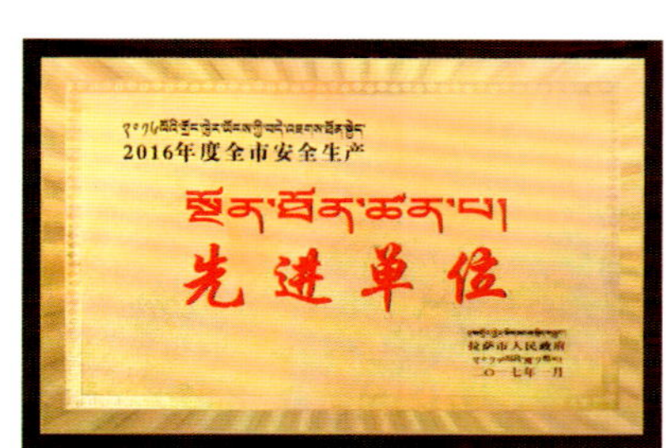

2016年度全市安全生产

先进单位

拉萨市人民政府
二〇一七年 月

7月7日，召开2016年全县安全生产工作会议

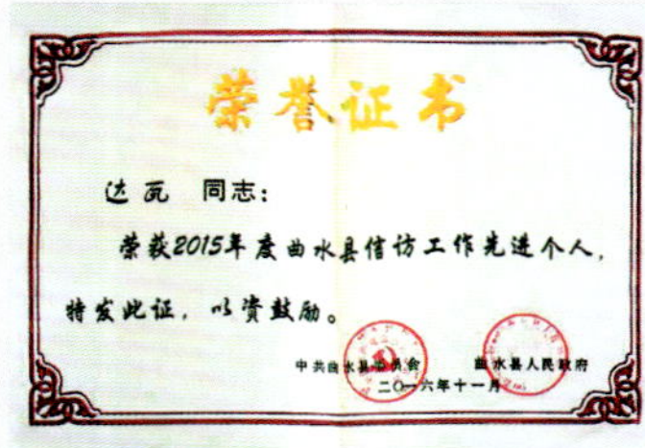

荣誉证书

达瓦 同志：

荣获2015年度曲水县信访工作先进个人，特发此证，以资鼓励。

中共曲水县委员会 曲水县人民政府
二〇一六年十一月

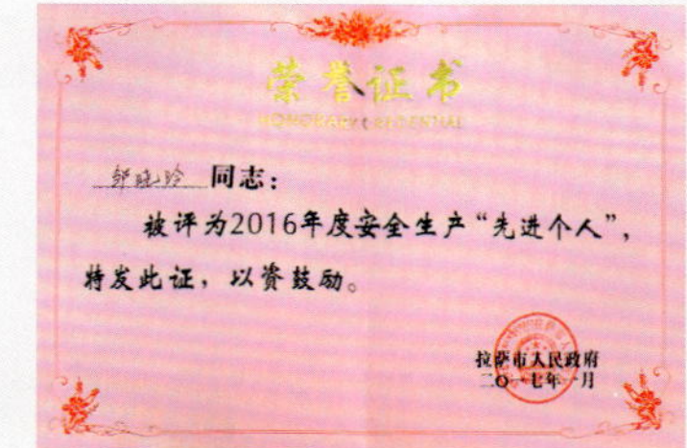

荣誉证书

邹晓玲 同志：

被评为2016年度安全生产“先进个人”，特发此证，以资鼓励。

拉萨市人民政府
二〇一七年一月

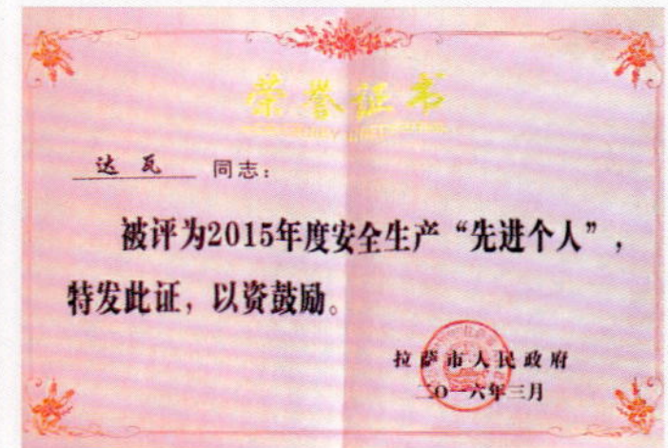

荣誉证书

达瓦 同志：

被评为2015年度安全生产“先进个人”，特发此证，以资鼓励。

拉萨市人民政府
二〇一六年三月

县安监局执法人员到非煤矿山企业开展汛期非煤矿山隐患排查

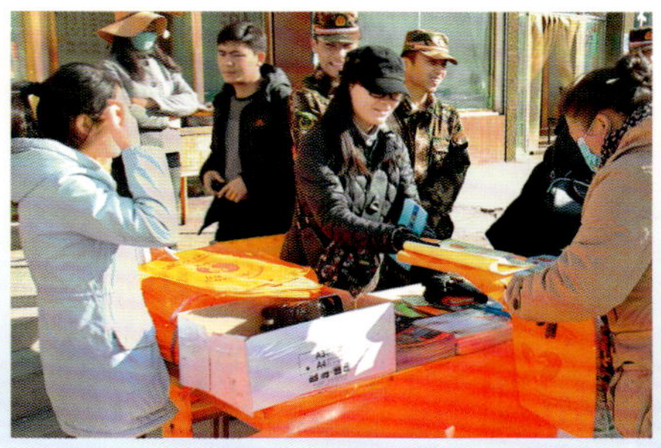

2016年3月18日，县安监局执法人员向当地群众发放安全教育宣传用品

2016年6月16日，安全生产月系列活动——安全生产知识竞赛现场

曲水县环境保护局

2016年7月4日，国家环保部副部长李干杰（前排左一）、西藏自治区副主席甲热·洛桑旦增（右一）到曲水县南木乡小学内检查政府环保宣传工作

2016年8月25日，西藏自治区环保厅厅长罗杰（前排左一）到曲水县达嘎乡拉萨河畔·三有村内检查精准扶贫易地扶贫搬迁安置点农村环境综合整治情况

曲水县环保局召开2016年环保工作会表彰先进乡镇及个人

曲水县环保局开展“百名环保监督员”培训会

曲水县环保局助力“精准扶贫 精准脱贫”“环保监督员”设备发放仪式

曲水县环保局开展“在校大学生暑期环保行”培训会

曲水县水利局

曲水县委副书记、县长格桑邓珠实地指导曲水县俊巴村、格热村水土保持综合治理工程建设开展情况

曲水县委常委、纪检委书记巴珠，曲水县防汛抗旱指挥部副指挥长张建华督查乡镇防汛责任落实情况

曲水县防汛抗旱指挥部副指挥长张建华察看农田受淹情况

曲水县水利局组织群众构筑加固拉萨河应急防洪堤

曲水县水利局开展公众节约保护水资源活动宣传

拉萨河曲水段周边环境垃圾治理现场

曲水县农牧（科技）局

2016年7月9日，农业部副部长韩长赋带领赴藏工作组到曲水县调研

2016年5月18日，西藏自治区副主席坚参到曲水县视察冬青18号生长情况

2016年8月5日，西藏自治区农牧厅副厅长布琼次仁一行到曲水县开展农牧业和农机化工作督导调研

2016年5月13日，拉萨市副市长周普国到曲水县视察种植业工作开展情况

曲水县2016年农牧业大检查暨净土健康产业表彰大会

2016年3月16日，曲水县农牧局开展全县春耕备耕大检查活动

2016年10月27日，曲水县农牧局开展牛羊肉私屠滥宰专项整治活动

曲水县农业扶贫开发办公室

国务院扶贫办发改委财政部领导到达嘎搬迁点视察工作

达嘎搬迁点发放家具现场

农牧民喜迁新居

达嘎搬迁点奶牛养殖合作社

达嘎搬迁点藏鸡养殖合作社

才纳搬迁点新居

曲水县卫生局

曲水县召开疾控工作专题会议

县卫生局工作人员为群众办理生育证

曲水县卫生局党支部召开“两学一做”学习会议

曲水县食品药品监督管理局

2016年6月23日，拉萨市食品药品监督管理局副局长刘明对曲水县旅游景区餐饮服务业开展检查活动

2016年8月31日，曲水县纪检委书记巴珠参加企业助廉守法动员会并讲话

2016年6月3日，县食药局执法人员对抽检食品进行现场封存

2016年8月11日，县食药局开展乡镇食药监管人员培训活动

2016年8月18日，县食药局执法人员对餐饮服务行业食品安全进行检查

2016年6月8日，县食药局执法人员对流通行业食品安全进行检查

2016年6月28日，县食药局工作人员开展食品安全宣传活动

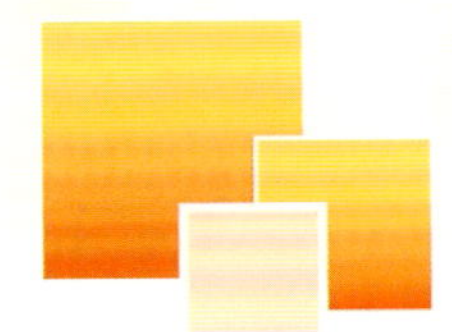

曲水县民政局

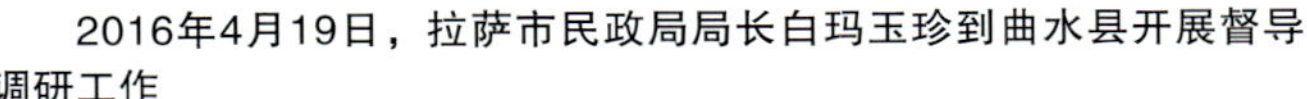

2016年4月19日，拉萨市民政局局长白玛玉珍到曲水县开展督导调研工作

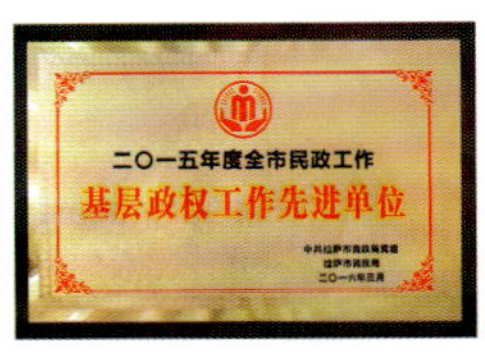

2016年9月21日，拉萨市民政局副调研员宋焕玉到曲水县进行走访慰问

2016年1月28日，县委书记彭飞跃到曲水县福利院集体婚礼现场为7对老人颁发结婚证

2016年11月27日，拉萨市首届残疾人运动会曲水县运动员及工作人员合影

2016年5月17日，曲水县县级寿星老人补贴发放仪式现场

2016年8月30日，曲水县五保集中供养服务中心举办主题为欢度雪顿佳节暨23名80岁以上老人集体贺寿庆典现场

曲水县妇女联合会

2016年1月3日，曲水县妇联主席普珍为“两癌”贫困母亲发放救助金

2016年10月10日，曲水县妇联到三有村开展重阳节法制宣传活动

2016年6月19日，北京市巧娘妇女代表团到曲水县妇联考察妇女手工技能开展情况

2016年9月24日，昌都、林芝、那曲妇联考察团到曲水县妇联交流学习

2016年6月3日，曲水县妇联召开四次执委会

2016年，曲水县妇联项目宗巴山巾帼创业园挂牌

2016年10月17日，曲水县妇联妇女儿童维权服务岗在便民警务站挂牌

2016年8月23日，曲水县妇联联合县农牧局开展农作物培训活动

曲水县人民医院

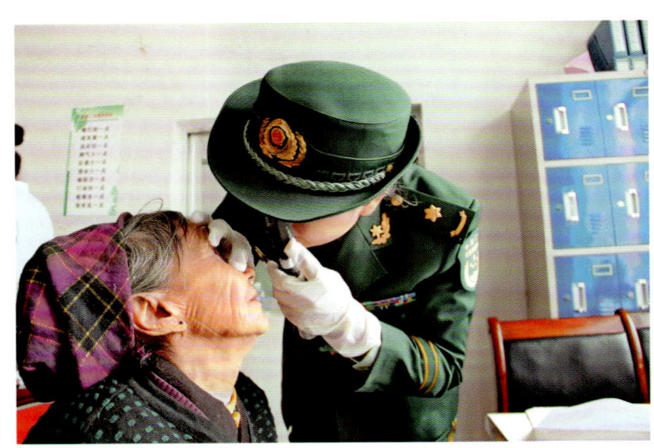

北京武警医院专家到曲水县医院开展白内障筛查活动

平安医院验收现场

曲水县工作人员对乡镇卫生院进行处方点评

医院等级评审汇报会

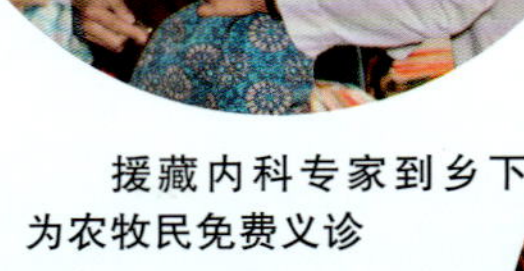

援藏内科专家到乡下为农牧民免费义诊

曲水县人民医院医生到寺庙义诊

光彩小屋挂牌仪式

曲水县公安消防大队

县消防大队副大队长郑到农牧民家中开展精准扶贫工作

寺庙消防安全检查

119消防宣传活动

校园消防安全知识宣传

物资交流会安保执勤

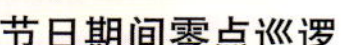

节日期间零点巡逻

江古寺执勤

武警曲水县中队

武警曲水县中队官兵到农牧民家中走访慰问

武警曲水县中队参加县建党节升旗

武警曲水县中队开展助残敬老活动

为敬老院老人理发

武装巡逻

曲水县国家税务局

县国税局大厅工作人员向纳税人做政策解答

拉萨市国税局副局长旺堆到曲水县国税局视察工作

县国税局工作人员研究探讨税收问题

国税知识进校园活动

县国税局开展营改增政策培训活动

曲水县工商行政管理局

县工商局工作人员到净土企业指导商标申报工作

县工商局工作人员查看检验商品质量

2016年9月21日，县工商局执法人员检查水果市场

县工商局工作人员对商户进行产品真伪知识讲解

联合执法净化文化市场

规范节日市场秩序

销毁过期变质商品现场

曲水县林业绿化局

2016年3月12日，西藏自治区党委常委、拉萨市委书记齐扎拉到才纳乡白堆村视察2016年重点区域造林项目进展情况

2016年3月18日，县林业局技术人员宣传林业相关法律知识

2016年5月8日，县林业局组织农牧民到南木乡江麦进行春尺蠖病虫害防治工作

2016年4月6日，达嘎乡三有村扶贫搬迁点种植经济林现场

2016年3月8日，才纳乡白堆村机关义务植树现场

曲水县邮政分公司

营业大厅

微笑服务

邮政局外景

曲水县电信局

曲水县综治办、县电信局组织双联户户长开展“综治平台”报平安培训及配发报平安手机活动

曲水县电信局精准扶贫工作现场

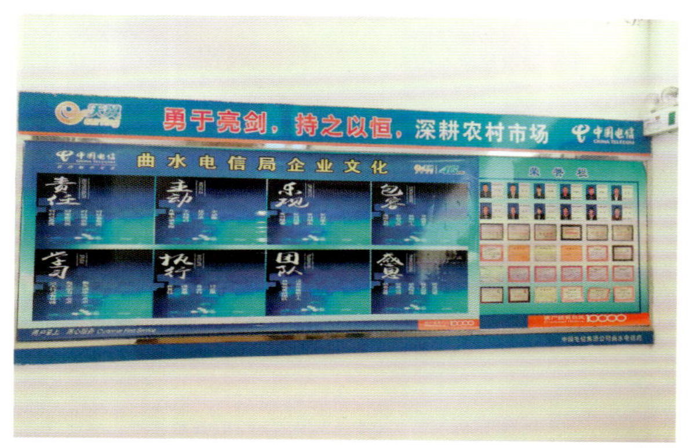

曲水县电信局企业文化、荣誉栏

曲水县城监控指挥调度系统场景

曲水县电信局与县消防大队开展应急演练活动

曲水县电信局与县文化局开展文艺下乡活动

中国农业银行股份有限公司曲水县支行

精准扶贫工作现场

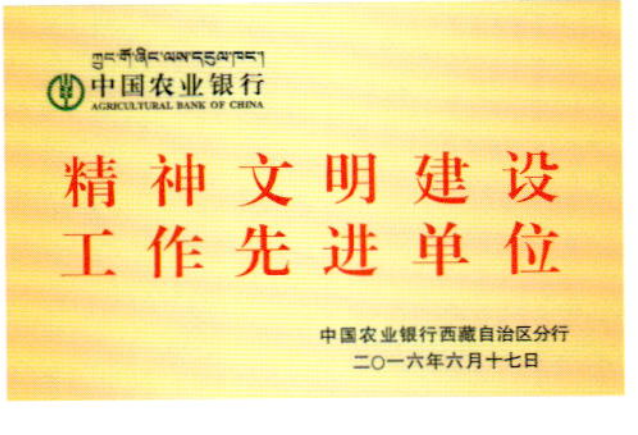

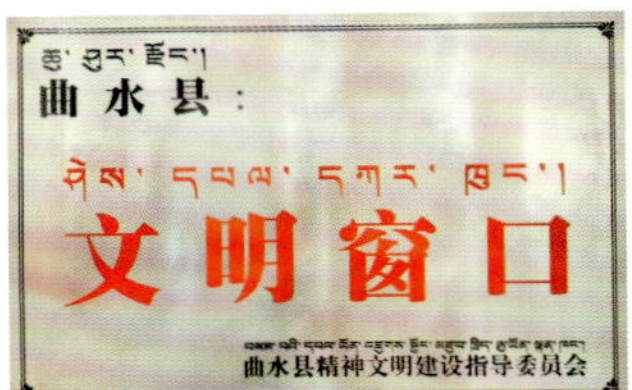

参观廉政警示教育基地

2016年3月29日，农牧民住房财产权抵押贷款发放仪式

参观爱国主义教育基地

农民住房财产权抵押贷款

县农行组织开展反洗钱金融知识宣传活动

县农行工作人员向农牧民群众讲解预防电信诈骗知识

曲水县中学

2016年3月17日，西藏自治区副主席房灵敏到学校检查开学工作

2016年8月11日，拉萨市教体局副调研员、督导室主任刘咸春到学校检查秋季开学情况

2016年8月10日，县委副书记、政法委书记次仁巴珠到学校检查开学工作

2016年5月20日，学校党员教师参观拉萨党校反腐廉政建设馆

2016年4月4日，学校组织学生到拉萨烈士清明扫墓并在纪念碑前重温入团誓言

2016年12月9日，学校举行“阳光体育”师生长跑活动

曲水县曲水镇

2016年7月10日，拉萨市科技局、山南技术学院工作人员到曲水镇茶巴朗村奶牛养殖示范村学习考察

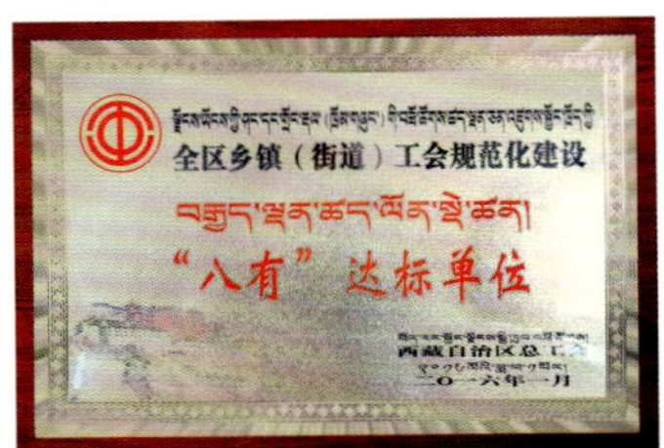

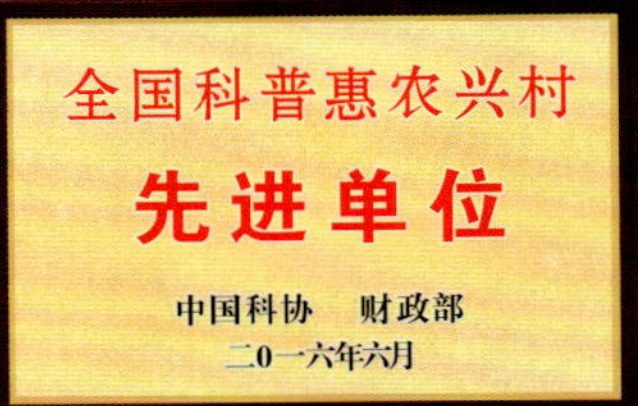

2016年1月6日，曲水镇政府工作人员到县敬老院慰问孤寡老人

2016年8月15日，曲水镇党委政府对达嘎搬迁户开展慰问活动

2016年6月8日，曲水镇召开第十三届人民代表大会第一次会议

2016年3月4日，曲水镇兑现农牧民牲畜死亡保险资金现场

2016年1月11日，曲水镇曲水村驻村工作队成员在村委会开展义务教育暨寒假辅导班活动

2016年9月13日，曲水镇干部在曲水县主干道宣传环保知识，普及中秋传统习俗

2016年1月27日，开展消防知识讲座及操作演练活动

2016年3月5日，曲水镇组织干部职工开展学雷锋志愿者活动

2016年5月30日，曲水镇曲甫村村民种植玛咖现场

2016年7月14日，曲水镇组织各村进行农牧业知识讲解活动

2016年8月30日，曲水镇组织全镇干部到曲水村一组参加义务劳动

2016年4月4日，曲水镇组织学生代表到拉萨烈士陵园祭奠扫墓、参观布达拉宫和西藏爱国教育基地等活动

曲水县才纳乡

2016年12月15日，县委书记彭飞跃参加四季吉祥村搬迁仪式

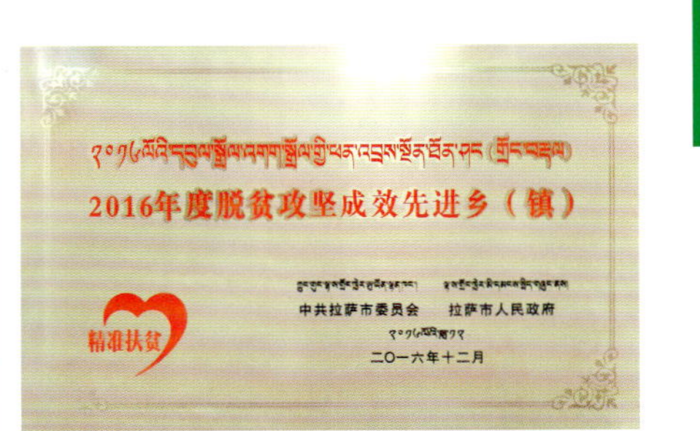

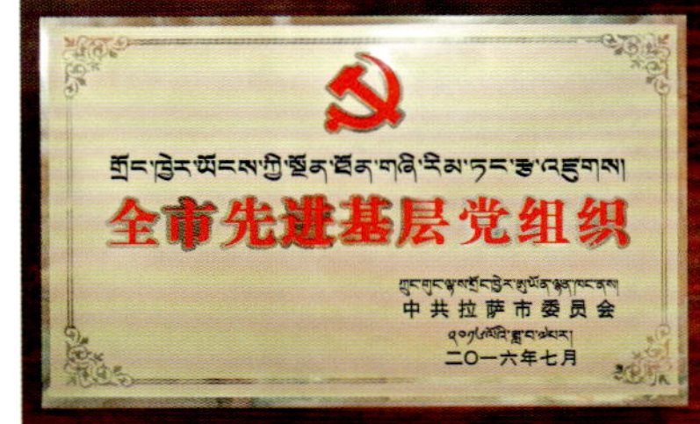

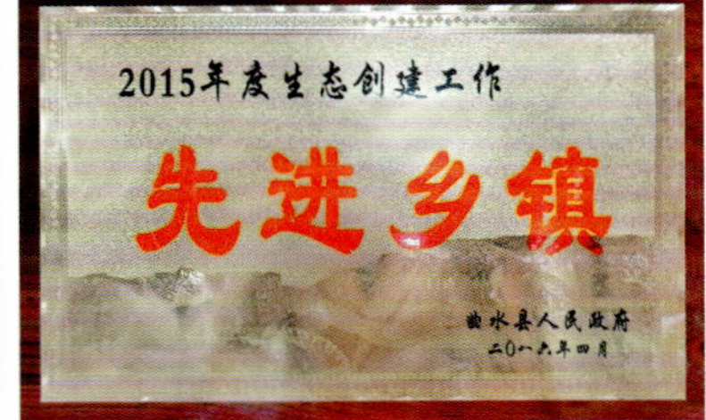

2016年6月，组织开展“两学一做”学习教育活动

2016年4月，组织乡人大代表到科技园区参观学习

喜迁新居的农牧民群众

2016年12月15日，农牧民群众喜迁新居

曲水县茶巴拉乡

2016年6月2日，西藏自治区党委常委、副主席姜杰到色麦村白玛甘泉矿泉水厂调研

2015年5月20日，西藏自治区党委常委、副主席边巴扎西到色麦村视察林业工作

2016年5月15日，曲水县委书记彭飞跃到色麦村检查指导精准扶贫工作

2016年5月15日，曲水县委书记彭飞跃到色麦村慰问老党员

茶巴拉乡党委书记赵建军开展精准扶贫调研工作

西藏自治区督导组检查换届风气工作

2016年6月2日，拉萨市督导组到茶巴拉乡检查换届风气工作

茶巴拉乡党政机关驻地

2016年6月8日，茶巴拉乡召开第十三届人大第一次会议

2016年5月24日，召开中共茶巴拉乡第一次代表大会

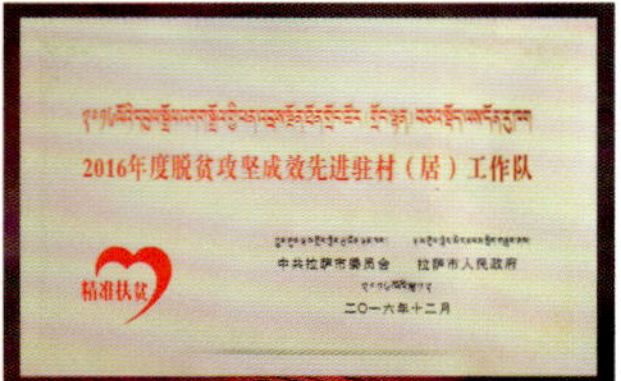

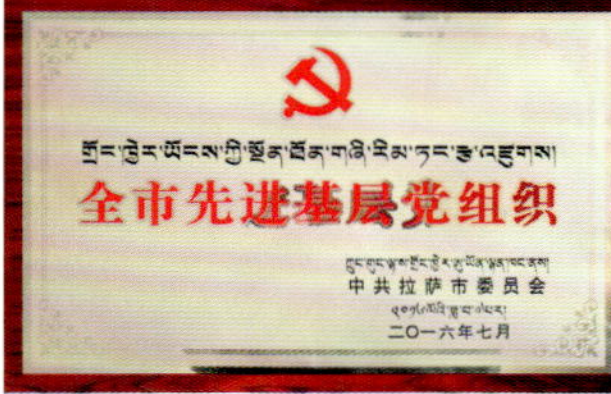

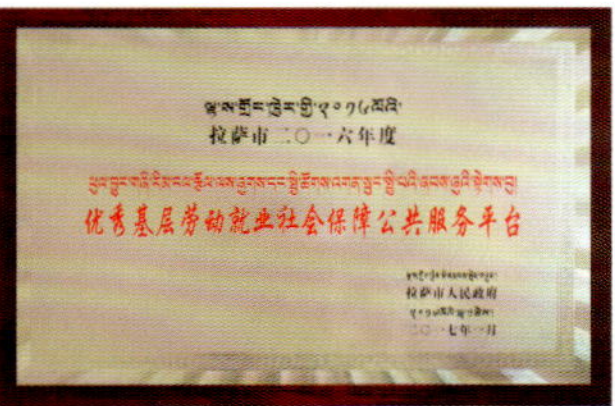

茶巴拉乡“七一”推优表彰大会暨庆祝中国共产党成立95周年纪念文艺演出

茶巴拉乡机关女干部风采展

色麦村“桃花村”旅游景点

曲水县达嘎乡

达嘎乡党政班子换届现场

达嘎乡十三届人民代表大会第一次会议

达嘎乡召开中国共产党成立95周年表彰大会

达嘎乡组织召开第十三届政府第一次党员代表大会

达嘎乡开展“两学一做”专题教育活动

十三届人大代表资格审查会议

达嘎乡组织召开易地搬迁工作会议

达嘎乡工作人员为各商铺发放环保宣传册

2016年8月12日，达嘎乡开展环保志愿者活动

首届三有村集市开幕仪式

首届三有村集市

2016年6月8日，出席达嘎乡十三届代表大会乡级代表集体合影

曲水县南木乡

2016年7月4日，国家环保部副部长李干杰到南木乡江村和南木乡小学调研基层环保工作

2016年7月4日，西藏自治区妇联副主席张丽蓉、拉萨市妇联主席向巴彩喜、副主席和继香一行到南木乡检查指导妇女工作开展情况

2016年10月20日，西藏自治区农牧厅产业化处处长胡芮林到南木乡调研家庭农（牧）场及农牧民专业合作社工作进展情况

2016年7月13日，拉萨市农牧局局长崔永刚到南木乡鑫赛合作社调研

2016年3月23日，拉萨市“四业”办副主任次德吉、山南地区教育局副局长仓觉到南木乡多彩阿佳手工编织合作社参观

2016年10月25日，市妇联组宣科科长刁莉、日喀则市妇联负责人带领30余名日喀则农牧民妇女群众到南木乡先进典型南木迦村多彩阿佳手工编织进行参观学习

副县长杜乾余到南木乡江曲麻风康复中心慰问

2016年10月2日，乡长成小龙监督统计贫困户收入情况

西藏自治区福彩中心工作人员看望慰问江曲麻风康复中心病人

2016年9月29日，曲水县精准扶贫双百攻坚战座谈会

2016年10月3日，南木乡干部入户慰问贫困户

2016年4月8日，南木乡果树种植培训

曲水县聂当乡

2016年10月14日，中组部领导到聂当乡帮锦镁多公司调研

2016年12月16日，拉萨市副市长崔晓峰到聂当乡实地调研精准扶贫工作并慰问工作人员

2016年12月23日，拉萨市总工会副调研员、劳经部部长洛桑占堆到聂当乡指导工作

2016年4月18日，县检察院检察长王慧到聂当乡德吉村开展精准扶贫入户调研

2016年6月14日，乡党委书记巴珠查看德吉村村委会搬迁选址地

2016年12月26日，县直各单位领导到聂当乡检查指导工作

2016年6月9日，聂当乡党委召开聂当乡第十三届人大代表第一次会议

2016年6月15日，聂当乡开展“两学一做”专题教育讲座

2016年12月14日，组织开展驻村工作队工作经验交流会

2016年12月20日，聂当乡机关党支部组织召开民主生活会议

2016年12月15日，四季吉祥村搬迁启动仪式

2016年12月21日，聂当乡热堆村召开十八届六中全会宣讲大会

曲水县农村改革试验区办公室

农业部经管司集体资产管理处处长余葵到曲水调研农村集体资产股份权能改革试点工作

西藏自治区人大主任白玛赤林到曲水调研农村改革试验工作

拉萨市林周县副县长米玛到曲水县考察交流农村改革工作

曲水县委副书记平措组织召开农村改革试验区到期验收工作部署会

拉萨市农工办一行到曲水县检查验收土地确权登记颁证工作